선생님의 책꽂이 2

단단한 일상을 만드는 내 인생의 책들

선생님의 책꽂이 2

단단한 일상을 만드는
내 인생의 책들

2025년 5월 12일 제1판 제1쇄 발행

지은이   간서치
펴낸이   강봉구

펴낸곳   작은숲출판사
등록번호   제406-2013-000081호
주소   413-120 경기도 파주시 신촌로 21-30(신촌동)
전화   070-4067-8560
팩스   0505-499-8560

홈페이지   http://www.littleforestpublish.co.kr
이메일   littlef2010@daum.net

© 간서치

ISBN 979-11-6035-164-4 03810

값은 뒤표지에 있습니다.
※이 책은 저작권법에 따라 보호받는 저작물이므로 무단 전재와 무단 복제를 금합니다.
※이 책의 전부 또는 일부를 이용하려면 반드시 저작권자와 '작은숲출판사'의 동의를 받아야 합니다.

선생님의 책꽂이 2

독서모임과 함께 성장한 선생님들의
독서 에세이

단단한 일상을 만드는 내 인생의 책들

간서치 지음

작은숲

머리말

불편할 때 성장하는,
달라서 풍요로운 '함께 읽기'

시골 학교 교사들의 독서 모임 〈간서치〉의 두 번째 책을 냅니다. '간서치看書痴'는 조선 후기의 실학자 이덕무 선생이 '책만 보는 바보'라고 스스로 칭한 이름입니다. 감히 이덕무 선생의 뜻을 빌어 선생의 만분의 일만큼이라도 우직한 독서를 하고자 했습니다. 이렇게 책을 읽으면서 우린 정말 바보가 되어 가는 것 같습니다. 세상의 흔한 이해득실을 기준으로 계산하자면 말이지요.

2006년 4월, 충남 청양중학교에서 일곱 명의 교사가 독서 모임을 시작한 이후 19년간 거르지 않고 스무 명에 가까운 회원이 매달 한 권의 책을 읽고 만나 독후감을 나누었습니다. 의도한 것은 아닌데 〈간서치〉 독서 모임은 처음부터 '토론'이 아니라 책이 끌어낸 자신의 이야기를 털어 놓는 시간이었습니다. 『영혼의 성장과 자유를 위한 교사론』을 읽고 처음 만난 자리에서 자식에 대한 회한과 미안함이 먹먹하게 차올라 끝내 눈물을 흘리신 선생님의 토로가 서툰 부모들의 가슴을 울렸습니다. 타인의 삶이 가진 부족함, 허물에 대한 공감과 전폭적인 지지가 독서 모임의 성격이 될 줄은 몰랐습니다. 앞에 앉은 동료들을 신뢰하지 않고는 있을 수 없는 일이었습니다. 과묵한 침묵으로 지켜 주며 따뜻하게 응원하는 독서 모임은 우리가 마음 놓고 훌쩍 자랄 수 있는 토양이었습니다.

교사들의 이동과 신입 회원들의 가입으로 〈간서치〉는 충남의 여러 학교에 회원을 두게 되었고, 각자의 학교에서 또 다른 독서 모임을 시작하는 계기가 되었습니다. 학교 현장의 평교사들로 이루어진 모임이기 때문에 독서의 처음 방향은 역시 교육이었습니다. 우리는 무엇보다 교사로서 행복해지고 싶었고 우리의 행복이 교실로 흐를 것을 잘 알고 있었습니다. 행복하지 않은 교사가 학생들을 행복하게 할 수는 없으니까요. 교사가 신나지 않은데 수업이 신날 수 없는 것처럼.

"어떻게 하면 옛날처럼 다시 가슴이 뛸 수 있을까?"

독서 모임의 계기가 된 한 선생님의 탄식은 그대로 모임의 방향이 되었습니다. 회식 자리에서 옆에 앉은 선생님의 말씀에 제가 엉뚱한 대답을 했습니다.

"월요일에 독서 모임을 하면 월요병이 사라져요."

그런 말이 오간 뒤, 언제부터 할까, 무슨 책을 먼저 읽을까, 회원의 범위는 어디까지로 할까, 드문드문 궁리를 이어 가고 있었는데, 다음 교무회의에서 교사 독서 모임을 하고자 하니 관심 있는 분들은 신청하라는 선생님의 공고를 들었습니다. 선생님이 돌린 A4 용지에 이름을 쓰면서 이것저것 따질 것 없이 곧바로 몸을 움직이는 가벼움, 군더더기 없는 단순함이 놀랍고 신선했습니다. 신나는 독서가 시작되었습니다. 말할 수 없이 즐겁고 거짓말처럼 가슴이 뛰었습니다. 그때부터 동료들과 함께하는 책 읽기가 제 삶의 중심에 자리했습니다. 일곱 명이 문득문득 나누는 책 이야기는 조그만 교무실에 영향을 끼치지 않을 수 없어 회원이 늘기 시작했습니다. 7년 뒤인 2013년, 그동안 어떤 책들을 읽어왔는지, 독서가 어떤 생각의 변화를 불러왔으며 자신의 일상에 어떻게 적용되었는지 기록한 독후 에세이, 『선생님의 책꽂이』(작은숲 출판사)를 펴냈습니다. 우리가 무슨 책을 다 쓰느냐고 손사래 치는 회원들을 출판사 대표님이 격려하고 서로서로 이끌어 '생전 처음 해 보는' 책 쓰기가 이루어졌습니다.

"완전한 교사는 완전한 학생이다."

마르틴 부버Martin Buber의 말은 〈간서치〉의 지향이기도 합니다. 공부하는 학생의 마음가짐이 아니면 교사로서 존재하기란 불가능하다고 생각합니다. 지구 공동체와 지역 사회와 학교 구성원으로서 필요한 안목을 갖추고자 했고 배워서 알게 된 것은 실천해야 한다고 믿었습니다.

독서가 처음부터 평화롭지만은 않았습니다. 교양을 넓히는 선에서 즐겁기만 했으면 좋았겠지만, 생각의 차이, 본인의 가치관과 부딪치는 책의 메시지 때문에 혼란을 겪어야 했고 노동, 생태, 소수자, 장애, 인권 등 체험해 보지 않은 주제들과 어쩔 수 없이 구체적으로 정직하게 대면해야 했습니다. 그러나 그것은 우리의 한계를 깨고 세상을 넓혀 주는 불편함이었습니다. 독서 모임 구성원들이 부담과 우울을 호소할 때 오히려 우리가 제대로 공부하고 있다는 것을 확인할 수 있었습니다. 생각이 다르다는 것이 문제가 되지는 않았습니다. 우린 모두 자신의 부족함을 알고 있고 서로 배워야 했으니까요. 각기 다른 과목을 가르치는 교사들의 다양한 시선은 뜻밖의 즐거움을 선물했습니다. 우리가 자주 모였던 문화공간의 선생님께서 〈간서치〉는 뭐가 그리 재미있는지 모임 내내 들려오는 웃음소리가 좋다고 하셨답니다.

"내가 서점에서 혼자 고른다면 절대로 집어 들지 않을 것 같은 책을 〈간서치〉에서 읽었다. 마음에 들지 않을수록 더 열심히 읽었다."

그 소감에 담긴 태도가 긴 시간 우리를 이끌어간 힘이었다고 생각합니다. 이제 〈간서치〉는 부족한 대로 '공동체 안에서 개인의 성장과 연대를 모색하는 사람들'이라는 정체성을 갖게 된 것 같습니다. 20여 년의 시간이 흐르자, 자급자족을 꿈꾸던 농부 회원 부부는 개인의 삶을 넘어 지역의 생태 환경을 위해 일하느라 모임에 자주 나오지 못하게 되었습니다. 이건 '공결'에 해당합니다. 지역 교사로서 신동엽 문학관 해설사로 일하는 회원도 있고, 특수교사로서 식물 치료와 대안교육에 발을 디딘 회원, 평생학습 매니저가 되어 시골 할머님들의 즐거운 노년을 기획하는 회원도 있습니다. 우리 동네 학교 교사들이 무슨 책을 읽고 무슨 생각을 하는

지 학생과 학부모, 지역주민들도 알게 하자는 지역 신문의 요청에 따라 돌아가며 책 소개 글을 연재하다 보니 작가도 탄생하고 아이들과 시 수업을 하는 교장 선생님도 나왔습니다. 우쿨렐레를 메고 응원과 축복이 필요한 곳이면 어디나 달려가는 가수도, 지역의 로컬푸드 매장을 살리려 애쓰는 이장님도, 탄핵 소추안 가결 기념으로 교무실에 라떼를 쏜 교감 선생님도 〈간서치〉의 회원입니다. 아직 열정적으로 교실 수업을 하는 현장 교사들, 학교 밖에서 작은 책방 문화를 실험하고, 나라에 난리가 날 때마다 기차표를 끊어 수도 서울의 광장으로 달려가는 젊은 교사들은 우리 모임의 아이돌입니다.

'저분을 닮고 싶다.' 그런 생각이 들게 하는 도반들 곁에서 든든하고 따스한 시간이 다져졌습니다. 처음 독서 모임을 시작할 때 30대, 혹은 40대였던 우리는 이제 50대와 60대를 넘겨 젊은 날을 오롯이 쏟아부은 학교에서도 떠나는 나이가 되었습니다. 담담하고 깊은 진짜 어른의 시간이 왔습니다. 학교 울타리를 넘어 더 넓은 세상의 한 부분을 담당하게 된 우리의 생각과 말과 행동이 어떤 깊이를 담아 내야 하는지, 학생들 앞에 선 교육자로서 자신을 다듬고 훈련해 온 우리의 시간이 어떤 장소에 생기와 아름다움을 보태면서 의미 있게 쓰일지, 그동안 읽었던 책들과 앞으로 함께 읽을 책들이 잘 가르쳐 주리라고 생각합니다.

『선생님의 책꽂이』를 내고 다시 12년이 흐르는 동안 우리 곁을 떠나 하늘에 먼저 가신 회원이 세 분입니다. 뜻밖의 연이은 이별로 인한 충격과 슬픔은 한동안 우리를 침잠하게 했습니다. 모임을 그만두고 싶을 정도였습니다. 그러나 젊은 날 우리가 서로를 북돋우며 나누었던 기쁨과 똑같이 슬픔과 고통 역시 가슴을 열고 받아들이며 더 큰 평화와 사랑을 배워 가야 하겠지요.

안병연 선생님(기술·가정), 류지남 선생님(국어), 한수경 선생님(수학).

항암 치료를 받는 중에도 책을 손에서 놓지 않던 안병연 선생님은 많은 독후감을 남겨 두셨습니다. 류지남 선생님께서 남긴 시 원고들은 절친했던 동료 시인 작가들의 수고로 시집이 되어 세상에 나왔습니다. 다정하고 어여쁘던 한수경 선생님의 원고를 생전에 받지 못한 것은 부지런히 책을 진행하지 못한 제 탓입니다. 책이 나오면 세 분께 가장 먼저 가져다 드리려고 합니다.

첫 책에 이어 두 번째 책도 작은숲 출판사 강봉구 대표님이 출간을 맡아 주셨습니다. 강 대표님 덕분에 그냥 흘러가 버릴 수 있었던 우리의 시간이 오롯이 담기게 되었습니다. 생태, 여성의 삶, 역사, 사회문제, 문학, 읽기와 쓰기, 교사의 마음공부, 일상, 지역에서 교사의 역할… 우리가 품었던 주제를 놓지 않고 계속 걸어 보겠습니다. 평범하고 부족함 많은 교사들의 독서 일기가 사랑스러운 학생들, 선생님들은 물론 '함께 읽기'에 관심 있는 모든 분께 도움이 되면 좋겠습니다. 어떤 일터나 모임에서도 얼마든지 가볍게 시작할 수 있는 것이 독서이며, 독서 모임은 우리의 안에 있는 가장 아름답고 귀한 가능성을 끌어내 평범한 동료가 스승이 되고 도반이 되는 마법을 보여 준다는 이 책의 주제가 잘 전달된다면 더 바랄 것이 없겠습니다. 책을 읽고 나면, 저자의 다른 책이 궁금해지고 또 주제와 관련된 다른 작가의 책을 찾아 읽게 되기도 합니다. 그러한 '엮어 읽기'에 참고가 되면 좋겠다는 강 대표님의 의견에 따라 책의 말미에 원고와 관련한 추천 도서를 덧붙였습니다.

그동안 우리가 만났던 책의 작가 선생님들과 응원해 주신 지역의 작은 책방지기님들께 감사드립니다. 좋은 책을 많이 읽고 저자의 매력과 깊이에 감동하며 새롭게 마음을 다잡은 시간이 많았는데 책에 모두 담지 못해 아쉽기만 합니다.

우리가 미처 발견하지 못한 소중한 책들과의 인연을 기대하며
2025년 5월 〈간서치〉를 대표하여 최은숙

차례

4 머리말 | 불편할 때 성장하는, 달라서 풍요로운 '함께 읽기' | 최은숙

1부 단단한 일상

18 여섯 번째 몽골 여행 『유목의 전설』 | 김영희
23 다시 살림으로 『근대 문명에서 생태 문명으로』 | 원미연
27 생의 기척 『도읍지의 표정』 | 최은숙
33 홀리는 길, 길 홀릭 『나를 부르는 숲』 | 송숙영
37 도망치는 여우 같은 삶 『여행의 이유』 | 김영희
41 어마어마한 요리사 『세상을 담은 밥 한 그릇』 | 송숙영
45 아름다운 사람들이 살았다 『닭니』 | 송숙영
49 내가 살고 싶은 곳 『어디서 살 것인가』 | 가영주
54 설레는 만남, 자연주의 출산 『모든 출산은 기적입니다』 | 김기영
59 식구를 만드는 레시피 『오늘은 좀 매울지도 몰라』 | 김현정
63 단단한 일상 『밥 짓는 일부터 시작합니다』 | 최경실
67 엄마의 집처럼 『작은 책방 집수리』 | 김영희
71 질문을 만들어 가기 『사랑할 만한 삶이란 어떤 삶인가』 | 최경실

2부 꽃을 위한 바람의 시간

78 그럼에도 불구하고 『밤이 선생이다』 | 송숙영
83 사랑해야 한다 『자기 앞의 생』 | 원미연
88 꽃을 위한 바람의 시간 『유학, 일상의 길』 | 김정민
93 사소한 일을 정성껏 『지금이 딱이야』 | 원미연
99 욕은 약한 자의 칼 『욕 그 카타르시스의 미학』 | 박명순
103 내 인생 수업 『천천히 깊게 읽는 즐거움』 | 정현숙
108 나도 과잉하겠다 『안녕, 개떡선생』 | 송숙영
112 슬픔에 숨이 막힐 때, 시를 읽는다 『마음 챙김의 시』 | 길영순
117 천천히 들이쉬고 내쉬며 『오래된 질문』 | 길영순
122 아픔은, 멀리 깊게 보게 한다 『꼭 알고 싶은 독서치유의 모든 것』 | 안병연
125 글을 쓰며 간다, 처음 맞이하는 미래로 『부지런한 사랑』 | 안병연
129 위기지학爲己之學을 향하여 『내 인생의 첫 고전, 노자』 | 김정민
133 오늘의 책 『어제의 책·내일의 책』 | 김영희
137 책만 보는 바보看書癡는 없다 『책만 보는 바보』 | 가영주
141 우린 우주 공동체 『수학자와 함께 걷는 실크로드』 | 남호영

3부 삐딱한 눈을 뜨고

148 나는 나를 언제 빛나게 할까 『달려라, 요망지게!』 | 최은숙

153 온 생을 걸어 보는 『자기만의 방』 | 원미연

160 나의 '영초언니'는 최,연,진,이다 『영초언니』 | 박명순

164 나의 해방일지 『아버지의 해방일지』 | 박영순

169 차별의 상흔 『딸에 대하여』 | 정현숙

175 엄마의 그림책 『그림 속에 너를 숨겨놓았다』 | 김분희

179 불우不遇한 천재, 불후不朽한 시 『옥봉』 | 박명순

184 돈이 필요 없던 시절 『돈이 필요 없는 나라』 | 김영희

188 그때 부르지 못한 노래 『우리 봄날에 다시 만나면』 | 김영희

192 손이 '마음'을 쓰기 시작했다 『마음』 | 박명순

196 누구도 우리를 실격시키지 못한다 『실격당한 자들을 위한 변론』 | 박명순

200 상자들과 함께, 상자 속에서 『상자 속의 사나이』 | 최은숙

4부 다시 만나는 길, 담, 문

206 흙에서 시작한다 『가이아의 정원』 | 이훈환

212 기본소득당에 투표를 『기본소득이 세상을 바꾼다』 | 원미연

217 이웃으로, 마을로, 내 삶의 길 『마실 가는 길』 | 이강원

222 1호 해설사가 되어 『이발소에 두고 온 시』 | 송숙영

228 처음 그려 보는 아크릴화 『할머니 탐구 생활』 | 박영순

234 다시 만나는 길, 담, 문 『길담서원, 작은 공간의 가능성』 | 이화나

239 농사는 아름다우면 안 되나? 『텃밭정원 가이드북』 | 황영순

246 어림셈의 근사치 『무심이와 함께 하는 페르미 추정』 | 이화나

251 한문은 왜 배워요? 『길에서 만난 한자』 | 김정민

257 충청말 오디세이 『속 터지는 충청말』 | 박명순

262 사랑이 없으면 아무 일도 못 한다 『문익환 평전』 | 최은숙

271 저자 소개 | 독서 그리고 나

1부

단단한 일상

여섯 번째 몽골 여행

김영희

|

이시백, 『유목의 전설』, 문전

몽골에 가면 부추꽃밭이 끝도 없이 펼쳐져 있어. 그곳을 푸르공이라는 러시아산 승합차를 타고 달리면 알싸한 부추향이 확 퍼지는 거야. 민박 게르는 전기가 안 들어와. 그래서 밤에 손전등을 끄고 나면 완벽한 어둠이야. 코 앞도 안 보여. 별은 어렸을 때 시골에서 본 것보다 더 많아. 사방 탁 트인 하늘에 은하수가 흐르고 별이 가득한데, 별똥별이 떨어지는 걸 열 개 이상 본 날도 있어. 욜린암이라는 계곡은 몽골 현지인들도 좋아하는 여행지인데 라벤더 비슷한 꽃들이 무더기로 피어 있고 맑은 계곡물이 흘러. 말을 타거나 걷기에 좋은 곳이야. 삼십 분쯤 걸어가면 얼음이 언 곳이 있어. 한여름인데도. 남고비인 홍그린엘스는 낮은 사구를 걷거나 숙소에서 좀 떨어져 있는 높은 사구를 오르기도 하지만 대부분 하는 일 없이 멍하니 있다 오기 좋은 곳이야. 낮에는 햇살이 강렬하고 뜨거워. 하지만 그늘에만 들어가면 시원해. 건조해서 그런가 봐. 사막이니까. 밤에는 잠자기 딱 좋은 온도고. 아, 캠핑도 하루 하는데 카모마일 꽃밭 위에 텐트를 치고 자. 가만히 있어도 향기가 가득하지.

　2015년 여름, 이시백 작가가 주관하는 몽골 여행을 다녀온 후에 주변 사람들에게 하고 다닌 이야기이다. 이런 몽골을 꿈꾸며 2019년까지 매년 몽골에 갔다. 독서 모임 사람들, 언니, 동생, 친구까지 끌고 갔다. 하지만 2015년 이후, 끝도 없이 펼쳐진 부추꽃밭은 없었다. 있어도 엉성했다. 여행 일정에 음력 보름이 낀 해에는 달이 너무 밝아 별이 잘 보이지 않았다. 또 어느 해는, 비가 잘 오지 않는 몽골에 수시로 비가 오고 흐려 별을 구경하기 힘든 날이 많았다. 욜린암 계곡의 얼음을 더 이상 볼 수 없었고 라벤더 비슷한 꽃 무더기는 점점 초라해졌다. 관광객이 늘면서 산책길이 점점 말똥으로 도배가 되고 있었다.
　몽골 여행을 멈추게 만든 건 코로나19였다. 그런데 아무데도 갈 수 없는 상태가 되자 몽골 풍경은 머릿속에서 더욱 또렷하게 그려지고 부풀었다. 태국의 카오산 로드가 관광객이 없는 코로나 기간을 이용해 시설을 깔끔하게 재정비했다는 뉴스를 보면서 몽골의 여행자 숙소도 좋은 변화가 있으리라고 기대했다. 2022년 봄, 실제로 몽골의 여행자 숙소도 시설을 손보았다는 소식이 들려왔다. 쓸데없는 기대감에다 오랫동안 묶여 있던 여행에 대한 갈증이 더해져 2022년 여름, 몽골 여행이 재개된다는 소식에 무조건 신청했다. 돌아올 때 코로나 검사를 해서 양성이면 입국이 열흘 간 제한된다는 것도 큰 문제가 되지 않았다. 그렇게 시작된 여섯 번째 몽골 여행. 새 공항은 울란바토르에서 전보다 많이 멀어졌지만 고속도로 같은 새 길이 깔려 있었다. 밤이면 깜깜절벽이던 민박집은 게르마다 콘센트와 전등이 설치되었다. 돈뜨고비의 게스트 하우스는 게르 안에 딱정벌레들이 끝없이 나타나고, 친구 귀로도 들어갔다. 딱정벌레의 출현은, 이상 기후로 홍그린엘스 쪽이 오랜 가뭄이 들자 번식을 위해 습기가 있는 지역으로 대이동을 했기 때문이라고 한다. 욜린암 계곡도 가뭄으로 라벤더 비슷한 꽃은 간신히 흔적만 남아 있고 계곡물이 수량조차 시원찮았다. 홍그린엘스는 가뭄으로 부추꽃은커녕 양과 염소들이 먹을 풀도 부족해 보였다. 전통적인 게르는 현대화(?)되어 양털 펠트와 나무틀 대신 시멘트 바닥에 철근과 화학섬유로 크고 넓어져 있었다. 한낮 열기에 페인트질한 철근에서 뿜어져 나오는 독한 냄새 때문에 숨을 쉬기가 어려울 지경이었다. 원래 여닫던 게르 천창은 빛은 들어오지만 열리지 않는 구조로 바뀌어 답답했다. 결국 여행자들은 옛날 게르로 옮겨 달라고 시위를 하는 소동을 벌였다. 어렵게 옮긴 구식 게르에서 나는, 처음 몽골에 왔을 때는 견디기 힘들었던 양 냄새가 오히려 반가웠다.

2005년쯤부터 몽골 여행을 시작한 저자는 2014년에 『당신에게, 몽골』이라는 책을 냈다. '오래된 기억의 순례'라는 부제를 달고 있는 『유목의 전설』은 그에 이은 두 번째 몽골 여행기이다. 직접 경험한 몽골 이야기에, 입에서 입으로 전해지는 낙타에게 뿔이 달렸던 시절의 전설부터 문헌에 남아 있는 이야기까지 곁들였다. 이 책의 몇 가지 내용 때문에 저자는 몽골인들로부터 항의를 받기도 했는데, 특히 몽골에서는 과객한테 아내를 빌려준다는 부분에서 가장 거센 항의를 받았다. 그건 오래전 이야기이고 그래서 이 책의 제목이 '유목의 전설' 아니냐고 설명했다고 한다. 어디 그 이야기뿐일까? 초원에 양과 염소 대신 소가 늘어나는 건 유목에서 정주 생활로 바뀌는 징조라는 저자 이야기를 들으면서 유목 생활 자체가 머지않아 전설이 되는 건 아닐까 하는 생각이 들었다.

2015년부터 저자를 따라 남고비 쪽은 물론 한여름에도 밤이면 난로를 지펴야 하는 홉수굴, 간이 화장실조차 없고, 풀밭에 게르만 덩그라니 있던 몽골 알타이, 온천이 있는 자브항까지 곳곳을 다녔지만 돌아오고 나면 유목민의 삶은 언제나 너무나 먼 나라의 일이었다. 돌아오는 즉시 그리워졌다. 같은 곳을 가도 한번도 같은 모습을 보여 주지 않는 몽골. 여섯 번째 몽골 여행이 그 어느 때보다 최악인 듯했지만, 올해 유난히도 습했던 한국으로 돌아오자마자 코피가 날 정도로 건조했던 홍그린엘스가 생각나고, 울란바토르로 돌아오던 마지막 날, 초원을 벗어나기 직전에 만난 넓은 부추꽃밭이 자꾸 떠오르는 걸 보면 내년에 안 간다는 보장은 못 할 것 같다. (올해는 몽골에 유난히 젊은 한국 여행자들이 많았다. 그들은 잠도 안 자고 몽골의 별밤을 즐기고 있었다. 그들에게는 올해의 몽골이 내 2015년의 몽골과 다르지 않으리라.)

공주에는 슬픈 곰나루 전설이 있다. 길을 잃은 나무꾼을 굴에 가둬 놓고 새끼까지 낳은 암곰이 몰래 도망친 나무꾼을 쫓아가며 부르다 새끼와 함께 강물에 몸을 던져 죽었다는 얘기다. 그 후로 풍랑이 심해져 배가 자꾸 뒤집혀서 곰을 위로하는 제를 지내고서야 진정이 되었다 한다. 어렸을 때 이런 이야기를 들으면서 전기도 안 들어오는 집에서 불을 때서 밥을 하고, 샘에 가서 물을 길어오고, 개울에서 방망이질을 해 빨래를 하며 살았다. 60년 전에 이사 와 살았던 그 동네가 올 여름에, 아파트를 짓기 위해 싹 밀려서 흔적도 없이 사라졌다. 어린 시절을 보낸 마을이 사라지자 그 시절의 기억들이 곰나루의 전설보다 더 아득하게 멀어진 느낌이다. 올봄에 사람들이 떠난 뒤 대문과 벽에 빨간 페인트로 '빈 집'이라고 써 있던 걸 본 기억이 마지막이다.

이시백 작가는 입국 전 코로나 19 검사가 폐지된다는 소식을 전하며 이번 가을쯤 몽골에 다녀올까 생각 중이라고 한다. 몽골 유목민이 모두 사라져도 유목에 대한 향수 때문에 그는 계속 몽골을 찾을지도 모른다. 뭉개긴 옛 동네에 아파트가 들어서면 거기 들어가 살까 생각하는 나처럼.

다시 살림으로

원미연

김종철, 『근대 문명에서 생태 문명으로』, 녹색평론사

퇴근하고 집에 오니 '귀농통문'이 마루 위에 놓여 있다. 전국귀농운동본부에서 일 년에 네 번 발행하는 계간지이다. 10여 년이 넘도록 받아 보고 있지만 처음 몇 년을 열심히 읽다가 이젠 받아 두기만 하고 책꽂이에 꽂아 둔 지 오래된 잡지다. 젊은 부부가 집 옆 텃밭에 서 있는 책 표지가 눈길을 끈다. 긴 장화를 신고, 바지 주머니에 손을 넣고 서 있는 젊은 농부들의 표정이 어찌나 당당하고 자긍심 가득한지 잠시 바라보는데 가슴 한편이 아릿하다. 이제 다시 돌아갈 수 없는 시절에 대한 아련한 감정인지, 한때 꿈꾸던 삶을 실현해 가는 젊음에 대한 부러움 때문인지 알 수 없는 어떤 것이 밀려온다.

나에게도 꿈을 가진 젊은 날이 있었다. 생태적 삶을 살리라 마음먹고 생태귀농학교를 다녔고 집짓기에 관심도 재주도 없던 남편을 종용하여 농사를 짓는 시댁으로 들어가 손수 작은 흙집을 지었다. 주방세제 대신 밀가루와 따뜻한 물로 설거지하고, 샴푸와 린스를 안 쓰려고 빨랫비누로 머리를 감고, 식초를 떨어뜨린 물로 머리를 헹구었다. 두루마리 화장지를 손에 둘둘 풀어쓰는 사람들을 성토하며 화장실 휴지도 딱 두 칸만 썼던가. 텀블러라는 용어도 없던 시절 개인용 컵을 가지고 다니고, 나무젓가락과 일회용 용기를 사용하지 않으려 수저를 챙겨서 모임에 참석하곤 했다.

그러나 가슴 설레게 입주했던 남쪽으로 넓은 창을 낸 흙집은 해가 지나면서 그냥 시골에 지은 주택에 지나지 않게 되었다. 새벽이면 잠이 덜 깬 아이를 자동차에 밀어 넣고 출근하고 어둠이 내리는 저녁이나 되어 집에 돌아오는 직장인 생활은 시어머님이 지으시는 텃밭에 나가 볼 여유를 허락하지 않았다. 게다가 초짜 선목수가 지은 흙집은 겨울이 되자 마른 흙벽돌과 나무 사이가 떠서 황소바람이 들어왔고, 겨우 추위가 지나 봄바람이 불고 날씨가 따뜻해지기 시작하니 집안 곳곳에서 심심찮게 지네가 출몰하여 기겁하게 했다. 지붕에 두껍게 퍼 올린 흙 때문인지 10여 년이 훨씬 지난 지금까지도 끊임없이 나타나는 지네를 보면서 왜 전래동화에 그처럼 지네가 많이 등장하는가를 이해하게 되었다.

어느 순간부터 욕실과 주방엔 세제와 샴푸들이 자연스럽게 다시 자리 잡고 청소할 시간이 부족하다는 평계로 저녁마다 걸레 대신 물티슈로 방바닥을 대강 닦아 내는 일도 잦아졌다. 종이컵을 쓰고 물티슈를 사용할 때마다 이렇게 계속 살 수는 없다는 생각이 가끔 들기는 했지만, 장거리 출퇴근을 하면서 아이를 기르는 생활 속에서 환경을 생각하며 꼼꼼하게 살림을 하는 일이 힘에 부친 게 사실이다.

퇴직을 생각하면서 SNS에 심심찮게 등장하는 미니멀 라이프, 제로 웨이스트(왜 이런 건 다 영어인지)를 실천하는 사람들이 올리는 동영상이 유난히 눈에 들어온다. 직장 생활을 끝내면 어떤 삶을 살아야 할까, 그동안 슬그머니 버렸던 생태적인 삶을 이제라도 다시 시작해야 하지 않을까. 퇴직을 앞두고 생각이 많아지던 참에 김종철 선생님의 책을 다시 읽게 되었다.

선생님은 돌아가시기 직전까지도 '지난 2~3세기 동안 이른바 문명 세계가 산업문명을 통해서 이룩했다고 하는 높은 생활 수준은 실은 인간사회가 자신의 보금자리를 끊임없이 찢고 할퀴는 난폭한 짓을 되풀이함으로써 얻어진 부산물에 지나지 않은 것'임을 강조하면서 서로 돕고 도움을 받는 관계 속에서 살아오던 민중의 삶과 생활 방식을 밑바닥에서부터 무너뜨린 '근대 문명'이란 것이 얼마나 폭력적으로 인간의 삶의 질을 떨어뜨려 왔는지 지적하셨다. '아무 생각도 없이 마치 자원이 무한한 것처럼 전제하고, 생각하고 행동하는 습관이 고질로 굳어져 버린 것'이라는 대목은 지금껏 바쁘다는 핑계로 내가 저지른 삶의 행태에 대한 엄혹한 질책으로 다가왔다. '순환적 삶의 패턴을 회복하는 일'인 농사의 중요성과 인간으로서의 존엄성과 책임에 관해 생각하며 더는 이렇게 살 수 없다는 생각을 하기 시작할 즈음 30년을 다닌 직장에 명퇴 신청을 하고 퇴직을 하게 되었다.

지혜롭게만 실행한다면 거의 영구적으로 인간다운 삶의 영위를 보장하는 거의 유일한 생존, 생활 방식이 농사라는 점을 재인식하고, 그 농사의 궁극적인 토대인 토양을 건강하게 가꾸고 보존하는 것이야말로 얼마나 중요한가를 우리는 숙고할 필요가 있는 것이다.

연로하신 시어머니가 혼자 사는 시누이 집으로 요양차 가시면서 어머님이 가꾸시던 집 앞 텃밭이 내 차지가 되었다. 올해는 처음으로 내 손으로 상추, 가지, 오이, 토마토도 심고 남편이 비닐을 씌워 놓은 두둑에 참깨와 땅콩, 토란도 심어 보았다. 생전 안 하던 농사를 짓는다고 텃밭에 앉아 있으니 아랫집 할머니가 지나다니시며 땅콩 심는 법도 알려 주시고 대파 모종도 나눠 주시며 어떻게 심는지 시범도 보여 주신다. 주말에 마트에 간 김에 갈치와 고등어를 넉넉히 사서 나눠 드렸더니 다음날은 야무지게 끈으로 엮어 놓은 미늘을 한 뭉금 들고 오셨다.

오래전 내가 꿈꾸었던 삶이 무엇이었나 생각해 본다. 작은 농사를 지어 자급자족하는 삶, 자본의 질서에 이끌려가지 않는 삶, '당장에 희망이 보이지 않아도 마땅히 해야 하고 할 수 있는 일'을 묵묵히 수행하며 이웃과 더불어 소박하고 평화롭게 사는 삶. 사람과 자연을 살리는 진짜 '살림'을 해 보고 싶다는 생각이 드는 요즘. 틱낫한 스님이 젊은 날 300명분의 설거지를 할 때 닦는 그릇 하나하나에 집중하며 했다는 '설거지 명상'도 해 보고, 수확한 콩을 고르며 책을 읽고, 햇볕 뜨거운 날 남아도는 가지를 썰어 마당에 말리는 순간들이 평화롭다.

생의 기척

최은숙

윤이주, 『도읍지의 표정』, 무늬

코로나 백신 주사를 맞고 좀 오래 앓았다. 두통, 오한, 구토, 몸살 같은 것들. 그리고 이어서 편두통이 찾아왔다. 뾰족한 것이 뒤통수를 찔러 대는 통증이 며칠 지속됐다. 진통제를 먹고 누웠다 일어났다 하면서 새해인지 묵은해인지, 봄인지 겨울인지, 몽롱한 2월을 보냈다. 우울함도 백신 후유증인지 시도 때도 없이 눈물이 났다. 지금껏 익숙하게 살아온 세상이 갑자기 낯설어지고 나는 왜소해졌다. '앞으로 어떻게 살지.' 한참이나 살아 버린 마당에 새삼스럽게 그런 뜬금없는 생각들을 늘어놓았다. 학교에서 아이들 가르치는 일 말고는 할 줄 아는 게 아무것도 없다, 아이들 가르치는 일도 이제 잘하지 못할 것 같다 등.

무엇을 해도 즐겁지 않은 그 2월에 윤이주의 소설집 『도읍지의 표정』을 읽었다. 책을 읽으려고 했다기보다 사람들은 어떤 마음으로 사는지, 다들 괜찮은지 들여다보려는 마음이 생겼다고 해야 할까? 생활의 온갖 매뉴얼을 다 잊은 것처럼 막막하고 외로운 마음이 되자 문득 연고 없는 충남 공주시 공산성 아래 허름한 집을 사서 이사한 소설 속의 가족이 떠올랐던 거다. 터전을 찾아 도시에서 도시로, 이 집에서 저 집으로 옮겨가는 동안 그들은 마음을 어떻게 다독였을까? 거기 안착한 지금은 비로소 괜찮은 걸까?

소설 속의 인물들에게 처음 느낀 감정은 동질감이었다. 50대 부부와 20대 대학생인 딸 하나로 구성된 이 가족이 내 식구들 같았고 대개의 삶이 그렇듯 서사는 특별하지 않은 대신 생활의 한 장면 한 장면이 보풀 일어난 스웨터에 매달린 알뜰한 단추처럼 삶을 여미고 있었다. 우리 삶에 특별한 일, 엄청나게 기쁜 일은 흔치 않다. 반면, 자잘한 불편함과 부족함, 상실감, 불안함은 시시때때로 단골처럼 찾아온다. 그렇지만 삶엔 이런 보너스도 있다. 고층 건물에 비틀리지 않고 쏟아져 들어오는 햇빛, 산성의 새소리, 텃밭을 나누어 준 이웃집 김 선생이 고즈넉이 혼자 부르는 노래가 들려오는 밤. 그런 순간들을 섬세하게 알아채고 소중하게 엮으면서 삶이 나락으로 떨어지지 않도록 균형을 잡는 이 사람들의 건강함이 널브러져 있는 내게 힘이 되었다. 사실을 말하면 이들은 나와 적지 아니 다르다. 나는 용기가 없고 이들처럼 삶의 존엄을 위해, 자본의 시대를 살아가는 사람들의 흔한 일상인 바쁨과 조직적인 생활의 굴레를 내려놓지 못한다. 나는 내가 허

접하다고 느낀다. 그런데도 아무렇지 않게 그들과 동류라고 생각할 수 있는 것은 그들에게 '품'이 있기 때문이다. 소설을 읽으면서 상실감과 불안함을 대하는 그들의 태도에서 영감을 얻었고 차분하고 정다운 어른들이 바로 곁에 사는 것 같은 위안을 느꼈다.

20여 년 전 우리 반에 어떤 충격으로 말을 잃은 남학생이 있었다. 학교에 오긴 하지만, 넋을 잃은 듯 말하지도 웃지도 먹지도 않았다. 얘들아, 성준이를 어떻게 하면 좋겠니. 한숨 같은 혼잣말이었는데 똘똘한 혜진이가 대답했다.

"선생님, 성준이 곁에 명희를 앉혀 보세요."

쾌활한 아이를 옆에 앉혀도 될까 말까 한 상황에 똑같이 다른 애와 말을 섞지 않는 명희를 붙여 놓으라는 것이었다. 달리 뾰족한 방법도 없어서 혜진이가 시킨 대로 해 보았다. 그랬더니 두 아이의 말문이 같이 터졌다. 온종일 둘이 종알거렸다. 동질이란 그런 것이었다.

나는 소설 속 인물들이 우울감과 열패감, 막막함을 느끼는 순간들을 알아챘고 그들이 그 속에서 '쓰러지지 않고 삶의 재미를 찾기 위해 어떻게 협력하는지' 바라보았다. 「해피 뉴 이어」에 등장하는 아내, 혹은 엄마인 y는 방안을 가득 채울 정도로 몸이 부푸는 병에 걸렸다. 어느 아침엔 늘어난 제 살에 압사를 당할 것 같은 위기를 느끼며 살을 접느라 고투한다. 다행히도 부풀어 오른 살이 어떤 상황에선 정상적으로 되돌아오곤 하는데 그건 남편과 딸이 내는 발걸음 소리, 웃음소리, 산성에서 들려오는 새소리, 택배 기사의 음성처럼 살아 있는 존재들이 내는 생활의 기척이 느껴질 때이다. 몸이 부푸는 실체 없는 병은 어떤 이에겐 공황장애이기도 하겠고 어떤 이에겐 우울증으로 나타나기도 할 것이다. 가족은 y의 몸이 정상적으로 유지되도록 마음을 쓰면서 일상을 유지한다. 그게 협력이었다. 가난, 불안, 우울, 서러움, 그런 것에 삶이 통째로 잠식당하지 않도록 일상의 한 장면 한 장면을 함께 만들어 가는 것. 택배로 산 반죽기를 돌려 생일 케이크도 만들고 길고양이 나미에게 우유를 주고, 오일장에 가고 산성을 산책하고 책을 읽고 글을 쓰고 노모에게 전화하며 구체적인 오늘 하루를 잘 사는 것. 그것이 자신과 서로에게 들려주는 생의 기척이었다.

절박함을 경험한 사람의 마음은 세밀해진다. 겨울밤 골목에 내려와 건초를 먹고 가는 고라니, 산동네를 감싸 안은 달빛, 플라스틱 골판 지붕 위에 내리는 진눈깨비, 겁이 많아 한쪽 발을 들고 늘 달아날 방향을 살피는 길고양이의 몸짓, 밭에 갈 때 신는 장화, 동짓달 보름을 함께 건너온 노목이 눈에 들어온다. 사람들이 살아가는 장소에서 배경이나 도구일 뿐인 그것들이 『도읍지의 표정』에서는 자주 문장의 주어가 되어 사람을 품는 것을 본다.

그는 아주 천천히 몸을 일으켜 산동네를 내려다보다가 잽싸게 나뭇가지를 박차고 날아올라 저 2층 낡은 창으로 비어져 나오는 커다란 물방울 하나를 조심스럽게 물고 늙은 할아버지 나무에게로 다시 돌아온다. 삼백 살이 훌쩍 넘은 할아버지 나무는 긴 두 팔로 물방울을 받아 조심스럽게 품에 안았다.

물방울을 걸어 안은 할아버지 나무가 영하 15도네, 하며 조심스럽게 계단을 내려오는 주부를 흐뭇하게 내려다본다. 어제의 그녀는 늘어진 살을 잘못 밟아 휘청댔으나 오늘의 그녀는 가볍고 안정적이다. 그녀의 아홉 살 부엌이 들어 있는 이 물방울은 이제 누구나 꺼내 볼 수 있는 나무 창고에 안전하게 놓일 참이다.

-「해피 뉴 이어」에서

계단을 무사히 내려온 y는 주방으로 들어가 쌀을 씻어 안치고 미역을 물에 불린 뒤 아홉 살 어린 시절 부엌에서 엄마가 하던 대로 김을 굽고 양념장을 만든다. 산골짜기 농사짓는 집에 태어난 우리의 아홉 살은 대개 가난했다. 다 같이 가난해서 가난이 특별하지 않았다. 반면, 모든 사물과 현상이 특별했다. 추위와 더위, 눈과 비, 햇살과 바람, 땔감, 아궁이의 남은 불씨에 굽는 김, 벽에 걸린 포마이카 밥상, 독에 묻어 둔 김치…. 사람의 삶은 그것들과 단단하게 연대하고 있었다. 이 가족은 그 연대의 기억을 몸에 간직하고 있어서 창의적이고 품위 있다. 그들을 만나는 동안 내 마음은 조금씩 괜찮아졌다. y가 구운 김에 양념장을 얹어 밥을 얻어먹고 싶은 식욕도 생겼다. 앞으로도 생은 언제든 비틀거릴 수 있을 거다. 그러나 괜찮다는 걸 잊지 말자. 소설집 속의 단편, 「우리가 기다리는 의자는 언제 오는가」에 등장하는 스물한 살 딸이 게임의 목표랄까, 동기를 엄마에게 설명하는 대목이 있다.

"지배자가 되는 느낌인 거니?"

"음…. 힘을 내 맘대로 휘두를 수 있어서 좋은 게 아니라 이 주어진 세계에 내가 잘 적응하고 있다는 점이 좋은 거야. 주어진 세계가 있다는 점이 좋아. 늘 뭔가가 똑같을 거라는 안심이 되거든. 잘 적응하고 있다는 안심 같은 것이 중요해."

그 애의 말처럼 안심이 중요하다. 사람들의 세계는 대부분 특별하지 않다. 다만 세계를 운영하는 태도가 다를 수 있다는 것을 y의 식구들을 보면서 배운다. 배움이 나를 격려한다. 흔한 말이 되겠지만, 쉬운 일이 아닐 수도 있지만, 삶의 유일한 방편은 결국 사랑인 것 같다. 눈앞에 보이는 세밀한 것들을 탐욕을 벗은 가난한 눈으로 바라보는 것이다. 더불어 그들과 괜찮지 않을 수도 있는 오늘 하루의 일상을 담담하게 이끌어가는 것이다. 곁에 있는 이들이 안심할 수 있도록 생의 미더운 기척을 들려주면서.

홀리는 길, 길 홀릭

송숙영

빌 브라이슨, 『나를 부르는 숲』, 까치

해가 맑고 밝아서 발밑에 흙덩이들이 파삭파삭 소리 내며 부서지는 날도 좋고, 구름이 잔뜩 끼어 그림자 없는 나무들이 갈맷빛으로 무게를 잡는 날도 좋다. 바짓단이 젖고, 허벅지가 젖고, 운동화에 물이 찌걱찌걱 들어오는 비 오는 날도 싫지 않다. 걷기에 좋지 않은 날은 없다.

20년 전, 국도 1호선 걷기, 장성—백양사 구간을 걸을 때였다. 7킬로미터쯤 걸었는데 칼로 발바닥을 푸욱푸욱 찌르는 것 같은 아픔이 왔다. 처음 겪는 아픔이었다. 판판하고 돌멩이 하나 없는 곳만 골라 발을 딛는데도 도무지 나아지지 않고 발바닥 힘줄을 찢어 대는 것처럼 한 발짝도 뗄 수 없었다. 장성 단전리 느티나무 아래서 발바닥을 주물러 주던 남편이 말했다.

"자갈이랑 풀이 있는 곳으로 걸어. 너무 같은 근육만 써서 그래."

어머, 아프니까 판판한 곳으로만 걸었지. 아하, 그런데 오히려 그게 더 아프게 만든 거였어? 울퉁불퉁 불편한 곳을 밟아야 발바닥 여기저기를 쓰게 되어 근육에 무리가 가지 않는다고. 이야! 편한 게 독이었구나. 그렇게 나의 걷기는 시작되었다. 징징거리며 보잘것없게.

온 세계가 코로나로 꼼짝없이 행동 반경이 좁아졌다. 학교가 문을 닫아 집에 있어야 하는데 봄바람이 눈만 녹이는 게 아닌지 마음도 노글노글하게 녹아만 갔다. 멀리 갈 수 없어서 부여군을 에워싼 야튼하고 펑퍼짐한 산을 걷기 시작했다. 아침 먹고 남은 밥과 김치, 김 하나 배낭에 넣고 빨간 운동화 끈을 조이면 준비 끝. 대문을 나서면 S자로 구부정한 골목이 마을회관 쪽으로 이어진다. 오른편으로 목을 쭉 빼면 열린 창으로 안살림이 들여다뵈는 초석이네, 병원 언니네 집 닭이 이어지고 왼편은 우리 집 닷마지기 논이다. 작년 베어낸 벼 그루터기가 얼다 녹다 시커멓다. 고샅길을 빠져나오면 편편한 들판과 한번도 높아 본 적이 없을 것 같은 산이 멀찌감치 떨어져 있고, 거기서 거기인 길이 시작된다. 한 시간을 걸어도, 두 시간을 걸어도 사람이라고는 뵈지 않고 들판 너머 야튼한 산만 해바라기하며 웅크렸다.

온 하늘의 별들이 겨울 추위를 못 이겨 떨어져 내렸나 싶은 하늘색 꽃이 볕 바른 양지마다 환하다. 하늘색 꽃잎이 그대로 별이다. 에이, 이름을 모를 걸 그랬나 싶다. 개불알풀이다. 꽃다지, 냉이도 오그리고 웅크린 날, 나올락 말락 봄꽃처럼 망설이는 땀을 들이는 속도로 서너 시간 걷고 점심 먹을 자리를 잡는다. 개울가 양지바른 자리에서 먹는 점심은 쥐코밥상일망정 진수성찬 부럽지 않다. 바람을 마시고, 산을 삼키고, 햇살로 배 불린다.

"아유, 저 집은 여름 내내 마당에 풀하고 씨름하다 지치겠네."

"따뜻하다, 햇볕. 살로 가겠다."

혼자 중얼거리다 잠시 배낭에 기대면 바람이 월컹월컹 인다. 봄바람과 애는 해 떨어지면 잔다는 속담처럼 이제 시작된 바람은 아마 해가 지면 잘 것이다.

10년 전에 걷다가 산에 막혀 돌아섰던 마을엔 새로 밤농사를 짓기 좋게 임도가 생겨서 이제는 돌아서지 않고 산을 넘어 걸어갈 수 있다. 10년 전에 없던 집이 생기고, 10년 전 사람 훈김이 있던 집이 비기도 했지만, 마을은 여전히 마을이다. 소멸 도시 전국 순위에 드는 부여라도 마을 하나 사라지는 게 그리 쉬운 일은 아니다.

코로나로 등교하지 못한 2020년 봄, 사람들 사이를 떠나 원 없이 걸었다. 2~3월 두 달 동안 대략 550킬로미터를 걸었다. 쓱, 배낭 메고 나선 첫 걸음이 80만 걸음이 되었으니 하루에 5만 보를 찍은 날도 있다. 아득한 옛날 숲의 끝자락에 사람이 깃들이더니 한 집이 두 집 되고, 두 집이 마을이 되는 세월을 지켜보았을 뿌루퉁한 소나무가 있는 길을 걸었고, 아이가 자라 노인이 되고, 또 다른 아이가 자라 노인이 된 이야기를 죄 알면서 모르쇠하고 섰는 참나무가 지키는 늙수그레한 마을 길을 걸었다. 먼 곳을 찾아가 감탄하던 경치들이 부여에도 있었다.

부여를 걸으며 산티아고를 걷고 싶다는 생각이 사라졌다. 퇴직하면 제일 먼저 산티아고에 갈 거야 노래하고 다녔는데 그 마음이 없어졌다. 내가 걷는 이 마을 길이 산티아고 순례길이로구나, 이 길을 걷는 게 순례, 이 길에 깃들이고 사는 이들이 성자들이구나 싶었다. 코로나라는 그늘에서 발견한 환한 소식이다.

빌 브라이슨의 『나를 부르는 숲』은 장거리 트레일로 유명한 미국의 애팔래치아 트레일을 걸은 이야기다. 저자는 숲을 걷는 것이 낮은 수준의 환희를 행복하게 받아들이게 해 준다고 했다. 숲에 가면 작은 환희가 산처럼 거대해지는 걸까? 숲에 가져갈 수 없는 것들, 그것들로부터 자유로워져서 그럴지도 모르지. 꼭 숲이 아니어도 걸으면 행복해진다. 부여 산길이든, 애팔래치아 산맥이든, 홀로이든 함께든.

한 발짝도 못 떼겠다 싶은 순간까지 걷고 나서 느끼는 홀쭉한 상쾌함과 개운힘이 좋다. 눈꺼풀 들어 올릴 힘은 없지만 입꼬리는 절로 올라가는 기분, 고민과 걱정들을 불러낼 힘도 남아 있지 않은 그 상태가 행복하다. 쓸데없는 것들은 걷는 동안 다 사라져 버린다.

문을 열고 나서시길. 활발하게 깨어나는 5월의 길에는 입을 오물거리며 눈을 비비는 아기 같은 신비가 있다. 5월이 아니어도 길에서는 기쁨은 크게, 고통은 작게 만들어 주는 요정을 만날 수 있다. 그렇지 않고서야 이렇게 사람을 홀릴 수 있겠나.

도망치는 여우 같은 삶

김영희

김영하, 『여행의 이유』, 복복서가

처음 비행기를 탄 건 마흔 살 때였다. 중국 만리장성을 걷고, 북경 오리구이를 먹고는 백두산으로 가는 여정이었다. 백두산 천지 물을 마시고 그 물에 발을 담갔다. 다 같이 '우리의 소원은 통일~', 노래를 부르며 울컥하기도 하고 윤동주 묘 앞에서 숙연해지기도 했다. 그것을 시작으로 해마다 겨울방학이면 여행을 갔다. 인도, 스페인, 남미, 중미, 아프리카, 베트남, 캄보디아, 미얀마, 라오스, 말레이시아, 인도네시아…. 나중에는 겨울방학이 가까워지면 주변에서 물었다. 이번에는 어디 가냐고. 그러면 올해는 안 갈까 했다가도 왠지 가야 할 것 같아서 여행할 곳을 찾아 결국 떠났다. 임대 아파트에 살면서 여행에 몰입해서 사는 걸 걱정하는 사람까지 생겼다(이 책의 저자도 선배로부터 비슷한 소리를 듣는다. 여행 다니는 돈을 모아서 집부터 사라고).

김영하가 텔레비전에 나왔을 때, 여행의 이유가 한마디로 뭐냐고 진행자가 묻자, 한마디로 말할 수 없어서 이 책을 썼다고 했다. 나 역시 같은 질문에 뭐라고 답을 해야 할지 어려웠고, '왜 사나' 하는 생각을 할 때와 비슷하게 막막했기 때문에 이 책이 나왔을 때 반가웠다.

저자는 자신이 여행을 좋아하게 된 이유가 '어린 시절 이사를 많이 다녀서'라고 한다. 인간이 다른 유인원과 달리, 여행을 하는 것은 생존을 위한 인류의 이동 본능이 남긴 진화의 흔적일지도 모른다고. 그가 '여행을 정말 좋아하는 이유 중 하나는 과거에 대한 후회와 미래에 대한 불안, 우리의 현재를 위협하는 이 어두운 두 그림자로부터 벗어날 수 있기 때문'이라고 말한다. 사람들이 어려움에 처했을 때 대처하는 방법은 저마다 다르다. 서사는 '풀리지 않는 삶의 난제들과 맞서기도 해야겠지만, 가끔은 달아나는 것도 필요하다.'라고 한다. 나 역시 그렇게 삼십육계 줄행랑을 택했다.

줄행랑의 방법이 저자와는 다르다. 저자는 젊어서는 배낭여행이었고 나중에는 주로 자유여행이었다. 난 여행이 아니고 관광이었다. 비행기표 구입, 숙소, 식당, 이동 수단 등 모든 것을 여행사에서 다 알아서 해줬다. 돈만 내면 된다. 그리고 여행이 시작되면 인솔자를 따라다니면서 날짜, 요일도 잊고 지낸다. 떠날 때는 지칠 대로 지친 상태로 시작하지만, 점점 몸이 회복되어 돌아온다. 중국 운남성에 갈 때는 인솔자가 자기 방 옆에 방을 정해 주고 무슨 일이 있으면 바로 문을 두드리라고 할 정도로 열이 나고 기침이 심했다. 요즘 같으면 입국 거부 상태였다. 다행히 옆방 문을 두드리지 않고 여행은 잘 끝났다.

모든 사람이 여행을 좋아하는 것은 아니다. 여행도 팔자에 있어야 한다. 대학 때 들었던 김병욱 교수의 말처럼 성격이 곧 팔자다. 내게 삶은 매일 총공격 자세로 치러야 하는 전쟁이었다. 주변 사람들까지 긴장시키는. 교사가 되기 전까지는 잘 몰랐던 나의 모습이다. 이걸 벗어나는 방법은 여길 떠나 스스로 아무것도 계획하거나 통제할 수 없는 세계로 들어가는 수밖에 없다. 그것도 가능하면 혼자 가야 한다. 언니, 동생과 함께 여행을 간 적이 있다. 그랬더니 언니, 동생 관리하느라 여행은 뒷전이었다. 둘은 내 덕에 좀 괴로워했다.

나를 가장 괴롭히는 것은 나 자신이고, 내가 벗어나야 하는 것도 나 자신이다. 국선도를 20년 이상 하고 가부좌를 틀고 앉아 있어 봤자 도로아미타불이다. 말도 안 통하고 상황을 통제하기 어려운 곳에 던져져야 편해진다. 나와 아무 상관 없는, 언어가 다른, 영화 장면 같은 세계 속으로 쓱 들어가 투명 인간처럼 돌아다니면 송골송골 기쁨이 샘솟는다.

인터넷의 발달로 안방에서 전 세계를 여행할 수 있는 시대가 되었어도 여행객은 점점 더 늘고 있다. 책을 읽으면 읽을수록 읽을 책이 많아지듯이 여행도 다니면 다닐수록 갈 곳이 많아진다. 그런데 코로나19로 여행객들의 발이 묶이고 많은 사람이 우울증까지 겪고 있다. 달아나고 싶지만 달아날 곳이 없어 우리에 갇혀 있는 짐승처럼 힘들어하고 있다. 상황이 좋아지면 바로 떠나기를 꿈꾸는 이들이 많다. 나 역시 그들 중 하나다. 하지만 끝없이 늘어나는 여행객의 숫자는 지구 환경을 오염시키고 전염병을 그만큼 빠른 속도로 퍼트린다.

진퇴양난, 사면초가다.

어마어마한 요리사

송숙영

|

주영하, 이명원, 송기호, 김은진, 문성희, 박성준, 정대영, 『세상을 담은 밥 한 그릇』, 궁리

질경이 국을 끓였다. 멸치와 다시마로 육수를 내고 된장을 풀어 끓이니 시금칫국이나 아욱국 비슷한 삼삼한 맛이 났다. 한 달쯤 뒤 남편이

"지난번에 끓였던 국, 그거 뭐였어?"

"질경이국? 또 끓일까?"

"아니, 그거 먹고 힘이 없어. 이제 안 먹어."

질경이로 장아찌도 담그고 국도 끓인다기에 뒷산에서도 사람 발이 닿지 않는 곳을 골라 깨끗하게 뜯어 끓였는데 한 번으로 그만이다. 국 한번 먹었다고 무슨 힘이 없어지겠나. 군드러져 정신없던 술 생각은 안 하고, 쯧. 반찬 타박 없는 남편이 거부하는 반찬이 하나 더 있다. 여름이면 찬 값

더는 나물로 장녹만 한 게 없는데 절대로 먹지 않는다.

"나를 서서히 독살하려는 수작이야?"

쳐다보지도 않는다. 된장으로 무쳐 보고, 고추장으로 맛을 내 보아도 소용이 없다. 한 자루 뜯어다 이 사람 저 사람 나누어 주고 혼자 한 접시만 먹는다. 참기름 슬쩍 둘러 무치면 입에 착착 붙는 그 맛을 모른다. 장녹에 독성이 있어 뿌리를 장희빈의 사약으로 썼다는 말을 듣고는 그 모양이다. 밤새 우려 내어 야들야들한 맛만 남기고 독은 모두 없앴건만 장녹은 믿어도 마누라는 못 믿겠다는 심보다.

쩝쩝거리며 맛나게 먹는 사람이 있어야 요리는 재미있는 법, 둘이 먹자고 상이 그들먹하게 차릴 일은 없어 1식 3찬으로 가기 위해 노력하고 있지만 아직도 상 위에 젓가락이 가지 않는 반찬을 주욱 늘어놓을 때가 많다. 나물에 맞난 요리 한 가지, 김치면 충분한데 서너 번 냉장고와 밥상을 오가다 버려지는 찬이 적지 않다. 직장 생활한다고 밥상에 너무 무심한가 하는 자기 검열 때문이다.

나의 첫 요리는 라면이었다. 물에 라면을 넣고 끓였다. 라면은 끓이는 음식이니까. 그런데 어라? 국물은 싹 없어지고 퉁퉁해진 면만 냄비에 가득했다. 끓이는 방법을 읽을 생각을 왜 하지 못했는지. 어쩌면 지금도 나는 찬물에 라면을 넣고 끓이는 나만의 방식으로 요리를 하는지 모르겠다. 하는 나는 즐겁지만 먹는 상대는 어떨까 싶은 음식. 갑자기 남편에게 미안하다. 시골에서 사는 사람은 들판에 초록이 올라오면 마트에 발을 끊는다. 천지가 다 마트라 굳이 돈을 쓸 일이 없다. 맨 처음 냉이, 아직 땅이 땡

땅 얼었다고 생각할 때, 보이지 않는 저 깊은 땅속에서 냉이는 봄을 맞고 있다. 그때 냉이가 맛있다. 와, 냉이다! 했을 때는 이미 늦다. 올해도 그렇게 환호성을 지르고 냉이를 캐왔는데 벌써 뿌리에 공이 섰다. 뿌리를 갈라 공을 일일이 제거하고 무쳐보았지만, 맛도 향도 제대로가 아니다. 내년엔 꼭 제때, 언 땅에 박힌 다디단 뿌리를 캐 보리라.

냉이 다음엔 지칭개다. 지칭개는 냉이보다 더 지천이다. 시골도 흙을 밟을 곳이 자꾸 줄어들어 먹을 만한 잡초를 만나기가 쉽지 않은 요즘 지칭개는 고마운 풀이다. 납작하게 땅에 엎드려서 봄 햇볕을 듬뿍 받는 지칭개는 아무 곳에나 있다. 삶아 된장에 무치면 쌉싸름해서 입맛을 돋운다. 이어서 씀바귀도, 유채도, 뽕잎도 제때를 알아 쏙쏙 돋는다.

아하, 뽕잎, 뽕잎의 생존 전략을 알고 자연의 신비를 알게 되었지. 어느 해 봄, 뒷밭 한 편에 뽕나무가 있어 알맞게 새잎이 돋았기에 가지만 남기고 죄 뜯어왔다. 가지만 앙상한 뽕나무가 죽으면 어쩌지 걱정이 되기도 했다. 일주일 뒤쯤 다시 갔더니 또 알맞게 새잎이 돋았기에 고맙다 하고 홀딱 훑어왔다. 일주일 뒤 또 새잎이 돋아 아이구 진짜 고맙다 하고 뜯었는데 이럴 수가! '어디 나 한번 먹어 볼 테야?' 하듯 작고 어린잎인데도 빳빳하고 억세기가 한여름 땡볕에서 자란 잎 못지않다. '나도 살아야지, 세 번 뜯기면 정말 끝장나.' 하는 뽕잎이 기특했다.

『세상을 담은 밥 한 그릇』을 읽으면 조금 덜 먹게 되고, 더 잘 먹게 된다. 제철, 제 땅에서 난 것을 먹는 게 자랑스러워진다. 우리 식탁에 올라오는 얼마나 많은 재료와 음식들이 길고 긴 유통과정을 거치는지, 더 많은 수확을 위해 어떤 희한한 장면들이 펼쳐지는지, 알고 먹기에는 좀 섬뜩한 것들이 되는 수상한 내막을 만나게 된다. 읽고 나면 텃밭에서 따온 고부라진 오이가 맛나고, 매일 풋고추 한 가지를 고정 반찬으로 올리는 여름 식탁이 부듯하다. 우리 식량 자급률이 왜 그렇게 낮은지, 내가 하루에 먹는 화학첨가물은 얼마나 되는지, 왜 기능 올림픽 수준의 껍질 깎기 기술을 연마해야 하는지 궁금하다면 김은진의 「내가 선택한 밥상이 세상을 바꾼다면?」을 먼저 펼치시라.

세상의 씨앗은 햇볕과 바람과 물을 채워 식물을 만들고 우리는 그 식물을 먹고 몸을 지키니 우리 몸은 햇볕과 바람과 물이다. 내가 뜯어온 질경이, 장녹, 냉이야말로 햇볕, 바람, 물로 피어난 우주일 테니 그걸 요리하고 그걸 먹는 나도 우주다. 나는 우주를 다듬어, 또 다른 우주를 위해 요리하는 어마어마한 사람이다.

햇볕아, 바람아, 물아! 고마워.

내 욕심을 나무라 준 뽕잎아, 너도 고마워.

여보, 오늘 저녁은 상추를 삶아서 조물조물 무쳐 볼 테야. 맛나겠지?

아름다운 사람들이 살았다

송숙영

I

강병철, 『닭니』, 작은숲

　　나는 신흥국민학교를 졸업했다. 신흥동은 말하자면 지금 내가 사는 마을에 있는 새말 같은 곳이다. 도시화가 진행되면서 원래 있던 도시 외곽으로 유입 인구들이 모여들어 새로 흥해 가는 동네 이름은 신흥동이기 십상이었을 테니 대한민국 신흥동을 모두 세면 모르긴 몰라도 수십 개는 넘을 것이다. 대전이 막 팽창해 가던 1960년대 초반, 시골에서 올라와 도시의 삶을 시작한 부모님이 처음으로 장만한 집이 신흥동에 있었다. 신흥동 집은 연탄을 땠다. 네루레일이 달린 화덕를 아궁이에 밀어넣었다 뺐다 하면서 밥도 짓고 방도 덥혔다. 문제는 비가 올 때였다. 마당에서 서너 계단쯤 내려가는 부엌 바닥에 비만 오면 꼭 마당 높이까지 물이 찼다. 부엌 계단 꼭대

기까지 물은 잘름거리고 이때를 대비해 부엌에 가져다 놓은 들마루는 물에 둥둥 떴다. 엄마는 물이 닿지 않는 부뚜막에 석유곤로를 놓고 밥을 하셨다. 엄마야 애가 타거나 말거나 들마루에 올라 퐁퐁 뛰던 우리에겐 더없이 재미난 날이었다.

겨울엔 엄청 추웠다. 드르륵 밀어서 여닫던 나무 문은 아귀가 맞지 않아 바람이 제멋대로 드나들었다. 자려고 누우면 코 위로 바람이 썰썰 훑고 지나갔다. 머리끝까지 이불을 끌어올려 덮곤 했는데 그러면 이불 밖으로 나온 발이 꽁꽁 얼었다. 방 한 칸에 다섯 남매가 조붓조붓 모여서 자는 밤, 머리맡 스뎅 양재기에 자리끼를 떠놓곤 했는데, 아침마다 양재기를 들고 나가 마당에 엎으면 얼음이 데그럭데그럭 떨어졌다.

『닭니』에는 어릴 적 내가 살던 시절의 꾀죄죄한 사람들의 모습이 분단장도 없이, 수수한 차림 그대로 살아 있다. 그립고 그리운데 다시는 볼 수 없을 것 같아 울고 싶어진다. 4~50년 이쪽저쪽의 일들이 아득한 옛이야기만 같다. 쥐꼬리를 가져오라는 선생님 말씀을 따를 수 없어 새끼 쥐를 늘여다보고만 앉은 어린 강철 형제, 술에 취한 채 교실에 나타났다가 철쭉꽃 흔들리는 그림자로 사라지는 조민구 아버지, 데굴데굴 구르며 싸우는 아이들을 보고 '딱 맞수네' 하면서 지켜보기만 하는 선생님, 지금은 모두 찾아보기 어려운 모습들이다. 인정보다 규정이, 실재보다 남들의 눈이 두려운 지금, 수더분한 그들의 삶이 뭉클하다. 그들의 잘난 것 없는 삶을 보고 있으면 뭔가 완성되고, 꽉 차고, 부족한 게 없는 기분이다.

내게도 옛날얘기로 읽히는 『닭니』가 젊은 세대들에게는 어떨까 궁금하다. 2003년 처음 발간했던 『닭니』가 17년 만에 복간되었다. 그해 '우수문학도서'였던 『닭니』가 지금도 여전히 우수 문학 도서로 사람들에게 읽힐까? 이해가 안 되기는 춘향이가 칼 쓰고 옥에 앉아 있는 이야기나 닭니를 잡느라 홀딱 벗는 이야기나 별반 다를 것 같지 않다. 추어탕은 맛있게 먹어도 미꾸라지는 모를 젊은 세대들이 어떻게 세숫대야에 미꾸라지를 잡아 오는 강철 형제의 삶을 이해하겠는가. 하지만 여남은 장만 넘어가면 어딘가부터 따스해지기 시작하는 『닭니』의 온기는 이해하지 못해도 공감할 수 있다고 꼬드긴다. 따듯한 군고구마를 손에 쥔 듯 마음으로 느껴지는 온기가 세대의 벽을 훌쩍 넘겨 줄 것만 같다.

고등학생들의 방과후 수업으로 『닭니』 낭독 수업을 했다. 낄낄거리며 역할을 정해 낭독하던 즐거운 수업이었다.

"뛰랑께", "가짜 흙탕물두 있댜?", "장기 두는 사람 똥 누러 갔슈? 엿 사 먹으러 갔슈?"

역할을 맡은 아이들은 사투리를 흉내 내며 웃다가 읽다가 숨이 넘어가고, 듣는 아이들은 능청스레 읽는 친구를 보며 딱따그르르 자지러지곤 했다. 반백 년 전에 살았던 사람들이 십대들과 친구라도 된 듯 어우러지던 시간이었다. 창밖은 벌써 캄캄한 10교시, 한 시간이 그리 쏜살같이 달아나 버리는지 다들 신기해했다.

사람에 대한 무한 신뢰와 긍정을 얻고 싶다면 오래지 않은 우리의 이야기 『닭니』를 읽자. 부모 자식이 함께 읽어 보면 좋겠다. 코끝이 쨍하게 추운 겨울, 햇볕이 잘 드는 거실에서 온 가족이 뒹굴뒹굴 돌아가며 언니 한

번, 아빠 한 번 가족의 목소리로 들어 보는 『닭니』는 아름다운 풍경이겠다. 움츠러든 마음이 헤 풀어지겠다.

적돌만은 작가 강병철의 고향 동네다. 집 나간 아내를 찾아 더듬더듬 마을에 온 장님, 그 장님 남편 앞에 무너져 우는 아내. 떠돌던 장님 내외가 정착해서 살아가는 마을이다. 큰 산을 간신히 넘으면 또 막아서는 더 큰 산이 고단해도, 슬픔 속에서 더 단단해지는 조약돌이 되고 싶다는 사람들이 살아가는 마을이고, 민들레 새순이 뽀드득뽀드득 굳은 땅을 헤집는 순리로 이냥 저냥 살아가는 사람들이 살던 곳이다.

현재는 간척지이지만 바다를 품었던 적돌만의 삶이 다시 살아날지도 모르겠다. 간척사업으로 사라진 바다를 역간척 사업으로 되돌린다는 이야기가 나오고 있으니 적돌만에 바닷물이 다시 넘실거리는 날이 올지도 모르겠다. 그 시절의 인심도 돌아올까?

『닭니』를 읽으니 오지에 다녀온 듯하다. 느슨하고, 틈이 많아서 바람이 함부로 드나들던 오래전 신흥동 집처럼 안팎의 경계 없이, 손해와 이익을 약빠르게 따지지 않고 뭐 그렇게 좀 살면 어떨까 싶다. 알몸뗑이로 우둘두둘 닭니에 물린 병철이, 새까맣게 꼬질꼬질한 얼굴에 피어나는 웃음이 환하다. 그토록 아름다운 사람들이 이 땅에도 살았다.

내가 살고 싶은 곳

가영주

유현준, 『어디서 살 것인가』, 을유문화사

내 기억의 첫 집은 초가지붕에 방 한 칸, 부엌 한 칸에 툇마루가 있던 셋집이었다. 등잔불 밑에서 어머니가 읽어 주시던 춘향전, 심청전, 허생전 같은 옛이야기가 삽화까지 또렷이 기억난다. TV도 없던 시절, 어머니가 매일 조금씩 읽어 주시는 이야기는 어떤 연속극보다 재미있어 다음 이야기가 기다려지곤 했다.

아홉 살이 되었을 때 할아버지가 돌아가시고 경기도 평택에 살던 우리 가족은 충청남도 태안군 원북면 동해리, 대청마루가 있는 디귿자 기와집으로 이사했다. 당시 마을에서 처음으로 흑백 TV를 대청마루에 설치했다. 요즘 말로 신박한 신세계를 보기 위해 마을 사람들이 몰려들었고 아이들은 저녁 밥때가 되어도 만화 영화나 코미디 프로를 포기할 수 없어 눈치 따위는 뭉개고 앉아 있었다. 곧 동네 다른 집들도 TV를 사게 되면서 친구들에게 우쭐댈 수 있던 시간은 일 년만에 끝나 버렸다.

집에서 학교까지는 산 넘고 물 건너 한 시간 이상 걸어가야 했다. 어린 아이에게 힘들 수도 있는 거리였지만 동네 친구들, 언니 오빠들과 함께 가는 길은 늘 즐겁기만 했다. 한 시간 등굣길이 하교할 땐 으레 두세 시간으로 늘어났다. 계절별로 놀거리가 지천이었다. 오디, 산딸기, 찔레꽃, 시영 따먹기, 검정 고무신으로 송사리 잡기, 차돌을 갈아 만든 공기놀이, 가다가 말벌 집이라도 발견하면 별스럽게 재미있었다. 짓궂은 남자아이들이 벌집에 돌을 던지면 벌들이 우르르 날아들었는데, 성난 벌들을 피해 달아나느라 혼쭐이 났다. 나같이 달음질이 느린 몇몇은 다음 날 천연 보톡스 맞은 얼굴로 등교해야 했다.

6학년이 되어 읍내 학교로 전학을 가게 되었다. 조그만 마당이 있는 단층 양옥집에 살게 되면서 마당과 옥상은 온통 그즈음 분재에 관심을 가지게 된 아버지가 키운 소사나무, 소나무 분재로 가득했다. 아홉 식구 대가족이 살기에는 턱없이 좁은 고향 단층집이 왜 답답하지 않았을까? 유현준의 『어디서 살 것인가』를 읽고 그 이유를 알게 되었다. 마루를 나오면 하늘과 연결된 마당이 있고 마당은 또 골목길로 이어지기 때문이었다. 어린 시절의 등굣길은 시시각각 변하는 자연을 벗 삼아 걸었기 때문에 지루하거나 힘들지 않았고 어둡고 불편한 등잔불은 온전히 어머니 이야기에 집중하게 했다. 집에 대한 기억은 그래서 따뜻했다.

저자 유현준 교수는 '알쓸신잡'이라는 TV 프로로 잘 알려진 건축가이다. 그는 건축을 이야기하며 동서양 문명, 역사와 철학, 정치와 경제, 인간의 본성과 심리를 아우르는 통섭적인 시각으로 건축을 보는 인식의 지평을 넓혀 준다. 특히 '3미터 이상의 천장이 있는 공간에서 창의적인 생각이 나온다.'라는 연구 결과는 우리 현실을 바라볼 때 참으로 안타까웠다. '요즘 아이들이 2.4미터의 높이의 똑같은 아파트에서 태어나서 1.5미터 높이의 봉고차와 2.6미터 높이의 교실과 2.5미터 높이의 상가 학원 천장에 짓눌려 살고 있다.'라는 그의 진단은 아프게 다가왔다. 그는 '창의적인 아이들을 만들려면 적어도 학교만큼은 3미터 이상의 경사진 지붕의 교실, 각기 다른 모양의 교실에서 공부하고 생각하게 해야 한다.'라고 주장한다. 중고등학교 시절 자습 시간이면 학년 주임 선생님은 일자 복도에 서서 긴 몽둥이를 들고 "다 들어가!" 하고 외쳤고, 우리는 마치 교도소 수인들처럼 일사불란하게 움직였다. 우리가 사는 주거환경과 마을의 모습은 삼십 년 전과 비교하기 어려울 정도로 바뀌었으나 학교는 예나 지금이나 여전히 획일적이고 통제에 효율적인 모양새를 띠고 있다.

교육부가 공간 혁신 학교를 지정하여 천편일률적인 통제 위주의 공간에서 벗어난 창의적인 공간을 만들려고 시도하고 있다. 내가 근무하는 학교도 공간혁신 학교로 지정되어 관련된 책도 읽고 연수도 받으며 교사와 학생, 모두가 행복한 공간을 설계하는 중이다. 혜택을 받는 학교가 많지 않은 것이 아쉽기는 하지만 지금이라도 다행한 일이다.

살고 싶은 집의 기준은 무엇이 되어야 할까? 저자는 뉴욕과 서울을 비교하며 본질적인 차이를 설명한다. 둘 다 과밀하고 고층 건물에 좁은 공간을 사용하는 일인 가구가 증가하고 있지만 뉴요커는 좁은 집에 살아도 된다. 아주 넓은 공공 면적을 영유하며 살기 때문이다. 뉴욕 도심의 경우는 촘촘히 박혀 있는 공원들을 걸어서 오가며 각종 이벤트를 즐기고, 금요일이면 무료로 감상할 수 있는 세계적인 미술관이 도시 곳곳에 퍼져 있다. 재미난 공간들을 거의 무료로 즐기면서 살 수 있으니, 무료하기 쉽지 않다. 반면 우리 도심의 경우는 주거 공간과 사무 공간을 흙 한 번 안 밟고 이동하고 생활할 수도 있다. 그러니 더욱 편하고 쉽게 걸을 수 있는 공간을 확보해야 하고, 작아도 촘촘하게 연결된 공원과 같은 공짜 공간들이 더 많아져야 한다.

나는 어디서 살아야 할까? 오랜 고민 끝에 삼 년 전 시골로 이사했다. 안마당 여섯 평 정도의 땅에 텃밭을 일구었다. 상추, 쑥갓, 비트, 아욱, 골파, 대파, 바질, 방울 양배추, 토마토, 시금치, 열무, 아스파라거스, 고추, 부추, 치커리…. 좁은 땅에 정말 많이도 심었다. 철 따라 작물을 바꿔 가녀 키우고 있는데 농약을 안 치니 열무가 거의 벌레 차지가 되어 날마다 벌레를 잡아주어야 먹을 수 있다. 그런 열무로 김치를 담근다. 직접 키워서인지 맛도 좋고 지인들에게 나눠주는 기쁨도 크다. 마당 텃밭은 우리집 마트이다. 직접 키운 텃밭 채소들로 반찬을 만들고 상을 차리면 기분이 참 좋아진다. 마당을 나오면 냇물이 흐르는 개천이다. 냇물 따라 이어진 길을 매일 저녁 남편과 한 시간씩 산책한다. 시냇물 소리, 풀벌레 소리 동무 삼아 가로등, 랜턴이 없어도 충분한 달빛 산책은 우리의 행복이다.

시골에 집 짓고 텃밭 가꾸며 사는 것이 도시민들의 로망이다. 귀촌이 그리 쉬운 일은 아닐 것이다. 그렇다면 혼잡한 도시라도 숨을 쉬고 살 수 있도록 공원과 산책로를 만들고 작은 도서관, 극장, 미술관, 인근 농촌과 연계한 먹거리 장터, 커뮤니티 센터들이 더 많이 생겨나야 한다. 도시 텃밭도 만들어 농작물을 직접 가꾸고 먹을 수 있는 기쁨을 느낄 수 있게 해야 한다. 이것은 저탄소 정책이기도 하니 지자체나 정부는 예산을 아낌없이 투자해야 한다. 이것이 우리가 살고 싶은 곳의 기준이다.

설레는 만남, 자연주의 출산

김기영

정환욱과 자연주의 출산 엄마 아빠들, 『모든 출산은 기적입니다』, 샨티

2016년 12월 10일 맑음.

아랫배가 온종일 콕콕 아프다. 검사 결과 임신. 드디어 꼬물이의 영역 확장이 시작되었다.

삼십 대 중반에 결혼하고 자아실현의 욕구에 충실하며 사이좋게 잘살고 있던 우리 부부에게 설날 가족 예배 시간, 시아버지의 기도는 신선한 충격이었다.

"우리 아들 며느리에게도 사가랴와 엘리사벳에게 요한을 주신 것처럼 잉태의 복을 주시고…."

결혼 육 년차. 손주에 대해 한 말씀도 없으시던 시아버지셨다. 우리 부부가 결혼이 늦어 손주를 기대하시지 않나 보다 생각했는데, 말수 적고, 신앙심 깊은 시아버지는 새벽마다 기도로 당신의 손주를 간절히 기다리고 계셨던 거다.

시아버지의 기도를 듣고 질문이 생겼다. 나는 아기를 원하는가? 아기가 없어도 알콩달콩 잘 살 수 있을 것 같았다. 하지만 지금, 아기를 갖기 위해 최선(?)의 노력을 하지 않으면 나중에 후회할지도 모른다는 생각에 학교에 난임 휴직을 신청하고 시험관 시술을 준비했다. 몸과 마음을 가볍게 했으니 쉽사리 성공하리라 생각했는데 첫 번째, 두 번째 시험관 시술은 실패했다. 요가와 호흡, 텃밭 가꾸기를 하며 자연 속에서 몸을 건강하게 챙기면서 세 번째 시술을 준비했다. 이전과 다르게 아기가 생길 것 같은 설렘과 기대가 생겼다. 그렇게 마흔셋의 나이를 목전에 둔 섣달에 행복이 나에게 왔다.

임신을 하고 제일 처음 한 일은 임신과 출산에 관한 책을 사서 읽는 거였다. 그러나 출산에 관한 책을 읽을수록 출산에 대한 기쁨보다는 두려움이 물밀듯 밀려왔다. 진통에 따른 고통, 회음부 절개, 아픈 몸을 의지하기엔 너무 작은 분만대, 드라마에서 봤던 출산의 고통에 몸부림치던 장면들. 두려웠다. 과연 내가 자연분만을 할 수 있을까? 산부인과 의사 선생님이 알아서 모든 것을 해결할 거라고 스스로 위로했지만, 출산에 대한 두려움은 사그라지지 않았다. 그러던 차에 임신 축하 선물로 책 한 권을 받았다. 『모든 출산은 기적입니다』, 이 책을 읽고 나니 출산이 만남에 대한 설렘으로 다가왔다. 자연주의 출산을 준비하고 경험하며 새 생명을 맞이한 이들의 솔직 담백한 이야기가 수동적으로 의료 체계에만 의지하고 있던 나를 출산 주체자가 되게 했다. 뱃속 아기에게도 태어남에 대한 주체적인 선택권과 결정권이 있었다.

　자연주의 출산을 한 스물한 명의 엄마 아빠는 첫 경험에 대한 두려움은 있으나 순리 안에서 자연의 일부인 자신의 역량을 믿으며 최선을 다해 아기와 평화롭고 환희에 찬 첫 만남을 기대하고 준비한다. 진통을 파도라 부르며 호흡을 통해 파도타기를 하고 엄마와 아빠가 밀착하여 혼연일체로 서로를 보듬는다. 태어나려는 아기의 의지를 온전히 느끼면서 아기의 새로운 여정에 동반한다. 아기는 그저 힘주면 나오는 것이려니 한 나의 무지함은 얼마나 생명에게 모독적이었는지. 아기 역시 세상에 나갈 용기와 힘이 필요한 것을. 출산 여정에서 엄마 아빠의 몸과 마음을 아기도 고스란히 느낄 것이다. 출산이 엄마, 아빠, 아기 모두를 하나로 엮으며 가족이라는 든든한 울타리로 성장하는 데 얼마나 중요한 출발점인지 알게 되었다.

　책을 읽고 나도 자연주의 출산을 하고 싶었다. 아니 꼭 해야겠다는 의지가 불타올랐다. 다행히 인근 지역에 자연주의 출산 병원이 있었다. 마흔셋의 노산이지만, 아기와 만나는 순간을 두려움과 고통이 아닌 평화와 환희의 순간으로 만들고 싶었다. 아기가 처음 만나는 세상이 수술실의 선명한 불빛과 분만대가 아니길 바랐다. 조용하고 아늑한 곳에서 아기가 정한 때에 오롯이 만나고 싶었다. 출산의 주체가 나임을 자각하고 나니, 몸과 마음의 건강에 대해 더 많은 준비가 필요했다. 요가도 열심히 하고, 호흡도 명상도 부지런히 했다. 맑은 햇빛을 담뿍 받으며 매일 산책하고 집에서 만든 음식으로 식단을 관리했다. 임신하면 피곤하고 힘들다던데 나는 오히려 더 가볍고 쾌청했다. 의사 선생님은 아기가 똘망똘망 잘 자라고 있다며 격려해 주었다. 남편과 자연주의 출산 산전 교육을 받으면서 아기와의 만남을 기대하고 진통을 기다렸다. 40주가 되어도 아무런 소식이 없었다. 아기가 아직 세상에 나올 준비가 되지 않았구나, 편안히 아기가 태어날 때를 기다렸다.

그렇게 41주가 되었을 때 이슬 같은 피가 보였고 드디어 기다리던 진통이 찾아왔다. 늦은 밤 시작된 진통은 새벽까지 계속됐지만 참을 만했다. 책에서 많은 이들이 한 것처럼 열심히 호흡했고 파도치던 진통은 호흡에 집중하다 보면 잠잠해졌다. 다음 날 가방을 싸서 병원에 갔지만 내일 다시 오라는 얘기를 듣고 다시 집으로 돌아왔다. 밤새워 진통하다 다음 날 다시 간 병원, 내진을 하니 자궁이 5센티미터 정도 열려 출산 준비를 시작했다. 그런데 아기의 심장박동이 고르지 못하고, 출혈이 생겼다. 결국 응급 제왕절개수술을 할 수밖에 없었다. 이렇게 될 줄은 생각지도 못했다. 하지만, 아기가 건강하게 이 세상에 태어난 것만으로 너무 감사한 일이기에 내가 원하던 상황이 아니라는 것에 서운하면 안 될 것 같았다. 책에서 읽은 통통이네가 생각났다. 통통이네도 자연주의 출산을 준비했고 자궁이 7센티미터까지 열렸으나 결국 응급 제왕 절개 수술을 해야 했던 경우였다. 「수술 또한 아기의 선택임을」이라는 글에 적혀 있었는데 읽을 때 깨닫지 못했지만 경험해 보니 맞는 말이었다. 아기와 나의 상황에서 가장 안전하고 좋은 결과를 위한 방법이었다. 자연주의 출산에서는 제왕 절개 수술도 자연주의 출산의 한 방법으로 본다. 약물이나 무리한 방법을 사용하면서 질식 분만을 고집하기보다는 제왕절개 분만으로 더 좋은 결과를 가져오기도 하기 때문이다. 자연 진통을 했다면 수술하더라도 장점이 더 많기 때문이다. 나도 자연 진통 과정 때문인지 수술 후 놀랄 만큼 회복이 빨라 입원 기간 내내 질식 분만을 한 산모들처럼 돌아다녀서 의사 선생님이 주의를 줄 정도였다. 마취로 인해 몸을 잘 가누지 못했던 첫날을 빼곤 아기와 꼭 붙어서 애착 형성도 모유 수유도 잘할 수 있었다.

  자연의 순리 안에서 우리에게 허락된 자연적 행위인 출산을 병이 생기면 의료적 처치와 개입을 모두 의사에게 맡겨 버리듯, 많은 산모가 병원에서 요구하는 대로 그저 따라가는 것은 아닌지. 주체가 되기 위해선 알아야 한다. 나는 자연주의 출산에 대한 많은 수기와 정확하고 자세한 의학적 지식을 읽으며 용기를 얻을 수 있었다. 소중하고 귀한 생명이 태어나는 순간을 평화와 환희로 온전히 누리길 원하는 이들에게 자연주의 출산을 권한다. 태명처럼 행복이가 행복하고 건강하게 엄마, 아빠 곁으로 오도록 나침반 같은 역할을 해 준 이 책에 참 고마운 마음을 전한다.

식구를 만드는 레시피

김현정

강창래, 『오늘은 좀 매울지도 몰라』, 문학동네

할 줄 아는 요리라곤 라면이 전부인 남자. 하지만 시한부 암 환자인 아내를 위해서 매일 밥상을 차리는 지식인 아저씨의 부엌 일기. 『오늘은 좀 매울지도 몰라』는 MBTI의 T식으로 말하자면 아픈 아내의 병시중을 드는 남편의 이야기이다. 집에서 죽게 해 달라는 아내의 소원을 들어주기로 한 남편은 환자가 원하는 대로 다 해 준다. 어떤 음식도 먹기 어려웠던 아내는 남편이 만든 음식만은 조금씩 넘길 수 있다. 아무것도 먹을 수 없다면 아무 희망이 없다. 희망이 없는 삶은 죽음과 다를 게 없지 않은가.

라면도 제대로 못 끓이는 남편에게 남은 생의 밥상을 부탁하는 부인. 참으로 용기 있는 부인에 의리 있는 남편이다. 삼십 년 넘게 같이 살면서 아내는 이미 알았던 것일까? 남편이 자신의 먹거리를 챙기며 아픈 이 옆에서 웃음을 잃지 않으리라는 걸 말이다. 아내의 밥상을 준비하다 드디어 아들 도시락도 준비할 수 있게 되었다. 아내가 먹을 수 있게 해 주고, 아들을 챙기고, 그다음에야 자신이 먹는다. 남편은 요리하며 식구가 먼저인 엄마의 마음을 몸으로 알게 됐다.

요리는 좋은 재료를 고르러 다녀야 하고, 재료를 잘 다듬어야 하고, 적당한 조리 도구를 사용해서 불을 맞추고 순서에 따라 마음을 써가며 음식을 만들어야 하잖아요. 설거지와 재료 남은 것들 갈무리하는 일도 만만치 않구요. 이걸 해 보니까 손가락이 욱신거리고 살갗이 아파서 잠을 못 자겠던데요. 게으른 제가 어떻게 그런 일을 좋아하겠어요? 그 먹을거리를 만들어 주면 사람들이 좋아해요. 내가 사람들을 즐겁게 하고, 그 얼굴을 보는 건 말도 못하게 좋거든요.

아픈 사람을 둔 사람은 아프면 안 된다. 힘들어도 하소연하지 말고 웃어야 한다. 한 가지 더 있다. '제대로 먹지 못하는 사람을 위해 무엇인가를 만들면서 내 입에 뭘 넣고 싶었던 적이 없다.' 하더라도 잘 먹은 척도 해야 한다. 지은이가 잘하는 것들이다. 그래서 마음에 닿는 이야기다.

기다리던 생명이 찾아왔을 때 믿기 어려울 만큼 경이로웠지만 배 속의 아이가 느닷없이 가 버렸을 때도 나는 믿고 싶지 않았다. 한 달을 수술하지 않고 품고 있었고 수술한 뒤에는 죄책감에 시달려야 했다. 다시 행복할 수 있을까? 아니 행복해도 될까? 함께 맛있게 웃으며 먹어도 될까? 그런 생각이 끊임없이 떠올랐다. 작은 상에 미역국 한 사발과 밥이 놓였는데 먹을 수 없을 줄 알았다. 먹으면 짐승이지, 이렇게 괴로운데 어찌 배고플 수가 있을까 싶었다. 참을 수 없는 절망으로 눈물이 나는데 숟가락이 놓아지지 않았다. 인간이라면 이러면 안 되지. 그런 나에게 소름이 끼쳤다. 아이를 낳고 먹는 게 미역국인 줄만 알았는데 아이를 잃고 먹은 그 미역국이 가장 맛있는 미역국으로 기억에 남았다. 아이 낳은 것과 똑같으니 많이 먹으라며 나를 걱정하는 마음이 들어 있어서 그랬을까? 어서 회복하여 남은 식구들을 위로하고 다시 일으키는 밥상도 차려 줘야 했다. 그 마음으로 다시금 힘을 냈다.

『오늘은 좀 매울지도 몰라』의 아내도 주변 정리를 시작하면서 남편에게 부탁한다. "내가 죽고 나면 어떻게 살 건지 알고 싶어. 당신이 가장 잘 하는 일, 세상 사람들에게 도움이 되는 일을 시작해. 이제 더 이상 거칠 게 없을 테니까. 죽기 전에 당신이 무슨 일을 어떻게 할 건지 분명한 그림을 보고 싶어. 행복한 상상을 하면서 죽을 수 있게 해줘."라고. 남편 혼자 세상에 남았다는 것이 혼란스럽지도 죄스럽지도 않도록, 맛있게 먹으며 행복해하던 아내의 얼굴을 떠올리며 그리워할 수 있도록. 드디어 아내의 스파르타식 교육이 빛을 발한다. 무염무당의 무채색 요리에 청양고추로 맛을 내 밍밍함을 걷어낸 잡채. 맛있는 것을 먹이고픈 남편의 특별식은 좀 매울 수도 있다. 빨간 맛 덕분에 울면서 얼음물을 마시며 아내가 먹던 잡채는 사는 동안 꼭 필요한 추억이 되었다.

아빠는 다 큰 아들에게 문자를 날린다. 맛있게 먹은 요리를 아들에게도 먹이고 싶어 후딱 해 주는 숙주 볶음. 이제야 밥상을 챙기는 엄마의 마음을 닮은 아빠가 됐다. 아들은 꽤 시간이 흘러도 맛난 숙주 볶음을 먹으면 이날을 떠올리겠지. 그래서 맛있음은 공유해야 한다. 잡채도 숙주볶음도 음식이자 끈이다. 그래야 식구가 된다. 『오늘은 좀 매울지도 몰라』에는 식구를 만드는 레시피가 있다.

책을 다 읽고 남편에게 물어봤다.
"자갸, 내가 죽을 병에 걸려서 자기한테 밥해 달라고 하면 해 줄 거야?"
"그럼 당연하지."
"맛있는 밥? 아니면 맛없는 건강식 밥?"
"건강식이지."
"아, 왜?"
"당연한 거 아냐? 조금이라도 더 살게 해야시."
"맛없는 거 싫어. 그냥 맛있는 거 먹다 가게, 내가 좋아하는 거 해 주면 안 되나?"
"아니."
자기 생각이 항상 확고한 남편이다. 벌써 쓸데없는 거 묻는다고 싫어하는 눈치다. 대답으로 차린 밥상에 날 위하는 마음이 보여 히죽 웃음이 난다. 우리 남편도 의리가 있다.

단단한 일상

최경실

정청라, 『밥 짓는 일부터 시작합니다』, 산티

밥 짓는 일이 지겨울 때가 있었다. 매일 하고 또 하는 일. 끝이 보이지 않는 도돌이표 같은 노동. 아침 먹고 돌아서면 점심이고 저녁은 어찌나 빨리 찾아오는지. 마트에 들러 채소 몇 가지와 대파 한 단을 사서 집으로 가는 길은 멀고, 장바구니는 부은 다리만큼 무거웠다. 무한 반복의 굴레에서 벗어나 사나흘만이라도 밥과 헤어지고 싶었다. 아무것도 하고 싶지 않았던 시간이 길어지면서 기운이 빠지고 우울한 감정이 나를 끌고 다녔다. 설거지통에 손을 담그고서 문득 사는 게 뭘까? 질문을 떠올렸다. 내가 해결해야 할 일의 무게에 짓눌려 때때로 도마 위에서 손가락을 다쳤다. 나는 '지금, 여기'에 머물지 않고 늘 다른 시간에 살았다. 젊은 날이었지만 날마다

시들어 가고 있는 나를 어쩌지 못했다. 우울증이라고 했다. 약을 한 보따리 안겨 주면서 햇볕을 많이 받으며 걸으라고 했다.

쉰이 훌쩍 넘은 지금, 우울한 증상은 약이나 햇볕 덕분이 아니라 나이를 먹으면서 어느 틈엔가 데리고 살 만한 것이 되었다. 바쁘고 일이 많은 것은 예나 지금이나 마찬가지인데 달라진 게 있다면 이제 나는 밥 짓는 일이 싫지 않다는 것이다. 쌀을 씻어서 물에 담가 놓고 주위가 고요할 때만 들을 수 있는 소리를 듣는다. '오도독 토도독' 쌀이 붇는 소리를 들으며 해콩을 깐다. 콩 껍질의 풋내도 좋다. 밥솥에 불린 쌀과 콩을 안칠 때는 하얀 캔버스에 그림을 그리는 기분마저 든다. 어떤 날은 다시마 조각과 말린 톳을 넣으며 바다 냄새를 맡기도 한다. 압력밥솥 뚜껑이 빙글빙글 돌아가며 수증기를 빼내는 모습은 엉덩이를 흔들며 훌라후프를 돌리는 것처럼 경쾌하다. 밥 짓는 일에 온전하게 머무는 순간의 평화를 좋아하게 되었다.

밥을 짓는 일은 무엇일까? 단순히 쌀을 알맞은 온도와 압력으로 익혀 내는 행위일까? 사람들의 허기를 달래고 내일의 힘을 얻기 위해 반복적으로 해야만 하는 일상일까? 당연한 일로만 생각했던 시절에 나는 밥을 지으면서 삶의 에너지가 무섭도록 소진되는 경험을 했다. 피할 수 없는 노동으로만 여겼던 '밥 짓는 일'이 새로운 의미로 다가오도록 도와준 선물 같은 책이 있다. 소박한 그릇에 담긴 꽃밥과 초록 잎사귀 위에 놓인 나무 수저가 그려진 『밥 짓는 일부터 시작합니다』.

표지를 보고 처음엔 요리책인 줄 알았다. 실제로 요리책이라 해도 될 만한 요리법이 책 속에 가득하다. 어디서도 먹어 본 적 없는 요리이지만 꼭 해보고 싶은 요리가 많다. 책을 읽기만 해도 건강해지는 것 같아 수첩에 빼곡하게 메모했다. 쌀뜨물에 다시마를 우려 내고 거기에 살짝 데쳐 껍질을 깐 토란과 무, 당근, 생들깨를 갈아서 진하게 끓인 토란국, 당근과 배추에 청국장 소스를 활용해서 만든 샐러드, 숯불에 구운 김에 밥과 청국 양념장을 넣어 싼 김밥, 묵나물(토란대, 애호박고지, 취나물), 완두콩물, 생들깨즙을 넣어 달이듯 끓인 묵나물 몸 보신탕, 싱싱한 쪽파에 조선간장으로 간을 한 다음에 매실 효소, 고춧가루, 참기름, 깨소금을 솔솔 뿌린 파김치 겉절이.

먹어 보고 싶은 음식이 페이지마다 펼쳐지는데 그중 최고는 밥이다. 현미, 현미 찹쌀, 흑미, 통밀, 겉보리, 수수, 율무, 조를 섞어 씻어서 하룻밤 물에 푹 불렸다가 조리질한다. 조리질해서 돌을 골라낸 재료를 소쿠리에 담아 젖은 면포를 덮고 한나절을 그대로 놓아 현미가 발아되도록 한다. 이렇게만 해도 훌륭한 밥이 될 것인데 거기에 불린 옥수수나 밤 말랭이, 은행, 여러 가지 콩과 팥을 넣어 압력솥에 밥을 짓는다. 농사가 바쁘지 않을 때는 가스 불 대신 나무로 불을 때서 밥을 한단다. 이런 밥은 어떤 맛일까? 한 숟가락만 먹어 봤으면 좋겠다. 한 번만 먹어도 쇠잔해진 몸을 건강하게 일으켜 세울 밥. 세상에 오직 『밥 짓는 일부터 시작합니다』를 쓴 정청라 작가네만 있는 밥이다. 밥 한 그릇 속에 온 우주가 들어 있다.

작가는 밥 한 그릇 정성 들여 짓는 일이 삶에서 가장 중요하다고 여긴다. '허기와의 직면! 먹지 않고는 살 수 없는 생명체로서 허기에 마냥 휘둘리지 않고 그것을 잘 다루고' 싶었다고 한다. 허기를 잘 다루는 것은 일상을 잘 영위하는 것이고, 잘 산다는 것은 허기를 포만감과는 다른 차원의 느낌인 충만감으로 바꾸는 일과 같다고 작가는 말한다. 그저 배고픔을 해결하기 위해 급하게 음식을 만들던 지난날의 나는 어떤 모습이었는가. 우리는 평생 먹을 수밖에 없는 존재인데 먹는 일을 소홀하게 여겼던 나를 돌아보자 책의 부제인 '단단한 일상을 위해'가 비로소 눈에 들어왔다.

작가 역시 아침마다 눈 뜨면 기다리고 있는 삶의 고단함과 만났지만 언제나 부엌에 들어서서 쌀을 씻고 밥그릇을 정리하면 감았던 눈이 뜨이고 모든 것이 새롭게 보였다고 한다. 내가 있는 '여기'에 집중하면서 서두르지 않고 정성을 다해 밥을 짓는 일은 삶을 대하는 태도이다. 나는 레시피를 적은 수첩을 다시 꺼내 메모를 시작했다.

'지난 일에 마음을 묶어 두지 않고 아직 오지 않은 내일을 걱정하지 않을 것. 오롯이 내가 있는 자리와 지금의 순간에 머물러 있을 것. 정성스럽게 밥을 지어 사람들과 나에게 대접하는 일의 위대함을 발견할 것. 밥에서 존재로 이어지는 시간을 내 손으로 차분히 차릴 것.'

책을 덮으며 밥 짓는 일이 기도처럼 간절하고 때로는 놀이처럼 즐거워질 것 같은 예감이 든다.

엄마의 집처럼

김영희

|

이재성, 이정윤, 『작은 책방 집수리』, 이유출판

2007년 엄마가 갑자기 쓰러졌다. 병원에서는 간암 말기라서 3개월밖에 못 산다고 했다. 엄마가 병원 치료를 완강히 거부해서 7남매가 돌아가면서 일주일에 한 번씩 엄마네 집으로 갔다. 그런데 엄마는 병세가 깊어지면서 자꾸 집으로 가야 한다며 잘 가누지도 못하는 몸으로 밖으로 나가려고 했다. 여기가 엄마 집이라고 해도, 아니라고 얼른 가서 애들 밥해 줘야 한다고 고집을 부렸다. 시한부 선고를 받은 1여 년 후에 엄마는 돌아가셨다.

엄마와 함께 산 집 중에서 기억이 나는 곳은 다섯 살 때 이사한 공주집부터이다. 아버지의 본가인 허름한 초가집이었다. 우리가 이사한 다음 해 막내가 태어났다. 돌아가신 할아버지 사랑방은 비워 두고, 안방과 윗방만

썼는데 겨울엔 자다 보면 방에 있는 대접 물이 얼 정도로 추웠다. 하지만 우린 춥고 긴 겨울밤엔 삶은 고구마에 동치미를 곁들여 먹거나, 화롯불에 고구마, 밤을 구워 먹고, 수시로 생고구마도 깎아 먹으며, 어제 들은 이야기라도 또 재미있는 박씨전이니, 춘향전이니 하는 엄마의 이야기를 들었다. 가끔은 엄마의 입담에 마실 온 동네 분들로 방이 꽉 차기도 했다. 엄마는 온갖 집안일과 농사는 물론 초가지붕을 해 이는 것도 직접 했다. 엄마 손으로 이엉은 물론 젊은이들도 하기 어렵다는 용마름까지 엮었다. 그리고 동네 분들의 도움을 받아 굼벵이가 툭툭 떨어지는 헌 이엉을 걷어낸 후 새로 엮은 이엉을 올려 착착 두르고 용마름으로 마무리를 했다.

5학년 때 그 집을 떠나 대전 삼성동에 잠깐 세 들어 살다가 읍내동 배배라는 곳으로 이사를 했다. 산 밑에 바짝 붙어 있는 방 두 개인, 3만 원짜리 길갓집이었다. 그곳 작은 방에서 아버지가 돌아가신 후 엄마는 집을 직접 증축했다. 블로크 벽돌을 쌓아 큰 방을 하나 들이고 화장실도 개축했다. 증축한 큰 방은 결혼한 둘째 오빠네가 들어와 살기도 하고, 오빠네가 독립해 나간 후에는 큰형부가 사망한 뒤 큰언니네가 들어와 살았다. 그 집도 역시 겨울에는 추웠다. 그래도 사람으로 북적북적한 것은 공주집과 비슷했다. 엄마는 그 동네에서 내내 통장, 반장, 부녀회장이었으니까. 1990년대에 읍내동 집이 재개발되면서 엄마는, 자식들이 다 떠나 거의 혼자 지내게 된 월평동 작은 아파트로 이사를 했다.

내가 공주 봉황초등학교에 입학한 해는 1966년이다. 그 당시 공주 웅진동 박산소에서 봉황초등학교로 가는 지름길은 두리봉 산자락을 넘어 시어골 저수지를 지나 봉황산과 일락산이 만나는 지점의 고개를 넘어가는 것이었다. 급경사의 골목길을 따라 쭉 내려가면 넓은 신작로가 나오고 거기에 봉황초등학교가 있다.

길담서원은 바로 그 골목길이 거의 끝나가기 전에 있다. 어렸을 때 느낌으로도 학교 근처의 집들은 좋아 보였다. 길담서원 터의 전 주인들은 1966년에 42만 원, 1976년에는 74만 원에 거래를 했다고 한다. 1970년에 대전으로 이사할 때 우리가 살던 웅진동 집은 5만 원이었다.

길담서원 자매와의 인연의 시작은 몽골 여행이었다. 여행을 함께한 것은 아니지만 비슷한 시기에 같은 인솔자와 같은 여행지에 갔었다는 공통점 때문인지 말이 잘 통했다. 그 후에도 외지에서 온 자매 둘이 쇠락해 가는 지역에, 점점 사라지고 있는 작은 책방을 열었다는 것에 마음이 쓰여 가끔 그들을 찾아갔다. 1978년에 지어진 집을 사서 그 집을 직접 고쳐 꾸몄다는 말을 들었을 때는 그저 대단하다는 말밖에 할 말이 없었다.

집을 수리하면서 그 과정을 기록하고 그걸 책으로 펴낸 게 『작은 책방 집수리』이다. 집을 해체하면서 40년도 더 된 온갖 먼지를 뒤집어쓰고, 죽은 쥐와 고양이 사체를 마주해야 하는 심적 부담, 포기하고 싶을 정도로 몸이 힘든 순간들, 여기저기 다치고 멍들고 하는 시간 들이 온몸으로 느껴져 책을 읽다가도 중간중간 쉬어야 했다. 그리고 책방을 여러 번 갔고 둘러본다고 보았지만, 책을 읽으니 보고도 못 본 것들이 많았다. 두 자매가 힘들이고 공들여 재구성한 공간이 그림과 책들로 어우러지면서 그 자체가 하나의 작품이 되어 버려 공간 하나하나는 따로 분리해서 보이지 않앉나 보다.

 전문가도 아닌 이들이 계속 공부해 가면서 주변 사람들의 조언과 도움을 받아, 철거되어 버렸을 수도 있는 집을 살려 냈다. 여러 사람들의 도움도 있었지만 결국은 본인들이 선택하고 과감하게 덤벼들어 집수리를 해냈다는 점에서 엄마의 집과 겹쳐졌다. 엄마는 집이 아이들로 북적거릴 때가 가장 좋았다고 말하곤 했다.

 겨울에 길담서원은 춥다. 그래도 이야기를 하다 보면 한두 시간은 금방 간다. 두 자매의 손으로 어렵게 만들어진 길담서원이 책 읽고, 공부하고, 글쓰기에 관심 있는 이들, 아니면 그냥 이 집 분위기가 마음에 들거나, 사람이 좋고, 만나서 이야기하는 게 좋은 사람들로 늘 북적거려 영하의 날씨에도 따뜻한 서원으로 오래오래 공주 봉황동 290번지에 있었으면 좋겠다.

질문을 만들어 가기

최경실

이진경, 『사랑할 만한 삶이란 어떤 삶인가』, 엑스북스

날마다 학교 현관 앞에서 등교하는 아이들을 기다렸다. 학교에 들어서는 아이들의 아침을 반가운 인사로 맞이하고 싶었다. 내 모습이 보이면 널 따란 운동장을 가로질러 기운차게 뛰어와 담쏙 안기는 아이도 있었고, 가볍게 고개만 숙이고 지나가는 아이도 있었다. 손을 들어 하이 파이브를 하기도 하고 조금 더 운동장 쪽으로 마중을 나가 아이와 걸으면서 이야기도 나누었다. 전교생이 모두 다른 얼굴을 가지고 있듯 아이들의 표정도 다 다르다. 그중에 유독 마음에 걸리는 아이가 있었다. 추운 겨울이 올 때까지도 봄부터 입었던 지퍼형 후드 잠바의 모자를 눌러쓰고 마스크로 가려 얼굴을 볼 수 없는 현이. 현이는 내 인사를 받아 주지 않았다. 안녕하고 손을

들면 오히려 고개를 더 숙이고 지나갔다.

"즐거운 하루 보내세요."

현이의 야윈 등에 대고 인사를 건넸다. 열세 살 나이에 무엇을 짊어지고 있기에 저리도 어깨가 한없이 쓸쓸하고 무거워 보이는지. 걱정도 있었지만 때로는 그 작은 아이에게 서운한 마음도 일었다. 한 번쯤은 아는 척 좀 해 주지.

아이들을 맞으면서 내가 헛다리를 잘 짚는다는 것을 알았다. 시무룩한 아이들에게 어른들한테 혼났느냐고 물으면 돌아오는 대답이 "졸려서요."였다. 잠이 덜 깬 얼굴을 내 마음대로 해석한 거였다. 공감하고자 다가간 마음이었지만, 내 관점은 협소했다. 얼마나 다양한 감정이 알 수 없는 일상의 사건과 신체의 반응으로 일어나겠는가. 일상의 헛다리는 위험하다. 내가 가진 관점으로 잘 볼 수 있다는 환상 속에 자신을 가두기 때문이다. 미리 짐작하고 판단하는 행위는 오해를 불러온다. 오해로 인해 사람과 사물을 잘 볼 수 없게 만들곤 한다. 볼 수 없게 만들 뿐만 아니라 왜곡하여 보게도 한다. 잠이 덜 깨 졸린 것을 어른한테 야단맞아서 슬픈 것이라고 착각하는 것처럼.

서 있는 입장에 따라 다르게 보이고, 보이는 것과 보이지 않는 것이 달라지는데, 그러니 무언가를 잘 보려면 그것이 잘 보이는 입장에 설 줄 알아야 한다.

니체의 『선악의 저편』을 중심으로 이진경 작가가 해설한 책 『사랑할 만한 삶이란 어떤 삶인가』에 나오는 문장이다. '무언가가 유난히 잘 보이고, 언제나 그것만이 잘 보인다면, 그만큼 안 보이는 것이 있음을 알아야 합니다. 내가 도대체 어디에 서 있는 걸까? 다시 물어야 합니다.'라는 질문도 함께 던지고 있다. 돌아보니, 나도 보고자 하는 것만 보아 온 듯하다. 민주적이고 혁신적인 학교 구성원으로 애쓰고 있다고 자만하면서 학교가 나아지고 있다고 착각했다. 그동안 내 마음에 요동치던 생각들이 떠오른다. 회의 시간에 말이 없거나 혹은 다른 사람들을 배려하지 않고 혼자만 길게 이야기하는 사람을 보았을 때, 생각이 삐딱해질 때가 있었다. 관심이 없나? 내키지 않는 걸까? 책임지기 싫어서일까? 잘 보려는 입장에 서는 것은 어려운 일이었다.

가족들과도 마찬가지였던 것 같다. 때로는 제안이라는 이름으로 내 생각만 주장한 적도 있다. 아들이 멀쩡하게 잘 다니고 있는 충남의 직장을 그만두고 경기도로 가기 위해 시험을 보겠다고 했을 때는 세상에 둘도 없는 꼰대가 되고 말았다. 왜 그런 결심을 하게 되었는지 이해하려 하지 않고 지금의 직장에 남았을 때의 좋은 점만을 말하면서 이직하지 않도록 설득하려 들었다. 오로지 나는 하나뿐인 아들이 내가 사는 지역을 떠난다는 말에 서운했다. 아들의 입장을 잘 보지 못했으니 이해할 수 없었고, 그런 나도 아들에게 이해받지 못한 것은 어쩌면 당연한 결과였을지도 모르겠다.

그러나, 다행스러운 것은 이 책에서 니체는 이해하지 못하거나 이해받지 못함을 한탄하지 말라고 한다. 사람들은 기본적으로 서로 다르기에 자신이 노력하지 않아서 그런 결과가 오롯이 나온 것이 아니라고 한다. 타인과 자신 사이에는 '거리'가 존재하는 것이 필연적이고 그것을 긍정하라고 한다. 그는 '거리의 파토스'라는 개념으로 다음과 같은 제안을 한다.

거리의 파토스는 남들과 다른 자신의 감각을 긍정하는 것이고, 남들과 다른 자신의 생각을 더 멀리 밀고 가는 것입니다. 남들의 이해를 구하지 않고 애써 설득하거나 변명 같은 해설을 다는 대신, 이해받지 못한 고독 속에 머무는 것입니다.

타인을 이해하려 노력도 하겠지만, 그것이 잘되지 않는 것은 당연한 일이다. 특히 남들과 다른 자기 감각도 긍정하라고 한다. 사회의 통념에 젖은 나와 새로운 감각으로 나아가려는 나와의 거리도 긍정하라는 말로 여겨진다.

니체의 글에 기대어 작가는 인간과 인간 사이에 일어나는 오해는 기본값이라고 말한다. '이해해 주는 이가 있다면 놀라운 일이고 이해하려는 이가 있다면 고마운' 일이며 '나도 나를 가끔씩만 아는데, 남이 그 정도 알아주었으면 다행'이라고. 이 문장을 읽으면서 마음에 숨어 있던 끈 하나가 툭, 하고 끊어지는 소리를 들었다. 나는 이해받는 일을 중요하게 여기는 사람이다. 그래서 무엇인가 열심히 나서서 하려 했고, 설명하는 일이 많았다. 이해받지 못했다고 느꼈을 때는 마음이 무거웠다. 가느다랗고 팽팽한

줄로 마음 한쪽을 늘 묶어 두고 있었던 것 같다. 그것이 어떤 날은 내 존재를 쪼그라들게도 하고 옥죄기도 했다.

 사람 사이의 거리를 긍정하자. 멀고 먼 거리를 생성한 존재들이 모여 자신이 가고자 하는 자리로 가 보려고 애쓰지 않는가. 나도 그렇게 서 보려고 하지 않는가. 그런데도 이해받지 못하고 이해할 수 없는 것이 삶이란 것이다. 다 볼 수 없고 소통할 수 없어 오히려 할 수 있는 게 있는 신비한 놀이터가 삶이라는 생각이 든다. 책에서도 읽었지만, 우리가 투명한 유리로 된 존재여서 속에 무엇이 들어있는지 다 볼 수 있게 된다면 끔찍한 일이 벌어질 것이다. 존재 안에 들어 있는 생각이 훤히 보인다는 것은 소통이 아니다. 어려운 고갯길을 넘고 걸어가서 잘 볼 수 있는 언덕 어디쯤에서 땀 흘리며 만날 때 비로소 소통의 맛이 날 것이다.

 얼마 전 우리 학교 졸업식이 있었다. 아이들의 시간이 사진과 동영상으로 편집되어 영화처럼 상영되었다. 영화가 끝나고 졸업생들이 각자 만든 상장을 교직원들에게 수여하는 시간이 있었다. 나는 전혀 예상하지 않았던 상을 받았다. 그건 바로 현이가 준 상이었다. 추울 때도 더울 때도 비가 올 때도 등굣길에 한결같이 반갑게 맞이해 주셔서 행복했다고. 등에 가서 부딪혀 떨어지는 줄 알았던 내 인사를 현이는 차곡차곡 품었구나. 더운 여름에 내 이마에 흐르던 땀과 추운 날 아이들을 기다리며 서 있던 내 시린 발을 현이는 짐작해 주었구나. 내가 서운한 마음을 가진 시간에도 따듯하게 내 마음을 헤아렸다고 생각하니 고맙고 부끄러웠다. 그날 현이는 마침내 모자를 벗었다. 초승달처럼 예쁜 눈썹이 희고 작은 이마 위에서 빛나고 있었다. 수줍게 웃으며 현이가 나를 안아 주었다. 나는 어린아이처럼 고 작은 품 안에서 그만 울고 말았다.

『사랑할 만한 삶이란 어떤 삶인가』를 덮으며, 답을 얻었는지 생각해 본다. 사랑할 만한 삶이 무엇인지 작가는 물었지만, 나는 아직 모르겠다. 다만 삶을 사랑하는 법이 무엇일까라는 질문을 얻었다. 틈틈이 기도하듯 내게 물어보리라. 나를 이해하고 있는가? 사물과 사람을 잘 볼 수 있는 자리로 걸어가고 있는가? 사람들 사이의 거리를 아름답게 긍정하고 있는가? 그리고 찾았다고 느낀 답에서도 새로운 질문을 찾아가는가? 질문을 만들어가는 것이 삶을 사랑하는 법이라 생각한다. 지금은.

2부

꽃을 위한 바람의 시간

그럼에도 불구하고

송숙영

황현산, 『밤이 선생이다』, 난다

"가정사는 됐고. 그래서 어떻게 하겠다는 거야?"

깜짝 놀랐다. 담임 선생님 앞에서 이제 막 이야기를 시작하려던 아이가 멈칫했다. 수시로 반복되지만, 수치스럽지만 담임 선생님에게는 털어놓았던 엊저녁 이야기가 그렇게 탁 끊겨 버렸다. 멈칫했던 아이 고개가 느리게 수그러들었다.

나는 특성화고등학교에 근무한다. 아이들은 온종일 등교하고, 온종일 하교한다. 4교시가 끝날 때쯤 밥 먹으러 학교에 오는 아이도 있다. 아이들은 정말이지 살고 싶지 않은데 어떻게 어떻게 겨우 살고 있다. 사는 속내를 알게 되면 아이들의 어떤 모습도 이해하지 못할 게 없다. 처음 '가정사는 됐고'를 들었을 때 너무 놀랐다. 그러나 곧 그렇게 말한 담임 교사도 이해하게 되었다. 전문교과 교사라서 계속 힘들고 어려운 삶을 살아가는 아이들을 만나야 하니 그렇게라도 자신의 평정심을 유지하고 싶었을지 모른다. 나 같은 보통교과(국, 영, 수, 과…) 교사는 인문계 아이들도 가르치고 더러 특성화고에도 근무한다. 하지만 전문교과(농업, 공업, 상업, 식품…) 교사들은 평생 특성화고에서 특성화고로 옮겨 다닌다. 특성화고에 진학하는 아이들은 두루 상처가 많다. 아이들의 상처는 인정스럽지 않은 세상 속에서 더 깊고 커지는데 그 상처를 보듬을 교사의 역량은 그렇게까지 커지지 않는다. 오히려 자꾸 소진된다. 성과만이 최고의 가치가 되어 버린 학교에서 학업 성과가 낮은 아이들은 이리저리 치이는 존재가 된다. 부모가, 교사가, 친구가 성적 하나로 아이의 삶을 비극으로 점점 몰아간다. 하지만 아이들은 모두 착하게 잘 자라고 싶어 한다. 사람답게 살고 싶어 한다. 특성화고에 근무한 지 삼 년째 불쑥 이런 생각이 들었다. 아무도 이 아이들에게 사람답게 살라고 가르치지 않는구나.

맥락을 따진다는 것은 사람과 그 삶을 존중한다는 것이다. 맥락 뒤에는 또 다른 맥락이 있다.

『밤이 선생이다』에서 이 문장을 읽었을 때 '가정사는 됐고'가 떠올랐다. 아, 어쩌나. 삶을 존중받지 못한 채 이십 대를 맞은 아이가 그래도 죽음을 선택하지 않고 살아는 있으니 고맙다고 해야 하나. 못 본 척 외면할까 했던 그 장면으로 다시 고개를 돌리고 '그럼에도 불구하고'를 생각한다. 그럼에도 불구하고 교사인 나는, 그럼에도 불구하고 그 캄캄한 삶을 짊어진 아이의 선생이 아닌가.

"그래, 힘들었겠구나. 좀 어때?"

"친구에게 그렇게 말을 옮겼니? 그래서 어떻게 됐어?"

"안 돼. 어제 외출했잖아. 오늘은 참아."

화를 내면 안 된다. 그저 경 읽기라고 생각하고 노상 말하고 또 말한다. 하지만 어렵다. 사람은 자신의 그릇 크기 이상을 살 수 없으니 나는 요만큼이다. 매우 하찮은 것이더라도 삶을 이루어 내는 하나하나에 마음을 기울인다면 어디에나 희망이 있다고 말하는 황현산의 글을 읽고 더 열심히 경을 읽어야지 다짐한다.

빈집에 드리운 그늘, 맑은 날 배 위에 실린 연탄 몇 장과 찌푸린 얼굴들. 극적인 것은 아무것도 없이 그저 거기 있는 그것들을 황현산은 특별한 눈으로 읽어 낸다. 존재의 뒤편을 보기, 사실의 뒤에 구불구불 도사리고 있는 근본을 짚어 내기, 세상은 이 사실주의 예술의 힘으로 움직인다. 예사롭던 것들이 가진 속 깊은 의미를 발견하는 힘이다.

"아니, 우리 보건 선생님은 장미도 심폐 소생술을 해요."

교장이 허허 웃으며 보건실 창 앞에 길쭉하게 자란 흰 장미 사진을 보여 준다. 9월에 새로 부임한 교장이 나누어준 장미 한 송이가 해를 넘겨 4월에 소생했다. 보건 선생님이 물을 갈아 주고 화분으로 옮겨 심고 하며 여덟 달 동안 무위로 돌보았더니 잘린 장미 줄기에서 뿌리가 나와 꽃을 피웠다. 나는 며칠 두고 보다 버린 장미꽃이다. 장미꽃으로 피어날 아이들을 그대로 내던져 버린 순간들이 얼마나 많았을까, 속이 뜨끔했다.

한때 사랑이라는 이름으로 달려들어서 되지도 않는 간섭을 일삼았으나 이제 멀찌감치 거리를 두고 떨어져 서 있는 늙은 교사. 이제야 진짜 사랑을 할 수 있을 것만 같다. 비워 둔 가을 까치집같은 나를 아이들이 꼬옥 감싸고 있다.

"선생님, 무리하시면 안 돼요."

"이건 제가 할게요."

헤헤거리며 나의 보호자가 되겠다고 다가온다. 아이들은 언제나 나를 지켜주고 돌보았지. 그랬지. 안 그랬다면 이토록 고집스러운 내가 정년까지 행복한 선생 노릇을 할 수 있었겠나.

새내기 교사 시절, 수업 시간마다 애를 먹이던 효태 덕분에 어떻게 가르쳐야 하는지 혹독하게 배웠고, 내게 종아리를 맞은 이야기를 써 보낸 은원이는 교육이 교사의 의도대로 되는 것도 아니고, 의도대로 되지 않은 것이 더 좋은 때도 있음을 20년 만에 깨닫게 해 주었다. 아이들은 늘 나의 스승이었다.

어떤 사람에게는 눈앞의 보자기만 한 시간이 현재이지만, 다른 사람에게는 조선 시대에 노비들이 당했던 고통도 현재라고 한다. 자식의 인생과 부모의 인생을 얹어 생각하는 60년도 벅찬 내게 조선 시대, 게다가 노비라니. 시간이, 공간이, 사유의 폭이 한꺼번에 확 트인다. 쩨쩨한 일상이 머나먼 우주 속으로 거침없이 날아오른다.

『밤이 선생이다』를 읽으면 어떤 맛과 소리가 기억나고, 인생의 한 장면이 떠오른다. 날카로운 사유들이 부딪치며 번쩍인다. 마지막 부분에 이르면 인간에 대해 미더운 마음이 가득하다. 창조하는 자아의 시간인 밤, 밤이 선생인 것은 환한 세상에 눈을 감으면 비로소 자아의 시간이 열린다는 뜻일까? 사유의 바닷가, 자잘한 생각의 물결이 잘박거린다.

사랑해야 한다

원미연

에밀 아자르, 『자기 앞의 생』, 문학동네

에밀 아자르의 소설 『자기 앞의 생』에는 너무 일찍 생의 이면을 보아 버린 위악적이지만 순수하고 슬픈 소년 모모가 나온다. 여섯 살 무렵, 자신에게 엄마가 없다는 사실을 깨달은 주인공 모모는 한때 온 세상을 두루 보고 다녔기 때문에 모르는 것이 없다고 믿는 양탄자 행상인 하밀 할아버지에게 묻는다. '사람이 사랑 없이도 살 수 있나요?'라고. 자신을 사랑하기 때문에 돌봐 주는 줄 알았던 로자 아줌마가 매월 받는 우편환 때문에 자신을 돌봐 왔다는 생각에 생애 최초의 커다란 슬픔을 느끼며 밤이 새도록 울던 어린 모모. 비록 몸을 파는 사람일망정 일주일에 한두 번씩 자기 아이를 보러오는 다른 아이들의 엄마들을 보면서 모모는 엄마가 자기를 보러

오게 하려고 복통과 발작을 일으키고 집안 곳곳에 똥을 싸 갈긴다. 그러나 아무리 해도 엄마가 오지 않자 다른 방법을 동원한다. 상점들을 돌아다니며 진열대 위의 물건을 훔치는 것이다. 일부러 주인의 눈에 띄도록 하여 따귀를 맞고 아우성을 치고 울면서 그렇게라도 관심을 받는 걸 확인하고 싶어 한다. 엄마의 관심 어린 따귀라도 맞고 싶어 했던 모모를 보면서 수업 시간에 툭하면 행패를 부리던 규민이 얼굴이 떠올랐다.

  너무나 말라서 어떤 옷을 입어도 마치 허수아비가 걸어가는 것처럼 걸음걸이가 불안하고 키만 멀쑥하게 큰 규민이는 할머니 할아버지와 살았다. 밤새 게임을 하고 새벽녘에 잠이 들어 늘 지각을 했고, 아침밥을 먹지 않고 과자와 음료수를 들고 와서 수업 시간에 먹다가 책상에 엎어져 잠을 샀다. 수업 끝 종이 울려도 깨어나지를 못하다가 교실 바닥에 과자 부스러기와 음료 캔을 버리고 나가 버리는 아이였다. 잠을 안 잘 땐 옆에 앉은 아이를 괴롭히고 선생님이 지적하는 말을 하면 '왜 나한테만 그러느냐'며 대들어서 수업을 방해하고 욕을 하기도 하여 늘 할머니가 학교에 불려 다니던 규민이는 툭하면 학교를 그만두면 될 거 아니냐고 도중에 책가방을 들고 나가 버리기 일쑤였다.

  3학년 초 자서전 쓰기 수행평가로 써낸 규민이의 글을 읽고 가정사를 알게 되었다. 규민이가 다섯 살 때 엄마가 집을 나갔다고 한다. 아버지는 규민이가 초등학교 2학년 때 술을 먹고 운전을 하다 교통사고를 내고 돌아가셨고, 할머니 할아버지 손에 커가는 동안 술만 드시면 나타나는 할아버지 폭력에 죽을지도 모른다는 공포를 느끼며 한밤중에 할머니와 함께 늘

옆집으로 피신을 했다는 아이의 이야기를 읽으며 저절로 한숨이 나왔다. 하염없이 돌아오지 않는 엄마를 기다리며 울었던 다섯 살 아이, 다섯 살에서 성장을 멈추어 버린 어린 규민이가 중학교 교실에서 징징거리고 있었던 것이다. 얼마 전에 외가에 가서 오랜만에 엄마를 만난 이야기도 있었다. 규민이 부모는 같은 동네에서 자라 어린 나이에 아이를 임신하게 되어 결혼을 한 사람들이었다. 오랜만에 기대를 가지고 엄마를 만나러 갔던 규민이는 아버지가 다른 어린 동생에게 저 형처럼 나쁜 아이가 되면 안 된다고 하는 엄마의 말을 듣고 외가를 뛰쳐나왔다고 한다. 그러면서 자신의 꿈은 멋진 모델이 되어 돈을 많이 벌어 비싼 람보르기니를 타고 자기를 무시하던 사람들에게 본때를 보여 주는 것이라고 끝을 맺었다.

규민이가 중3이 되었을 때 교육청에서 학교 부적응 학생들을 지원하는 프로그램 계획서를 제출했다. 규민이를 포함한 네 명의 아이들을 데리고 제주도에 다녀올 계획이었다. 선생님들이 고개를 절레절레 흔드는 아이들을 데리고 2박 3일 제주도엘 간다고 했더니 교장 선생님부터 다른 선생님들이 대놓고 말은 안 해도 어쩌려고 그런 무모한 짓을 하느냐는 시선을 보냈다. 결코 훌륭한 교사도 아닌 내가 그런 맘을 낸 이유는 프로그램에 함께 하겠는가 의사를 물었을 때 성진이가 대답한 한마디 때문이었다.

"쌤, 저는 태어나서 한 번도 이 동네를 벗어나 본 적이 없어요. 저도 꼭 데려가 주세요."

그 말을 듣고 학창 시절 내내 늘 혼나고 비난받는 것이 일상인 아이들에게 즐거운 경험 하나를 선사하자는 마음이 들었다. 근데 나중에 알고 보니 성진이의 그 말은 좀 과장을 보탠 거짓말이었다. 음, 어쨌거나 네 명의 문제아들과 유치원에 다니던 아들 승겸이까지 동반하여 제주도로 출발하는 날이 왔다. 그런데 공항으로 가기 위해 모인 아이들은 학교에서와 너무 다른 모습을 보여 나를 깜짝 놀라게 하였다. 예상은 했지만 학교를 벗어나니 그냥 나를 의지하는 아직 어리버리한 촌놈들이었다. 공항에서 가방에 몰래 숨겨온 라이터나 담배를 들키면 비행기를 못 탄다고 했더니 난처한 얼굴로 화장실로 뛰어가서 숨겨온 것들을 몽땅 버린 골초 경래는 차를 탈 때나 길을 건널 때도 나보다 먼저 승겸이를 챙기며 손을 잡고 다녔고, 음식을 시켜 먹을 때도 경비가 얼마나 남았는지 체크했다. 모든 아이가 제법 의젓하게 행동했다. 물론 숙소에서 밤에 저희끼리 몰래 술을 먹고 담배도 피우고 했던 것을 나중에 학교에 와서 자랑처럼 다른 아이늘에게 떠벌려서 나를 난처하게 하기도 했지만.

짧은 여행이 끝나고 학교에 돌아오자 규민이는 늦게 등교를 하다가 교무실에 혼자 앉아 있는 나를 보면 슬쩍 들어와 자기가 좋아하는 노래도 들려 주고 쌀쌀한 날엔 창문을 닫아 주고 가는 친근함을 보이기도 했다. 그러나 한 번의 여행으로 아이들이 달라질 수 있다면 교육이 왜 필요하겠는가. 규민이를 비롯한 네 명의 아이들은 곧 예전의 생활로 돌아가 여러 문제를 일으키다 간신히 졸업을 했다.

이제 와 생각하니 내가 그들에게 즐거운 경험을 하게 하려고 데려갔다는 건 나의 착각이었다. 그 경험으로 나의 교직 생활에 즐거운 추억이 하나 늘어난 것이다. 그 아이들은 평생 직업인으로 교직 생활을 하다 퇴직하게 생긴 불쌍한 교사에게 한 번쯤 선생 노릇도 해 보게 하려고 하느님이 보내 주신 선물이 아닐까 하는 생각이 뒤늦게 드는 것이다.

얼마 전 학교 축제에 규민이가 나타났다. 고등학교에 진학해서 일 년을 채 못 다니고 자퇴를 했다고 한다. 지금은 동네 마트에서 알바를 하고 있다는데 제법 단정하게 옷을 갖춰 입고 멋진 코트를 걸치고 있었다. 잘 지내냐고 물었더니 오늘 한 달간 일한 알바비를 팔십만 원이나 받았다고 자랑이다. 돈 아껴서 잘 쓰라는 꼰대 같은 말이 나오는 걸 꾹 삼키고 돌아섰다. 나중에 보니 껄렁거리는 후배들 몇 명에게 돈봉투를 흔들어 보이면서 맛있는 걸 사겠다고 떠벌리며 강당 쪽으로 가고 있었다. 사랑하는 로자 아줌마를 잃고 상처를 겪으며 갑자기 나이를 먹고 인생을 알아가는 모모처럼 다섯 살 규민이도 점점 자라고 있을 거라 믿는다. 소설의 마지막 문장은 이렇게 끝난다.

'사랑해야 한다'

꽃을 위한 바람의 시간

김정민

|

권정안, 『유학, 일상의 길』, 작은숲

출장을 다녀와 교무실에 들어서자 기다리고 있었던 것처럼 학생들이 우르르 몰려 들어와 한마디씩 합니다.

"선생님 큰일 났어요. 민이가 칼을 들고 다 죽이겠다고 소리치고 있어요."

"우리 반 교실 유리창이 깨졌어요."

갑자기 쏟아져 들어오는 이야기를 듣고 본능적으로 교실을 향해 뛰었습니다. 민이는 교실을 엉망으로 만들어 놓고, 커터 칼을 휘두르며 다 죽이고 자신도 죽겠다고 협박하고 있었고, 미처 교실을 빠져나오지 못한 학생 몇 명이 겁에 질려 있었습니다. 아이들을 교실에서 내보내고 손을 내

밀었습니다.

"민이야, 칼은 선생님에게 줘."

잠시 가만히 서 있던 민이는 칼을 넘겨 주더니 펑펑 울기 시작했습니다. 아무것도 할 수 없어서, 울고 있는 민이 손을 꼭 잡고 민이에게 들리도록 기도했습니다.

"우리 착한 민이 위로해 주세요. 그리고 우리 민이 많이 힘들지 않게 지켜주세요."

그리고 훌쩍이고 있는 민이 옆에 가만히 앉아 기다렸습니다. 그러다 민이 책상 모서리에 십여 개가 넘는 칼날이 빼곡하게 줄지어 박혀 있는 것을 보았습니다. 민이의 고통이 고스란히 전해지는 듯해서 너무 안타깝고 마음이 아팠습니다.

시간이 흘렀습니다. 진정이 되었는지 민이가 말을 하기 시작했습니다. 너무 부족해서 부모님을 속상하게 하는 자신이 싫답니다. 잘하고 싶은데 안 되는 거랍니다. 과외 선생님도 붙여 주시고, 다양한 체험과 경험도 하게 해 주시는데 기대하시는 만큼 성적이 오르지 않고, 부모님을 힘들게만 하는 것 같다고 합니다.

"아니야, 민이야. 너는 아주 잘하고 있어. 공부도 열심히 하고, 이렇게 부모님 생각도 많이 하는 효자가 어디 그리 많니? 부모님도 민이가 최선을 다하고 있는 것 알고 계실 거야."

"책상에 왜 이렇게 칼날은 많이 박았어? 그렇게 힘들었어?"

민이는 대답하지 않았습니다.

"칼날을 하나하나 뽑으면서 네 마음의 답답한 부분도 하나하나 뽑아봐."
민이는 칼날을 천천히 뽑았습니다. 쉽게 뽑히지 않았습니다. 애를 쓰고 있는 민이 옆에 앉아서 기다렸습니다. 뽑혀 나가는 칼날처럼 마음속 깊이 박혀 민이를 괴롭히고 있는 것들도 함께 사라지기를 간절히 바랐습니다.

『유학, 일상의 길』은 공주대학교 한문학과 권정안 교수의 책입니다. 「인생을 아름답게 산다는 것」, 「유학, 행복한 삶을 꿈꾸다」, 「일상의 길, 대동 사회의 꿈」, 「배우고 또 배우고」라는 소주제로 나뉘어 있습니다. 이 책에서 작가는 맹자의 군자삼락君子三樂을 이렇게 해석했습니다.

군자에게는 세 가지 즐거움이 있는데, 천하의 왕자가 되는 것은 그 가운데 포함되지 않는다君子有三樂 而王天下 不與存焉. 부모님들이 모두 살아계시고, 형제들에게 아무런 탈이 없는 것이 첫 번째 즐거움이다父母俱存 兄弟無故 一樂也. 우러러 하늘에 부끄럽지 않고, 굽어서 다른 사람들에게도 부끄럽지 않은 것이 두 번째 즐거움이다仰不愧於天 俯不怍於人 二樂也. 천하의 꽃다운 인재를 얻어 가르치는 것이 세 번째 즐거움이다得天下之英才 而教育之 三樂也.

이 구절 가운데 '왕천하王天下'라는 말은 요즈음 이해하기 어려운 말이지만 맹자가 사용한 이 말의 본래 뜻을 현대적인 의미로 풀어 보면 그것은 전 인류에게 안정되고 행복한 삶이 가능한 세상을 만드는 지도자가 된다는 의미입니다. 그것은 사실 유학의 이상인 동시에 수많은 인류의 지성이 꿈꾸어 온 이상입니다. 평천하의 이상을 꿈꾸고 스스로 그런 능력을 자부한 맹자가 '왕천하'를 군자의 삼락에 포함시키지 않은 것은 쉽게 이해가 되지 않습니다.

그러면서도 맹자는 바로 삼락三樂을 설명한 뒤에 다시 한번 이 내용을 강조하여 시작과 끝에 동일한 말을 되풀이하고 있습니다. 그래서 저는 이 구절의 의미를 "한 사람이 진정한 지성이 되어서 인류의 이상을 구현하는 기회를 얻고 그것을 성취하는 것은 매우 즐거운 일이다. 그러나 군자에게는 이보다 더 큰 즐거움이 적어도 세 가지는 있다."라는 의미로 이해합니다.

'왕천하'의 앞에 서는 군자의 삼락 중 하나가 중학교 한문 교사이자 아이들 담임으로 살아가는 저에게도 있다고 감히 생각합니다. 바로 천하의 꽃다운 인재를 얻어 가르치는 일입니다. 꽃다운 인재가 맹자 당시엔 다른 뜻으로 쓰였겠지만, 우리 교사들에겐 꽃을 피울 준비가 되어 있는 모든 아이입니다. 우리의 일상은 개화 직전의 몸살을 앓고 있는 아이들이 뾰족하게 세우고 있는 가시를 쓰다듬는 일입니다. 불필요한 가지는 쳐 주어야 하고 힘없는 가지는 받쳐 주어야 합니다.

크느라 애쓰는 민이, 꽃을 위한 바람의 시간을 견디는 민이가 저의 꿈을 다시 일깨워 줍니다. 꽃다운 모습을 알아주고, 믿어 주고, 바라보아 주며, 마침내 꽃으로 피어날 때까지 참아 주고, 기다려 주고, 함께 아파해 주며, 함께 울어 줄 수 있는 선생이 되고자 합니다. 끝없이 속아서 바보 되기와 모르는 체 눈 감아 주기, 때로는 보채기, 닦달하기, 꾸짖기, 심지어는 냉정하게 돌아서기를 하는 선생이 되고자 합니다. 오직 아름다운 모습을 믿고 사람을 사랑하는 마음으로써만 말입니다.

사소한 일을 정성껏

원미연

최은숙, 『지금이 딱이야』, 창비교육

작년 말, 그녀가 명퇴 신청서를 제출했다는 말을 전했을 때 먼 말레이시아의 하늘 아래 있던 나는 조금 놀랐다. 명퇴를 고민 중이라는 말을 듣기 전부터 빨리 그만두고 나랑 놀자는 농담 아닌 농담을 했지만 최 선생은 학교에 남을 가능성이 더 크다는 쪽에 무게를 두고 있었다. 심심찮게 학교에 지각하고 '솔직히 학교 오기 싫었다'라고 학생들에게 아무렇지도 않게 말하는 선생이었지만 그녀가 학교 안에서 만나는 아이들을, 그 아이들과 부대끼며 가르치고 배우는 것을 얼마나 좋아하는 사람인지 알기 때문이었다.

나는 여상을 졸업하고 작은 회사의 사무원으로 취업했다가 좀 늦은 나이에 국어교육과에 입학했다. 3학년 소설 창작 수업에서 휴학을 끝내고 막 복학한 최은숙을 처음 만났다. 담당 교수님이 수업을 듣던 몇 명을 불러 창작 스터디를 시작하셨는데 그녀도 포함되어 있었다. 연애하느라 수업에 잘 나타나지 않는 그녀를 찾아오라는 교수님의 엄명을 받고 연락을 했다. 코발트블루의 가볍고 긴 코트를 입고 약속 장소인 도서관을 향해 나풀나풀 걸어와서 밝고 환하게 인사를 건네던 그녀와 평생 친구가 되었다.

내가 임용고사에 합격하고 당진에 첫 발령을 받아 근무할 때, 서울로 올라가 작은 학원에서 먹고 자며 강사 생활을 하던 그녀가 다시 대전으로 내려와 도서관에 다니며 임용고사 준비를 하는 것도, 일 년 만에 합격한 것도 놀라운 일이었다. 학부 시절에도 도서관에 책만 던져 놓고 사라지기 일쑤이기도 했지만 무엇보다도 선생이 되기에는 그녀가 너무 문학적이랄까? 나는 그녀가 시만 쓰고 살 줄 알았다.

서산중학교에 첫 발령 받은 친구를 만나러 당진에서 서산까지 운전을 하고 가다가 너무 긴장해서 다리에 쥐가 나던 초보운전자 시절도 벌써 삼십 년 전이다. 내가 발령 선물로 보낸 모택동과 황현 시집을 출근 첫날 들고 가서 별 생각없이 책꽂이에 꽂아 놓아 보통 신규 교사가 아니라는 오해를 받았다고 했다. "속으로 쫄았는데 조회 때 단상에 올라가 남자 중학생 아이들에게, 어머 여러분, 우리 학교 소나무들 정말 예쁘네요, 소녀같이 말하는 걸 보고 신규 맞네 하고 안심하셨대." 웃어대던 그녀는 곧바로 전교조에 가입하고 신임 교사답지 않게 교무회의에서 벌떡벌떡 일어나 소신 발언하는 벌떡 교사가 되었다. 게다가 시골 사춘기 중학생들과 선생들을 평정(했다고 내가 추측하는)할 자태 곱고 음전한 생활한복을 떨쳐 입고 심상찮은 교사 생활의 대장정을 시작했다.

서산에서 천안으로 그리고 청양으로, 청양에서 마지막 근무지인 공주로 옮겨오는 동안 그녀는 끊임없이 아이들과 교환일기를 주고받았다. 청양에서는 인근 학교의 선생님들까지 모아 거의 이십여 년째 이어지는 '간서치' 독서 모임을 시작했다. 학생들과 같은 동네에 살면서 아이들의 속내를 들여다보고 함께 울고 웃는, 그리고 학부모와 친구가 되어 대소사를 함께 하는 진짜 이웃으로 살았다. 그녀는 시시하고 사소하고 낡고 오래된 것들과 보잘 것 없고 상처가 많지만 자연처럼 소박하고 평범하게 살아가는 사람들을 사랑했다. 그러는 동안 그가 학교에서 만나는 학생들은 물론이고 학부모와 동료 교사들까지 끌어들여 함께 글을 쓰는 작업을 오랫동안 해 왔다. 아이들이 자기 자신과 가족, 친구와 이웃뿐 아니라, 태어나 자라고 있는 동네와 고향을 살피고 성찰하는 글쓰기를 하며 그 결과물들을 책으로 엮어 내어 학생들과 동료 교사들까지 그녀를 만나는 사람들을 시인으로 만들었다. 자신을 표현하고 자신 안의 시와 만나도록 돕는 일을 힘도 들이지 않고 평생 해 내는 것을 볼 때마다 나는 그가 정말 타고난 시인이자 선생이라는 생각을 하게 된다.

최은숙의 시집 『지금이 딱이야』는 그녀가 어떤 선생이었고, 어떻게 교직 생활을 이어왔는지 자세히 보여 준다. 십 분만 재워 달라고 학생들이 사정하면 책을 덮고 교탁에 엎드려 먼저 잠이 들었다가 종이 나면 일어나 학생들을 흐뭇하게 하기도 하고, 수업 시간에 떠든 아이들을 학교에 남기는 걸 깜박하고 그냥 보내고, 체육 시간에 땀 흘리고 들어온 학생들에게 빠삐코를 사 준다 약속하고 빼빼로를 주문하여 학생들을 짜증나게 하는 어리바리 교사이다. 봄이 되면 들로 나가 아이들과 쑥을 뜯어 쑥떡을 해 먹고 진달래가 피면 화전을 부쳐 먹느라 가사실을 엉망으로 만들기도 한다. 모르는 것은 모른다 하고 잘 쓰지 못해도 '잘하지 않아서 잘했다' 칭찬하며 자존감을 키워 주는 교사이고, 무엇보다 매일 사물함과 책상을 정돈시키며 '훈련이 습관이 되면 아무도 훔쳐가지 못하는 재산이란다. 우리가 있던 자리가 아름다워야 한다, 내가 있는 자리를 소중하게 대해야 내가 소중해진다'는 잔소리 삼 절로 바른 습관을 길러 주며 정돈된 일상의 아름다움을 가르치는 교사이다. 일찍 세상을 뜬 엄마를 둔 아이가 부부라는 말을 좋아한나고 쓴 글을 보며 울컥하고, 약간 삐딱하고 불량한 아이들과, 악악 소리를 지르며 땀에 젖은 얼굴이 빨갛게 익도록 뽕나무 가지를 향해 달리기를 하는 '야생'의 아이들을 편애하는, 그 자체로 소중한 아이들 한 명 한 명을 바라봐 준 선생님 최은숙이 시집에 그대로 녹아 있다.

  한 학교에 오래 근무하는 것을 좋아하지 않았던 나는 그녀가 정원 감축이 되지 않는 한 학교에서 근무 연한을 다 채우고 나서도 다른 학교로 이동할 때마다 힘들어하는 것을 처음엔 이해할 수 없었다. 그러나 그녀와 두 번이나 같은 학교에 근무하면서 그녀가 학교를 옮기거나 새로운 사람을 만나는 것을 꺼리는 것은 만나는 사람 하나하나에 최선을 다하는 기질 때문이라는 것을 알게 되었다. 개개인의 존재에 가장 가까이 다가가서 있는 그대로 바라봐 주고 인정해 주는 사람, 그래서 늘 주변에 따르는 사람들이 많았고, 마음 써야 할 사람들이 많은 그녀의 삶은 늘 바쁘고 그래서 그만큼 고달팠다.

젖은 빨래를 반듯이 펴서
차곡차곡 포갰다 널면
다림질 안 해도 새 옷처럼 반듯하지
양말도 대충 걸지 말고 짝 맞춰 나란히

사소한 일을 정성껏

흙 씻어 낸 호미를 헛간 벽에 걸 때
할머니는 호미 자루에서 손을 떼지 않으시지
휙휙 집어 던지지 않으시지

개켜 놓은 이불 위에 베개를 올릴 때도
수저를 식탁에 놓을 때도
설거지한 그릇을 포갤 때도

호미와 벽은 평화롭고
가만히 이불 위에 내려앉는 베개는 포근하고
나란히 걸린 양말은 사뿐사뿐 하늘을 걷지

수저도 그릇도 주인처럼 정갈하고 고요하지

서두르지 말고 천천히
그런 어느 날 우린
햇볕을 품고 바람에 나부끼는 시간을 알게 되겠지
젖은 마음일 때도 천천히 주름을 펴는 법을 알게 되겠지
나를 함부로 동댕이치지 않고 살게 되겠지

-「거룩한 일상」전문

들꽃반 아이들과 맨발로 호미질을 하며 '이만하면 나의 생도 꽃답'다던 그녀가 이제 학교 밖으로 나왔다. '거룩한 일상'을 살면서 다이어트에도 성공해서 꽃분홍 원피스를 입고 '지금이 딱이야' 하고 말하는 친구와 같이 놀 생각에 기분이 좋다. 봄이 오면 냉이를 캐고 두릅을 꺾어 튀김도 만들고, 진달래가 필 때 그녀가 전화하면 나는 구즉막걸리를 사 들고 기쁘게 찾아가면 되겠다. 충남 교육과 시인이 될 기회를 박탈당한 미래의 중학생과 선생들에게 조금 미안해하면서.

욕은 약한 자의 칼

박명순

김열규, 『욕 그 카타르시스의 미학』, 사계절

훈계하지 않는 선생님이 되고 싶다는 이상한 생각을 하게 되면서부터 최대 관심사가 아이들 자존감 높이기였다. 교사의 직무는 훈계가 아니라 믿었던 건 나의 몽상가적 기질 때문인지도 모른다. 솔직하게 말하자면 훈계에 대한 반감은 뼛속까지 스며 있는 나의 정체성과도 관련이 깊다. 배움을 향한 갈망은 잉걸불처럼 뜨거웠으나 깨달음의 지혜는 늘 빈곤하였다. 가난, 무식, 불평등, 성차별이 나의 온몸을 관념적으로 흔들어 댔다. 초등학교 문턱에도 가 보지 못한 어른들이 포진해 있던 어린 시절부터 나는 있는 그대로를 긍정하고 순응하지 못하는 체질이었다.

내 주위엔 욕하는 사람들이 너무 많았다. 욕은 시장바닥에서 하루 벌어

하루 먹고 살아가는 거친 삶의 일상언어인데 욕하는 인간을 사정없이 깎아 내렸다. 배움이 모자란 불가촉천민의 행실이 욕이라 믿었다. 이년아, 저년아 하는 말조차 욕이라고 생각하는 작은 세상에 갇혀 살았던 시절이었다. 이후 언행불일치 지식인 세계의 민낯을 접하면서 언어는 행실의 일부일 뿐 전부가 아님을 절감했다. 세련된 언어를 통해 살인과 범법 행위와 배신이 난무할 수 있다는 걸 저절로 알게 된 세월과 나의 인생 공부는 함께 나이를 먹었다.

언제부턴가 투박한 언어에 담긴 여백의 진정성에 더 마음이 쏠리기 시작했다. 하고 싶은 말을 다 하고 살 수 없는 사람들의 울분을 향해 귀가 열리기 시작했다. 특히 내가 만난 학생들은 자기표현의 방법을 모르고 그런 학습을 제대로 받지도 못한 경우가 많았다. 대부분 언어습관은 집안이나 그가 속한 사회 문화 속에서 습득된다. 이러한 점을 간과한 채, 언어에 국한된 학습이나, 훈계 방식의 국어 수업은 부작용이 더 많을 수 있다는 걸 터득한 것이다.

어린아이들일수록 언어를 바로잡기보다는 생각과 삶의 방식으로 접근해야 한다는 것을 뒤늦게 받아들인 후 학교 교사로서 많은 변화가 있었던 건 참으로 다행스럽다. 욕 자체에 민감하게 반응하지 않게 되었다. 귀에 거슬리는 언어습관을 만날 때면, 고운 말 바른말을 쓰라는 훈계 대신 다양한 이야기를 나눌 수 있는 계기로 삼았다. 일부러 아이들이 한 말을 그대로 반복해서 들려 주거나, 웃으면서 욕쟁이 할머니나 개떡 선생이야기를 하면서 가까워지기도 하였다. 그러면서 수업 시간이나 동아리 활동에서 책을 소개하거나 명문장을 거론할 기회가 생기면 빠짐없이 이 책을 집어 들곤 했다.

물론 국어 교과서에도 욕의 장점이 다루어진다. 사투리가 지닌 정감과 더불어 욕이 비난과 공격이 아닌 경우를 문학작품과 연계하는 단원이 마련되어 있다. 이를 발판 삼아 한 발 나아가서 욕의 본질이랄까 해학과 풍자를 말해주고 싶어지면 책의 한 대목을 읽어주곤 했다.

욕은 불가능한 현실 사이를 넘나들면서 현실 자체의 속성을 더 한층 적나라하고 적절하게 잡아챈다. 그러기에 욕은 얼핏 보기에 기상천외하다. 의표를 찌르고 천만뜻밖이다. 그런데 꼭 들어맞고 아귀가 찰떡궁합이다. 그게 욕의 언어적 전략이다. 듣는 순간 골치가 띵하거나 눈앞이 번쩍한다. 그런데도 빡 정곡을 꿰뚫기는 족집게 저리 가라다. 기가 찰 일이다. 이 기묘한 만남, 하도 엉뚱해서 야합이라고 부르기에 알맞은 접합으로 욕이 돌발한다.

욕은 약한 자의 칼이다. 백 년 체증쯤 쉽게 내릴 약발이 있는 게 욕이다. 칼이고 또 약이니, 이른바 '금석의 효金石의 效란 말은 의사들이 쓰기 이전에 욕 때문에 생긴 것일까!

저자 김열규는 민속학자이자 국문학자이며 신화와 무속에도 조예가 깊다. 상아탑 학문의 틀을 넓혀서 다양한 대중 한국학을 시도하였던 점에서 진정한 학자로서의 사표師表를 보였다. 『욕 그 카타르시스의 미학』, 이 책을 소개하면서 내가 얻고자 했던 것들은 무엇이었을까. 한국학, 민속학의 대상이 어렵고 특별한 것만은 아니라는 것, 욕에 담긴 민중 정서와 거친 삶을 살아 낼 수 있었던 잡초와 같은 생명력을 저절로 터득하는 것, 욕을 한다는 것만으로 자신을 비하하지 않아도 된다는 것, 욕을 받아 마땅한 대상에게 웃음으로 응대하는 건 욕을 하는 것보다 백 배, 천 배 천박한 행위라는 것 등이다.

　나는 배움을 좋아하고 그것을 함께 나누기를 매우 즐긴다. 그러한 행위가 얄팍한 교훈과는 달리 새로운 '길'을 만들고 좋은 세상을 만드는데 거기에 동참하기를 꿈꾸었고 그 꿈은 지금도 이어진다고 믿는다. 욕에도 배움이 있고 정의가 있고 카타르시스가 있다는 것을 알려 준 소중한 책이다. 이미 욕은 문학의 소재로 그리고 다양한 문화 코드로 재탄생하고 있다. 욕으로 웃음을 이끄는 영화들에 우리는 열광한다. 그뿐인가. 욕쟁이 할머니를 좋아하는 손님들이 즐겨 찾는 음식점이나 술집도 사람들 입에 오르내리는 세상이 아닌가. 이 책의 진가는 소멸되지 않는다고 믿는다. 나쁜 욕과 좋은 욕을 가려듣고, 적절하게 언어의 묘미를 살려서 표현하기 위한 우리들의 열망은 결코 멈출 수 없기 때문이다.

내 인생 수업

정현숙

이토 우지다카, 『천천히 깊게 읽는 즐거움』, 21세기북스

바람 한 점 없는 날. 하시모토 선생님은 교실 구석까지 들릴 만한 목소리로 천천히 『은수저』를 낭독한다. 아이들은 너도나도 대나무옷을 깨물며 듣고 있다. 1934년 하시모토 선생님이 나다 학교에 부임한 이래 해 온 수업 방식이다. 하시모토 선생님은 이렇게 말한다.

주입식이 아니라 학생 스스로 흥미를 느껴 빠져들게 하려면 무엇보다 '학생이 주인공이 되어서' 읽어야 한다고 생각했습니다. 이와 더불어 작품의 내용과 작품 속의 단어에서 파생되는 것들까지, 학생에게 진정한 국어 실력을 차근차근 쌓아줄 교재는 없을까, 줄곧 그 생각만 했습니다. 학생 스

스로 주인공이 되어서 읽을 수 있는 책은 그것밖에 없었습니다. 그래, 이 소설책을 3년 동안 읽어 보자. 결과가 나오지 않는다면 책임지겠다. 그 정도는 각오하고 시작했습니다.

이렇게 삼 년 동안 '교과서를 버리고' 소설책 한 권을 읽는 수업이 진행된다. 학생들이 흥미를 좇아서 샛길로 빠지는 수업, 모르는 것 전혀 없이 완전히 이해하는 경지에 이르도록 책 한 권을 철저하게 음미하는 미독味讀의 슬로 리딩. 그러면서 하시모토 선생님은 성적으로 아이들을 나무라거나 차별한 적이 없었다. 그는 수업을 할 때도 가르친다기보다는 폭을 넓히고 깊이를 얕게 해서 학생들이 마음껏 의문을 갖도록 했으며, 누구나 흥미의 대상을 찾고 점점 거기에 빨려 들어가도록 했다.

내가 바랐던 교육의 그림을 따라가다 보면 이 책을 만나게 된다. 『천천히 깊게 읽는 즐거움』은 국어 교육의 길을 묻고 답하며 더듬더듬 걸어가는 길에서 만난 동지였다. 아름답고 귀한 인연 속에는 반드시 동지라는 결이 존재한다고 생각한다. 가만히 생각해 보면 나에게 책 읽기는 동지를 찾는 과정이었다. 어려서부터 궁금한 게 많고 이상한 게 많았던 나에게 책은 더없이 좋은 친구였다. 동지가 살뜰히 들려 주는 이야기가 갖는 매혹은 비견할 데가 없었다. 책을 가까이 하면서 성장한 선생이 사랑스러운 아이들에게 책이라는 평생 친구를 선물하고 싶은 건 당연한 일이었다.

어리숙한 교사였을 땐 언젠가 할 수 있는 날이 오겠지 하는 희망이 등 뒤에서 웃고 있었지만, 어느새 난 마흔 줄에 들어서고 있었다. 하늘에 빛나는 별처럼 그저 이상으로 간직하고 말 일인가, 질문이 세차게 들어왔다. 용기가 필요했다. 행할 수 있는 용기. 그때 이 책을 만났다.

해 보기로 결심했다. 오래도록 벼린 꿈을 품고 혁신학교로 갔다. 이제부터는 두리번거리지 않는다. 국어 교육의 본질에 충실한 교사가 된다. 배운 것을 실천한다. 말은 뒤로 하고 실행부터 한다. 내 마음의 소리는 점점 간명해졌고 하시모토 선생이 했던 '은수저 수업'은 더 이상 그림의 떡이 아니었다. 혁신학교의 길을 처음으로 내딛는 우리 학교는 토론이 성했다. 우리는 서툴고 더뎠고 툭하면 길을 잃었지만, 잃어 봐야 다시 찾을 수 있는 법. 저마다 새로운 시도를 마음껏 할 수 있었다. 난 늘 하고 싶었던, 천천히 깊게 읽는 즐거움을 위한 국어 수업을 시작했다. 시험으로부터 해방될 수 있는 자유 학기제가 가져다준 선물이었다. 한 권의 책을 최소 6주에서 최대 8주에 걸쳐 아이들과 천천히 읽었다.

'방관자 프로젝트, 공정여행 프로젝트, 내 인생의 첫 고전 프로젝트'는 우리 학년 선생님 모두가 합심해서 마련한 교과 교육과정, 학년 교육과정, 학교 교육과정의 비전과 목표를 나선형으로 연결하는 심층적인 국어 수업이었다. 제임스 프렐러의 소설 『방관자』를 동료 교사와 같이 국어수업 교재로 삼았고, 한 학년의 아이들이 같은 시기에 한 권의 책을 함께 읽고, 토론하고, 글을 썼다.

심화된 교육과정만이 깨달음을 줄 수 있다는 학년교사협의회의 결론을 통해 사회과 도덕과에서 단원을 연결한 수업으로 확장했다. 학교 폭력으로 상처 입은 아이들은 이해를 받았고, 방관자로 지내던 다수의 아이들은 자신을 성찰하였으며, 가해자에 속한 아이들도 자신의 행동에 쉼표를 찍으려 노력했다. 학년의 문제로 떠올랐던 심각한 학교 폭력 사건을 계기로 천천히 깊게 읽는 국어 수업이 출발점이 되자, 신기하게도 통합 프로젝트 교육과정이 탄생하였다. 난 기억한다. 정성으로 준비하는 책임 있는 수업들이 변화시킬 수 있었던 그 시절 아이들의 눈빛을.

방관자 프로젝트 수업에서 빛을 발견하고 난 후, 『우리의 여행이 세상을 바꿀 수 있을까』, 『내 인생의 첫 고전 장자-나비의 꿈』을 다시 수업 교재로 선정하여 긴 호흡으로 천천히 깊게 읽는 수업을 하였다. 아이들에게 책을 읽다가 자연스럽게 옆길로 새기를 권했다. 아이들은 책 속에서 만난 어떤 것들에 대해 아무런 제한을 받지 않고 자유롭게 뻗어나갔다. 한 아이는 소설의 배경으로 등장하는 미국 롱아일랜드 지방에 대한 탐구를 시작했고, 다른 아이는 주인공이 즐겨 부르는 노래를 찾아 들었고, 또 한 아이는 『장자-나비의 꿈』과 트리나 포올러스가 쓴 『꽃들에게 희망을』을 연결하는 글쓰기를 했다.

책 읽는 시간을 즐거운 감각으로 기억할 수 있도록 소설에 등장하는 대나무엿을 먹어가면서 오감을 채우는 책 읽기로 이끌었던 하시모토 선생처럼, 나도 책에 등장하는 달콤한 간식거리를 준비했다. 아이들은 책이 잘 읽히는 공간의 느낌도 이내 알아챘다. 바닥이 시원하다며 복도 구석에 기대 책 읽기에 빠져들었던 민경이, 난독증에 시달리던 민희는 선생을 의지해 책을 읽고 싶었던지 내 책상 앞자리를 찜하고 나와 함께 낭독하기를 좋아했다. 최대한의 허용이 가져올 수 있는 방만함은 수업 활동지로 이끌어

주었다. 아이들과 엮어 가는 배움의 풍경은 꿈꿔오던 교육의 순간이었다.

세상은 점점 빠른 속도를 내면서 복잡해지고 있다. 그 틈바구니에서 아이들은 건강하게 자라고 있을까? 사람은 저마다 인생 숙제가 있고, 그것을 풀어 가며 살아간다. 어른이 되어서도 자신의 길을 찾지 못한 채 부유하는 삶들이 많아 보인다. 무엇이 문제일까? 천천히 깊게 읽는 즐거움을 가르치는 선생이 더 많았으면 좋겠다. 우리 아이들은 부디 책과 친구하며 자기를 잘 이해하고 건강하고 행복한 사람으로 살았으면 좋겠다. 그리하여 세상이 더 천천히 깊게 즐겁게 흘렀으면 좋겠다.

나도 과잉하겠다

송숙영

|

박명순,『안녕, 개떡선생』, 삶창

"선생님, 영통해요."

"아, 아~~~ 안 돼. 잠깐만 있다가."

후다닥 머리매무새를 흔들어 만지고, 거울 한 번 후딱 보는 사이 영상 통화 벨이 울렸다. 추석, 오랜만에 고향집에 온 초임 시절 제자들이 옛날 얘기하다 생각이 났다고 전화했다. 이 녀석이 받아 말하고 저 녀석이 받아 말하고, 돌아가며 이야기하다가 인균이가 영상 통화로 바꾸려 해 얼른 끊은 참이다.

"어? 선생님 머리가 하야시네요."

"그렇게 됐지. 그럴 때가 됐잖아. 우리 만난 게 벌써 삼십오 년이다."

고향에서 농사짓는 인균이는 머리가 벗겨지고 얼굴이 까매 영락없는 우리 동네 농사꾼 아저씨다. 그렇지, 인균이도 이제 쉰이니까 그리 됐지.

인균이가 내 덕분에 컸다고 한다.

"아니야. 우리 같이 컸어. 너 스물네 살 때 어땠니? 철없는 학생이랑 더 철없는 선생이 같이 큰 거지 뭐."

그 시절을 생각하면 얼굴이 화끈한 순간들이 셀 수 없다. 너는 수업해라 나는 까먹는다 하면서 책상 아래로 조용히 돌아가던 도시락, 마치 뭘 좀 아는 듯이 떠들었던 조회, 내 힘으로 어쩌지 못해 학생부장을 찾아 학생들을 억눌렀던 수업, 일 년치 성적을 다시 산출해야 했던 무지. 선생 노릇 삼 년 만에 견디기 어려운 권태로움의 진창에 빠졌다. 이때 '개떡선생'을 만났다면 새뜻한 선생을 할 수 있었으려나.

『안녕, 개떡선생』은 퇴직 교사 박명순이 썼다. 스스로 민초의 물음표이며 넋두리에 불과하다고 이야기하지만, 삶의 비밀을 풀어 가는 순례자의 노래, 가르침과 배움이 하나임을 깨달은 자의 행복한 고백이 『안녕, 개떡선생』이다. '2부 내 슬픈 교단의 33페이지'에 「나는 지금이 좋아」가 실려 있다.

나는 지금이 좋아, 이렇게 말할 수 있는 사람은 누구나 부러워할 만한 무언가를 틀림없이 가졌겠지. 부, 명예, 권력, 재능 그것이 무엇이건 충분히 가졌음이 분명하리라. 개떡선생의 동생은 누구나 부러워할 만한 청춘의 절정에서 워커 없이는 움직일 수 없는 장애의 삶으로 곤두박질친다. 희귀병. 좌절과 번민의 긴 시간을 지난 뒤 그녀는 말한다.

"나는 지금이 좋아."

누구도 부러워하지 않을 현실을 수용하고, 긍정하며 삶을 귀하게 받아들이는 것은 개떡선생 가문의 내력일까, 아니면 젊어 고생은 사서도 한다는 인류의 보편성일까.

컴퓨터를 사 주고, 이 년간 날마다 메일을 주고받으며, 동생이 글쓰기로 새롭게 세상 속으로 나아가는 과정을 지켜보는 언니는 그 모습 그대로 교실에서 학생들과 만난다. 개떡선생은 개개인의 성장과 발전이 새로운 세상에 한발 다가서게 한다는 믿음을 지닌 사람이다. 그래서 개인의 변화에 큰 기대를 걸고, 주변 존재들과 연대하며 새로운 세상을 끌어내기 위해 노력한다. 개떡선생은 언니일 때나 선생일 때나 한결같다. 개떡같이 말해도 찰떡같이 알아듣는 제자는 누구에게나 있는 게 아니다. 개떡선생 박명순에게나 가능하다. 개떡같이 말했더니 개똥같이 알아들어 속상했던 나는 안다.

가르치시 않고 싹사랑하는 것이 더 큰 선생이라는 깨달음을 고백하는 개떡선생은 교사에게 불퉁거리는 학생은 어디에나 있고, 이들을 감당하는 것이 교사의 몫이라고 말한다. 학생의 아픈 비명을 듣지 못하고 아픔을 표현하는 방식을 문제 삼아 이러니저러니 해서는 안 된다고, 학생이 아프면 그 아픔에만 민감해야 한다고.

개떡선생과 나는 대학 입학 동기였으나 함께 학교를 다닌 시간은 별로 없다. 삶의 방식이 달랐던 개떡선생과의 인연은 지금 독서 모임 간서치 활동으로 새로 시작되었다. 오랜만의 동행이 반갑다. 간서치가 마련한 개떡

선생 퇴임 기념 현수막에 '교사는 슬픔을 아는 사람'이라 쓰여 있었다. 슬픔을 아는 사람, 가르칠 수 있는 용기보다 아이들을 짝사랑할 수 있는 용기가 더 낫다는 개떡선생에게 맞춤하다. 이제 개떡선생과 함께 근무해 볼 행운을 바랄 수는 없으니 후배 선생들이 그를 이어 찰떡같은 교직 생활을 이루어가길 바랄 뿐이다. 세상은 더 나은 방향으로 변화해 간다는 믿음으로.

영화 〈카일라스 가는 길〉의 한 장면이 떠오른다. 사막에서 일출을 보겠다고 기를 쓰고 모래 언덕을 기어오르는 주인공. 아직 동트기 전, 사위가 희미한 모래 언덕에서 동녘 하늘을 바라보는 주인공은 떠오르는 아침 해보다 빛나는 존재였다. 평생 한 번 온 기회일지 모르니 꼭 가야 한다며 카일라스의 빙하 위를 미끄러지고 넘어지며 기어기어 올라가는 주인공 이춘숙은 등이 구부정한 여든다섯 할머니다.

"노화현상이란 시간이 흐르면 과잉의 육체는 저절로 소진된다는 사실을 뜻한다. 과잉의 육체를 지녀야만 청년이라고 부를 수 있다."라고 소설가 김연수가 말했다. 카일라스를 기어오르는 이춘숙은 과잉이다. 박명순 선생이 과잉이듯.

『안녕, 개떡선생』은 과잉이 부끄러운 일이 아니라고 응원한다. 객기를 부리지 않고 어찌 교육이 가능하겠나. 개떡선생의 과잉이 아름답다. 나도 과잉하겠다. 나는 현직이고, 여든다섯은 아직 멀었다. 지금이 나도 좋다.

슬픔에 숨이 막힐 때, 시를 읽는다

길영순

류시화, 『마음 챙김의 시』, 수오서재

내가 어떠했는지, 어떻게 살았는지 아는가

절망이 무엇인지 안다면 당신은

분명 겨울의 의미를 이해하리라

(중략)

그토록 긴 시간이 흐른 후에

가장 이른 봄의

차가운 빛 속에서

다시 자신을 여는 법을

기억해 내면서

나는 지금 두려운가, 그렇다. 하지만

당신과 함께 다시

외친다

좋아, 기쁨에 모험을 걸자

새로운 세상의 살을 에는 바람 속에서

루이스 글릭의 「눈풀꽃」이라는 시다. 눈풀꽃은 가장 이른 봄, 땅속 알뿌리에서 올라오는 작고 흰 꽃이다. 살을 에는 바람 속에서 두려움을 떨치고 새로운 세상의 기쁨에 모험을 걸고, 다시 자신을 여는 법을 기억해 내는 눈풀꽃처럼 나도 그러해야 한다고 생각했다. 「눈풀꽃」이 실린 시집을 찾다 류시화 시인이 엮은 『마음 챙김의 시』를 만났다.

루이스 글릭의 또 다른 시 「애도」는 '친구들이 모여 애도하고 줄지어 나가면 햇살은 놀랍도록 눈부시고, 그 길에서 살아 있는 친구들이 서로 포옹하고 이야기를 주고받을 때면 죽은 자는 고통스러울 만큼 격렬한 질투를 느낄 것'이라고 한다. 가슴이 아리다.

남편 친한 친구의 장인상에 다녀오는 날, 차 안에서 바라본 하늘은 너무도 파랗고 청명했다. 이런 날은 더더욱 고통스러울 만큼 격렬한 질투를 느끼고 있을지도. 너희들은 살아 있어서 좋겠다, 살아 있으니 장례식장에도 가고 거기에서라도 이야기하고 밥 먹고 한다고. 그날 집에 와서 목까지 차오르는 감정들을 글로 토해 내었다. 그러자 좀 숨 쉴 만해졌다.

햇살도 눈부시게 푸르른 날
먼저 간 당신은 참말로
살아 있는 친구들이 부럽겠소
살아 있으니 이렇게 장례식장으로 달려와
모여서 밥도 먹고 이야기도 나누고
우리 자식, 남의 자식 할 것 없이 다 같이 걱정하고
2년여 만에 재취업했다는 아이를 위해 박수도 보내고
울 아들 박사과정은 얼마나 남았는지 챙겨주고
어린 손녀의 팔뚝 실과 예비 사위 사랑
며늘아기가 밥을 해주어 먹었다는 이야기까지
당신 친구들 모임에 당신만 빠져서 내려다보니
당신은 참말로 살아 있는 친구들이 부럽겠소

당신 대신 내가 긴 시간을 운전해서 인사하고 왔소
돌아오는 길에 당신 친구가 길을 안내해 주어 쉽게 왔소이다
운전하며 돌아오는 길에 바라다본 하늘은 어찌 그리 파랗던지

파란 하늘에 있는 당신은 참 우리가 부럽겠소
살아 있어서 이렇게 만나는 푸르른 당신 친구들에게

고통스러울 만큼 격렬한 질투를 느끼겠소

어떤 경우에도 삶을 사랑하라고 하는 시도 있다. '도저히 감당할 자신이 없을 때도, 소중히 쥐고 있던 모든 것이 불탄 종이처럼 손에서 바스러지고, 타고 남은 재로 목이 멜지라도 삶을 사랑하는 것이다. 슬픔이 당신과 함께 앉아서 숨 막히게 하고 공기를 물처럼 무겁게 해도 삶을 사랑하는 것이다. 슬픔이 마치 당신 몸의 일부인 양 당신을 내리누를 때, 내 한 몸으로 이것을 어떻게 견뎌 내지 하고 생각하면서도, 두 손으로 얼굴을 움켜쥐듯 삶을 부여잡아야 한다고. 매력적인 미소도, 매혹적인 눈빛도 없는 그저 평범한 얼굴이지만 삶을 받아들이고 다시 삶을 사랑하는 것이라는 시.

마르그리트 뒤라스는 심지어 이렇게 말했다.

"나는 삶을 사랑해, 비록, 여기, 이러한, 삶일지라도."

"나는 인간이 지을 수 있는 가장 큰 죄를 지었다. 나는 행복하게 살지 않았다."라고 쓴 이는 호르헤 루이스 보르헤스이다. 「후회」라는 제목의 시. 이렇게 막무가내로 간곡한 희망의 권유를 엮어 책으로 만든 류시화도 말했다.

"행복하게 살지 않은 것이 가장 큰 죄이다. 행복은 다른 것이 아니라 모든 순간을 기꺼이 껴안는 것이다."

비록 삶이 이러하다 할지라도 도저히 삶을 감당할 자신이 없을 때도, 내 한 몸으로 어떻게 견뎌 내지 하는 생각이 들어도 모든 순간을 기꺼이 껴안고 행복하게 살아가야 한다고. 한 편의 시를 읽는 것은 숱한 마음 놓침의 시간을 마음 챙김의 삶으로 회복하는 일이라고도 했다. 그런가? 시를 읽으면 회복이 될까?

  그래서 시를 읽었다. 『가벼운 오후』도 읽고 『숲의 나무들이 잠깐 흔들렸다』도 읽고 『당신에게 시가 있다면 당신은 혼자가 아닙니다』도 읽었다. 아침마다 베란다에 놓여 있는 의자에 앉아 명상을 시작하기 전에 되뇐다. 안녕, 영순, 잘 잤어? 사랑해, 오늘도 좋은 하루 보내. 매일 기록하는 내 밴드에도 이 말을 올려놓고 스스로 토닥인다. 비록 내 삶이 이러하다 할지라도, 슬픔이 내 옆에 앉아 숨 막히게 할지라도, 외로움이 내 몸의 일부인 양 나를 칭칭 감아도, 매력적이지 않은 날일지라도, 고통스러울 만큼 격렬하게 질투를 느끼는 날일지라도 두 손으로 얼굴을 부여잡듯 삶을 부여잡고 사랑하며 살아가리고.

천천히 들이쉬고 내쉬며

길영순

백승창, 장원재, 『오래된 질문』, 다산북스

　나는 열아홉에 대전에서 공주까지 통학하며 대학에 다녔는데 어느 날 대전 서부 터미널에 도착하여 자취방까지 걸어가는 동안 어떤 생각에 강렬하게 부딪혔다. 나는 왜 사는 것일까? 대학 3학년, 봄을 알리는 노란 개나리가 피는 즈음에 운동장이 바라다보이는 계단에 앉아 다시 생각했다. 어떻게 살 것인가?

　졸업하고 발령받아 교단에 섰고 결혼했고 아이를 가졌다. 아이가 배 속에 있는 동안에는 마음이 편안했다. 특별히 무엇을 하지 않아도 괜찮았다. 잘 먹고 잘 자고 잘 쉬는 일상이 아이를 잘 자라게 한다는 그것만으로도 충분히 의미 있는 삶이었으니까. 그러다 스물아홉에 서른을 바라보며 같은 생각에 골몰했다. 나는 잘 살고 있는가, 내 가족만 잘 챙기고 살면 되는 건가? 그러나 눈앞에 보이는 어린 두 아이를 길러야 하고 출근해서는 수업과 업무에 바빠 그저 하루하루를 보내기도 벅찬 것이 현실이었다. 그러다 보니 어느덧 유혹이 가득한 불혹의 나이 마흔을 넘기고 하늘이 내려준 명을 받들어 아이들을 가르치며 지천명의 나이 쉰을 넘겼다. 쉰세 살의 어느 날 새벽에 문득 잠이 깨어, 정년을 맞이할 것인지 명예퇴직을 할 것인지 심각하게 고민했다. 어떻게 학교 생활을 마무리할 것인가, 방학 때 쉬는 것만으로도 충분한데 매일 쉰다면 어떻게 시간을 보낼 것인가? 오랜 생각 끝에 아직 체력이 되고 나는 새로운 기획과 활동이 즐거운 사람이란 결론을 내렸다. 학교에 남아 있기로 했다.

충실한 오십 대 중반을 건너는 어느 날, 뜻하지 않은 일이 발생했다. 해외로 교육봉사를 하러 간 남편이 히말라야에 갇히고 말았다. 그를 찾으러 나섰다. 갖은 노력에도 불구하고 봄이 되어서야 남편은 비로소 모습을 드러냈다. 하얀 가루가 되어 돌아온 남편을 함께 밤을 줍던 산에 묻어 주었다. 장례식을 치르고 49재를 지내고 병원에 덜 다녀도 될 만큼의 일상으로 돌아오기까지 이 년여 시간이 흘렀다. 왜 살아야 하는지 묻기보다 날마다 주어진 하루하루를 견뎌 내며 이어가야 했다. 사는 데 이유가 있어야 하나, 남편의 부재는 살아 있다는 것만으로도 충분한 삶이라는 걸 절실히 아주 절실히 통감하게 했다. 스멀스멀 감당하지 못할 감정이 목까지 차오르면 새벽이든 밤이든 가리지 않고 밖으로 나가서 걸었다. 운동장, 호태산, 동네 길, 둑방 길, 어디든 걸으면서 신산한 삶을 이어갔다. 의미 같은 것 없어도 된다. 왜 사는가, 어떻게 살 것인가, 이런 사치스러운 질문들은 다 집어 던져 버렸다. 다만 숨 쉬고 있다는 것에 집중했으며 살아 내기 위해 고군분투했다.

고도의 긴장과 경직된 삶을 팽팽하게 유지해야 무너지지 않을 수 있었다. 마음을 잠시 딴 데로 돌려서 느슨한 숨을 쉴 필요를 느꼈다. 그래서 집어 던져 버린 『오래된 질문』을 찾았다. 서문부터 눈길을 사로잡았다.

자신의 내면 깊은 곳에 자리한 고통과 존재, 그리고 삶의 본질을 발견하게 될 것이다. 그 본질은 매일 내 몸과 마음을 살피는 일, 먹고 자고 생활하며 내 일상을 가꾸는 일, 순간순간 어떤 태도로 살 것인가에 대한 가르침과 깨달음들이다.

엮은이 장원재는 다큐멘터리 연출팀으로 작가, 기획 프로듀서로 활동하는 사람이었다. 그런데 어쩌면 문장을 더 보탤 것도, 뺄 것도 없이 이렇게 내 마음에 콕, 와닿게 쓸 수 있는지 감탄했다. 본문은 누구나 마주하게 되는 오래된 질문으로 이루어져 있었다. 삶은 왜 괴로운가, 나는 누구인가, 마음을 어떻게 다스릴 것인가, 어떻게 살아야 하는가.

옥스퍼드 대학의 시스템 생물학자인 데니스 노블이 한국 사찰을 방문하며 질문에 대한 해답을 찾아가는 여정을 다큐멘터리로 찍을 때 영상에 다 담지 못한 노생물학자와 스님들의 대화를 정리한 책이다. 통도사의 성파 스님, 실상사의 도법 스님, 미황사의 금강 스님, 사찰음식으로 잘 알려진 정관 스님과의 만남을 통해 종교와 과학, 동양과 서양의 구분 없이 서로의 경계를 지우고 너른 사유의 바다를 넘나들었다고 한다.

어느 바람 좋은 날, 한가롭게 경내를 산책하던 정관 스님이 갑자기 오른손을 들어 공중에 크게 원을 그리며 열었던 말문, "들이쉬고 내쉬고, 높음이 있으면 낮음이 있고, 젊음이 있으면 늙음이 있고, 보이는 모든 것이 다 그렇죠. 나고 죽고 나고 죽고…."

그 문장이 나를 주저앉게 했다. 나고 죽는 것을 부여잡고 고군분투하는 삶조차 자책하며 여유 한 자락 없이 온전하게 살아 내려고 애쓰는 내게 말하는 것 같았다. 그러지 말라고, 명상하고 숲길을 걷고 밥을 먹고 차를 마시며 천천히 들이쉬고 내쉬며 살라고. 다 집어 던져 버린 줄 알았는데 나는 여전히 답을 찾고 있는 사람이란 것을 깨달았다. 내가 누구인지 쉬지 않고 묻는다는 걸, 걷고 명상하며 마음을 다스리면서 앞으로 어떻게 살 것인가, 꾸준히 생각하며 살고 있다는 것을.

데니스 노블은 리처드 도킨스의 『이기적 유전자』에 반박하여 10여 년간 과학계에서 뜨거운 비난을 받으면서 상처를 많이 받았다. 그 과정에서 시련을 견디기 위해 적극적으로 명상을 하게 되었고 명상하면서 거친 공격에도 차분하게 대응할 수 있었다. 이기적이냐, 이타적이냐의 유전자가 아니라 엄청나게 다양한 종류의 유전자가 인간이 가지고 있는 성질이나 특징을 만들어 낸다는 것을 입증했고 인간도 자연처럼 경쟁이 아니라 협동 속에 있다는 사실에 주목했다. 나도 명상하고 사랑하는 이들의 도움을 받으면서 이 터널을 지나가고 있다. 꿋꿋이 살아갈 수 있도록 살펴 주는 따뜻한 눈길과 마음들이 한순간도 곁을 떠나지 않음을 느낀다. 깊은 사랑의 협력 속에서 상실 후의 걸음을 천천히 들이쉬고 내쉬며 걷겠다.

아픔은, 멀리 깊게 보게 한다

안병연

윤선희, 『꼭 알고 싶은 독서치유의 모든 것』, 소울메이트

　35년간 교직 생활을 마치고 명예퇴직을 한 그해 11월 1일, 건강검진에서 암이라는 이야기를 듣게 되었을 때는 그저 덤덤했다. 친정 어머니가 중학교 1학년 때 갑작스럽게 세상을 떠나신 뒤로 건강하게 오래 사는 게 성공이라고 생각했다. 운동을 늘 열심히 했고 건강했는데 난소암이라니 도무지 믿기지 않았다. 큰 병원에 가서 재검한 결과도 마찬가지였다. 자연치유 방법을 생각하며 수술 전날까지 망설이는 나를 위해 기도해 준 수녀님은 일단 수술을 통해 자란 암을 제거하는 것이 중요하다고 했다.
　일곱 시간이나 걸린 수술을 무사히 마치고 2주일, 겨우 상처의 실밥을 풀었을 뿐인데 1차 항암까지 했으니 퇴원하라고 했다. 할 수 없이 알음알

음 요양병원에 입원해서 항암 치료를 마치는 데 무려 여섯 달이 걸렸다. 그리고 여덟 달이 지났다. 약간의 재발 증상이 보인다는 소견이 있어 다시 항암을 하느라 또 여섯 달의 시간을 병원에서 보내야 했다. 첩첩산중 요양병원에서 장기 요양을 하게 되니 공기는 좋았지만 답답했다. 나락에 빠졌다가 겨우 정신을 차려 주변을 둘러보니 온통 암 환자인 병원에서 동아리 활동을 하는 이들이 있었다. 요가반, 탁구반, 팝송반, 문학 치유반. 벼랑 끝에서도 삶은 이어지고 있었다. 학교에 있을 때 선생님들과 한 달에 한 권씩 책을 읽고 토론하는 독서 모임을 한 것도 십 년이 넘었다. 문학 치유라는 말이 생소하면서도 반가웠다. 내 병이 낫는 데 도움이 된다면 취미도 맞고 이보다 더 좋은 치료가 어디 있겠나. 일주일에 한 번 문학치유반에 나갔다. 처음 해 보는 일들이었다. 시조 짓기와 시 낭송도, 하루 세 줄 감사일기 쓰기와 아픈 날의 기도를 글로 써 보는 것도 해 보니 할 만했다. 참여하는 환우들이 많지는 않았지만, 독서나 문학에 관심이 있는 분들이라 곧 문학 치유를 공부하는 모임으로 발전했다. 그간 내가 경험한 독서에 대해 발표하기 위해 읽은 책 중의 하나가 『꼭 알고 싶은 독서치유의 모든 것』이다. 그간 독서는 아픈 나와 저만큼 멀어진 세상을 연결해 주는 유일한 끈이었다.

극작가 리처드 스틸은 "독서가 정신에 미치는 효과는 운동이 신체에 미치는 효과와 같다."라고 했다. 독서 치유는 책을 읽으면서 등장인물에 공감하고 자신의 감정을 들여다보며 상처받은 마음을 감싸 안는 힘을 기르는 활동이다. 책 속에서 만나는 객관화된 인물을 통해 자신의 문제를 파악하고 이야기 속 인물에게 동질감, 연민, 애정 등을 느끼며 나를 발견하는 것이 독서 치유의 첫 번째 과정이다. 동일시의 단계를 지나면 감정을 토해 내며 터트리는 정화의 과정이 오고 자기 감정을 이해하는 고찰의 과정에 이어 문제를 객관적으로 인식하며 해결책을 깨닫는 통찰의 단계가 온다. 마지막으로 깨달음을 삶에 적용하는 자기 적용이 치유의 완성이다. 『베로니카, 죽기로 결심하다』, 『사람풍경』 같은 책을 독서 치유 과정과 접목하여 적용한 사례를 읽었다. 그러나 내 것이 아닌 다른 사람의 경험으로는 독서 치유라는 말이 쉽게 이해되는 것은 아닐 것 같다는 생각도 들었다. 먹어 봐야 맛을 알 듯 꾸준히 독서하는 사람에게만 열매가 주어지는 것이 독서 치유가 아닐까 싶다.

뜻하지 않은 병원 생활, 암담한 상황에서 병을 극복해 가는 환우들을 만났다. 사람들의 처지는 다양하기도 했다. 같은 암이라도 증상과 치료가 제각각이었다. 아파서 더 진솔해지는 그들의 인생을 들으며 비 온 뒤에 땅이 굳듯 시련 속에서 다시 태어나는 나를 상상해 보기도 했다. 남은 시간은 암과 친구처럼 함께 가겠다고 생각한다. 내 곁에 있는 책들이 쓰러진 나를 다시 일으켜 세워 준다. 병원으로 매달 책을 배달해 준 독서 동아리 간서치 총무와 한 분 한 분 간서치님들이 고맙다. 아픈 바람에 퇴직하기 전 내 소원 중 하나였던 온종일 책 보기, 그 꿈 하나는 이루었다고 생각하니 웃음이 난다. 현미밥을 먹듯 꼭꼭 씹어 천천히 음미하며 책을 읽는다. 먼 길을 여행하고 다시 일상의 삶으로 돌아오는 길, 책이 내 곁에 있다.

글을 쓰며 간다, 처음 맞이하는 미래로

안병연

I

이슬아, 『부지런한 사랑』, 문학동네

병원에 갈 때마다 지하 1층 서점에 들르는 것은 즐거운 일 중 하나다. 서울에 가도 코로나로 여기저기 돌아다닐 수가 없으니, 전처럼 서점에 들러 긴 시간 둘러보고 올 여유가 없다. 그런데 마침 병원 지하 한쪽에 책들이 갖춰져 있는 작은 서점이 있으니 얼마나 고마운 일인지.

이런저런 책들을 읽어 보다가 네 권을 골라서 나왔다. 스물아홉, 이슬아가 쓴 『부지런한 사랑』이 부담 없이 읽히면서 당기는 맛이 있었다. 소리를 오래 듣다 보면 귀명창이 된다는 말이 있듯이 글도 자꾸 읽다 보면 진정성 있는 글을 보는 안목이 생기는 듯하다. 무엇이든 재능이 있어야 한다고 하지만 꾸준함이 재능을 뛰어넘는 경우도 얼마든지 있다며 작가는 재능보다 꾸준함에 손을 들어준다.

작가는 문예 창작이 아니라 신문방송학을 전공하였고 부지런한 독서와 정기적인 글쓰기 모임으로 문학을 공부하고 있다. 스승들의 글을 보고 또 보았으며 그들을 향해 여러 편의 글을 썼고, 그들이 섰던 자리에 서 보았다. 만화 그리기, 누드모델 등 여러 개 알바 직업을 거쳐 글쓰기 교사가 된다. 자신의 글쓰기 경력을 다져온 어딘 글방의 합평을 통해 글쓰기 근육을 길렀다고 말하는 그는 자신의 스승들이 그랬던 것처럼 아이들의 글을 예리하게 읽고 정성스러운 평을 달아 준다. 격려 가득한 그 글을 읽으면 누구라도 오랫동안 글이 쓰고 싶어질 것 같다. 청소년들과 매끄럽게 주고받는 대화가 때론 부럽다. 지금은 선생님이라 부르지만, 언젠가 언니라 부르고 싶은 어르신들과 함께한 망원글방의 단상들을 읽으며 나도 그녀와 연결되고 싶다는 수줍은 생각을 했다. 아이들이 쓴 글도 재미있다. 아이들은 자라서 무언가가 되는 존재가 아니라 그때그때 완성된 존재라는 걸 다시금 느끼게 된다.

책을 읽으며 나의 글쓰기에 대해서도 돌아본다. 글을 쓰고 싶다고 하면 사람들은 흔히 국어 교사냐고 물었다. 나는 가정 교육을 전공했다. 국어 교사가 아니라도, 문학을 전공하지 않았어도 글쓰기에 관심이 있다면 누구나 글을 쓸 수 있어야 한다는 생각이다. 혼자서 쓰는 동안 많은 시간이 흘렀지만 내가 쓴 글을 책으로 엮는 일은 쉽지 않았다. 글쓰기도 제대로 하려면 스승이나 글벗이 필요하고, 혼자 하는 것보다 함께하는 모임이 중요하다는 생각은 그녀와 동감이다. 글쓰기를 책 쓰기로 연결하는 과정에 관해 관심을 가지게 된다. 책 쓰기를 한 번이라도 해 봤다면 나의 글쓰기는 지금과 어떻게 달라졌을까?

작가의 전작을 찾아보니 '일간 이슬아'라고 메일로 매일 한 편의 글을 보내는 일을 해 왔다. 그녀의 글쓰기를 스승 삼고 싶은 마음에 바로 두툼한 『일간 이슬아 수필집』을 구입했다. 일상의 감정과 생활이 투명한 글이었다. 거창한 이야기를 하는 것은 아니지만 크고 작은 깨달음이 꽤 있었다. 어쩔 수 없이 세대가 다름에서 오는, 가끔 소화가 안 되는 정서도 있었지만 그보다 체증이 가시는 듯한 시원함이 많았다.

스물아홉, 오늘의 그녀를 만든 건 꾸준한 글쓰기였다. 날마다 한 편의 완성된 글을 써 내는 치열함, 그것을 그녀는 부지런한 사랑이라고 표현했다. 어릴 적, 부지런함은 최고의 덕목이라고 나의 아버지는 늘 강조하시며 모범을 보이셨는데 나는 그게 참 어려웠다. 이제야 부지런함의 가치가 눈에 보이기 시작한다.

꾸준히 글을 쓰는 애는 어김없이 실력이 늘었다. 계속 쓰는데, 나아지지 않는 애는 없었다. 아이들도 나도 글을 쓰며 간다. 모두가 처음 맞이하는 미래로.

글을 쓰며 나아가는 그녀의 길을 즐겁게 따라가는 독자가 되었다. 그녀의 글은 그녀가 관계 맺는 사람들과 씨줄과 날줄로 직조하는 촘촘한 그물을 연상하게 한다. 아직은 젊은 그녀가 그 그물로 펄떡이는 물고기처럼 싱싱한 이야기들을 낚아 올리며 중견 작가로 강건하게 성장해 가기를 응원한다.

위기지학爲己之學을 향하여

김정민

I

최은숙, 『내 인생의 첫 고전, 노자』, 작은숲

청양중학교는 제가 교사로 첫발을 뗀 학교입니다. 설레는 마음과 두려움이 공존하는 첫 발령을 받아 교무실에 어색하게 앉아 있는데 살며시 다가와서 말을 건네는 선생님이 있었습니다.

"선생님 발령 축하해요. 우리 학교에 한문 선생님이 오신다고 해서 많이 기다렸어요. 한문 공부를 하고 싶은데 함께 해 주실래요?"

임용시험을 준비하느라 공부는 했으나 모르는 것이 많고, 처음 서는 교단에서 실수하지 않고 잘 가르칠 수 있을까 걱정하며 출근한 내게 공부를 제안하는 선생님이 천사 같았습니다.

"많이 부족한데 함께해도 될까요? 그렇다면 제가 더 감사하죠."

그렇게 우리의 공부는 시작되었습니다. 최은숙, 김종학 선생님과 매주 월요일 두 시간씩 학교 도서실에 모여 고전 읽기를 했습니다. 얼마 지나지 않아 이기자 선생님도 합류했습니다. 『묵점 기세춘 선생과 함께하는 장자』와 『이 아무개의 장자 산책』을 읽으며 장자를 공부했고, 『무위당 장일순의 노자 이야기』와 『노자익(老子翼)』 그리고 『빛으로 쓴 얼의 노래, 老子』로 도덕경을 공부했습니다. 공부하면서 학생 지도의 어려움을 선배들의 조언과 옛 성현의 말씀으로 이겨 나갔습니다. 또 한문 공부를 어려워하는 학생들에게 고전 읽기에서 배운 문장들과 일화들을 들려주어 흥미를 높일 수 있었습니다.

온 세상이 하얀 눈으로 덮인 어느 겨울, 우리는 동학사 인근에 숙소를 정해 시간에 구애받지 않고 노자 마지막 부분을 공부했습니다, 책을 모두 읽고 나서 제대로 된 책씻이를 했습니다. 눈 덮인 동학사를 걸으며 공부한 내용을 나누기도 하고, 멋진 카페에서 차를 마시며 담소하는 행복한 시간도 가졌습니다. 고전을 통한 기쁨, 아름다운 자연을 느끼는 여유 그리고 맛있는 음식을 먹으며 누리는 행복, 평생 잊을 수 없는 1박 2일이었습니다. 이렇게 청양중학교에 근무하는 삼 년은 고전을 읽고 책을 가까이하는 멋진 선배들과 함께하는 가슴 벅찬 즐거움의 연속이었고, 손에서 고전을 놓지 않고 꾸준히 공부하는 습관이 생긴 소중한 시간이었습니다.

『내 인생의 첫 고전, 노자』는 내게 손 내밀어 준 최은숙 선생님이 쓴 책입니다. 최은숙 선생님은 '노자'라는 어려운 책을 어린 학생들도 동화처럼 읽을 수 있도록 이야기로 풀어 냈습니다. 일상에서 일어나는 크고 작은 갈

등으로부터 무엇을 배울 수 있는지, 문득 옆에 와 계시는 노자 할아버지는 그때 뭐라고 말씀하시는지, 아이들의 놀이터인 성당의 신부님과 학교의 선생님과 마을 사람들 그리고 아이들 사이에서 일어나는 아름답고 행복한 배움을 통해 설명해 놓았습니다.

친구들과 일주일에 한 번 모여 노자를 읽고 이야기를 나누면서 점점 자유롭고 가벼워지는 나를 느낄 때마다 참 행복했어요.

머리말에서 그 문장을 읽었을 때 한 대 얻어맞은 것 같은 충격을 느꼈습니다. 정확하게 풀이해야 한다는 생각에 얽매여 고전을 배우는 기쁨을 온전히 누리지 못했구나! 진실로 자기 자신의 지덕을 닦기 위해 배우는 '위기지학爲己之學'이 아니라, 한문 교사라는 생각에 남에게 자기 자신을 드러내기 위한 '위인지학爲人之學'의 어리석음을 범했구나! 깨닫게 되었습니다. 깨달음 뒤에 읽는 『내 인생의 첫 고전, 노자』는 책을 읽는 내내 입가에 미소가 번지며 고전 읽기의 행복을 누릴 수 있게 해 주었습니다.

"신부님은 노자 할아버지가 그렇게 좋으세요?"
"스승의 말씀을 마음속에 품고 사는 건 그 자체로 행운이란다. 어려운 일을 당해도 크게 당황하거나 불행하다고 생각하지 않고 그 상황에서 배울 점을 찾게 돼. 그런 사람은 누가 보아도 여유가 있고 평화롭지. 지혜가 깊어져서 사람들이 도움을 요청할 때 친구가 되어 줄 수도 있단다. 진정한 힘이 생기는 거지. 친구들을 다 이기고 대장이 되는 유치한 힘이 아니라, 옳지 않은 일을 하지 않는 힘, 옳은 일을 해 내는 힘, 자신의 삶을 주위 사람들과의 관계 속에서 평화롭게 완성해 나가는 힘이 생긴단다. 옛 어른들도 공부를 통해 그런 사람이 되셨지."

마을 아이 동주의 질문에 신부님께서 웃으면서 대답하신 말씀은 감동이었습니다. 혼자 마음속으로 오래오래 새겨 보고 스스로 깨닫는 공부, 공부가 쉽지 않더라도 걱정하지 않고 알게 될 때까지 천천히 생각해 보는 공부. 신부님이 알려 주는 행복한 공부법이 진정한 위기지학爲己之學이라 생각합니다.

오늘의 책

김영희

소종민, 『어제의 책·내일의 책』, 무늬

학교 다닐 때 취미란은 항상 독서였다. 고등학교를 졸업하고 거의 반백수 시절일 때도 돈만 생기면 책을 사서 읽었다. 이 세상 어딘가에 도서관이라는 곳이 있다는 것은 스물일곱 살, 대학에 가서야 알았다. 그때의 꿈은 책을 마음껏 사 보는 것이었다.

서른세 살에 드디어 책을 마음껏 사 볼 수 있는 직장을 갖게 되었고 방에 책들은 쌓여 갔다. 시간이 흐르면서 좁은 방에 거의 천장에 닿는 책장이 들어서고 현관에서 방으로 들어가는 입구(그곳은 또 부엌이기도 했다)까지 책이 차지했다. 나중에는 밤에 자다가 책장이 내게로 무너져 내리는, 꿈인지 가위에 눌린 건지 알 수 없는 일을 겪기도 했다. 책을 사는 방법의 변화도 책의 수량을 늘리는 데 한몫했다. 처음엔 이곳저곳 서점을 전전하거나 동네 단골 서점에서 주문해서 사거나 했다. 하지만 편리한 인터넷서점에 맛을 들이면서 책은 더 빠른 속도로 늘어갔다. 가끔 검증되지 않은, 그래서 마음에 안 드는 책을 사거나, 이름만 보고 동명이인인 다른 작가의 책을 사기도 하는 실수를 저질렀지만 편리함이 그런 위험쯤은 얼마든지 감수하게 했다.

마음대로 책을 살 수 있는 직장을 그만두면서 수입이 줄었다. 지출을 줄여야 할 형편이 되었고 시간이 많았다. 그리고 책에 대한 애착도 조금씩 사그라들었다. 시간을 책 정리하는 데 썼다. 아는 분이 자기네 아파트에 작은도서관을 만든다고 해서 몇 박스 보낸 게 시작이다. 인터넷 중고 서점에서 받아 주는 책은 거기다 팔았다. 꽤 많은 박스를 보내고 나니 책장에 여유가 생겼다. 웬만한 건 폐지로 버리고 가슴 높이의 삼단 책장에 남은 책들을 꽂았다. 나를 압도하던 책장은 받아 주는 이가 있어 보냈고, 오래되어 곰팡이가 난 여러 개의 칼라박스들은 버렸다.

소종민이라는 사람을 알게 된 건 이렇게 책 정리가 다 끝난 즈음이다. 그의 집은 책이 벽이고 기둥이었다. 지진이라도 나면 그들 부부와 딸은 책 더미에 묻혀 못 나오는 게 아닐까, 걱정될 정도다. 그의 책 『어제의 책·내일의 책』을 받고 차례까지 읽고 나자 낯선 책더미에 싸이는 기분이 들었다. 취미가 독서라는 것이 부끄러워지고 키 큰 책장이 날 압도하듯 멀미가 나 일단 책을 덮었다. 며칠 지나서 다시 책을 펼치고 차례에 나온 책 제목들의 수를 세었다. 대략 칠십오 권쯤(본문으로 들어가면 더 많은 책 제목들이 튀어나온다). 그중 이름이라도 들어 본 작가는 열여섯 명쯤. 거기에는 정말 이름만 들어본 다수의 철학자들이 끼어 있어 실제로 읽은 책의 저자는 소설가 몇 명이 전부였다. 이 책을 읽을 수 있을까 두려웠지만 우선 대충 읽어 보자는 마음으로 시작했다.

지은이는 부드럽고 자상한 투로 차근차근 이야기한다. 사람과 세상에 대한 깊은 관심과 애정이 담긴 칼날이 번뜩이기도 하고, 멋진 예술의 세계를 그만의 어법으로 너울너울 펼쳐 보이기도 한다. 그의 세계에 조금이라도 더 접근하기 위해서 그가 인용한 책 중에 만만한 책들을 찾아보았다. 책은 안 사기로 결심했기에 우선 공주대 도서관과 공주시립도서관을 뒤졌지만 대부분 없었다. 공주대 도서관에서 『에드워드 사이드 자서전』을 빌려 읽은 게 가장 큰 수확이다. 할 수 없이 인터넷서점에 들어가 봤다. 역시 대부분 절판이거나 품절. 그래도 꼭 읽어 보고 싶은, 쉬워 보이는 책 중의 하나는 선총원의 『변성』이었다. 그런데 공주대나 인터넷 서점에 심종문의 『변성』만 있고 선총원의 책은 없었다. 그러다 코로나 19로 공주대 도서관이 일반인 출입이 금지된 시점에서 다시 『어제의 책·내일의 책』을 읽으며 인터넷 서점에서 『변성』을 찾고, 우리말이 아닌 한자 표기를 보고서야 선총원과 심종문, 이 둘이 한 사람이라는 사실을 깨달아 결국 그 책을 샀다. 제목에 끌려 『바람이 우리를 데려다 주리라』라는 시집도 샀고, 이러면 안 되는데 하면서 박성배의 『깨침과 깨달음』도 구입했다. 휴대폰으로는 카잘스의 첼로 연주곡도 사서 저장했다.

그가 책을 통해 얘기하는 세상은 결코 희망적이지 않다. 작가의 말처럼 이대로 가다가는 '모두가 폐허로 귀결될 마당에 이런 글조차 무슨 소용이 있으랴.' 싶지만 그래도 그 속에서 따뜻하게 다독이는 말도 들려 준다.

조르주 바타유^{1897~1962}와 함께 블랑쇼와 낭시가 고민한 '공동체^{commune}'는 무정형無定型이다. 그 모양과 색깔이 없어서가 아니라 늘 다채롭게 변화하는 것이 나와 타인의 관계이기 때문이다. 그러므로 이들이 생각하는 공동체는 무한無限하다. 즉 무한정형無限定型이다. 이토록 저들이, 그리고 당신과 내가 자신을 나누어 애써 나눔을 실행할 때 우리는 또 다른 의미에서 거룩한 '운명 공동체'를 지어 볼 수 있지 않을까. 부디 그런 행복한 만남이 나에게 그리고 그대에게 자주 실현되기를 바란다.

『어제의 책·내일의 책』은 '지금까지'에서 시작해서 '기원전 483년부터'로 거슬러 올라간다. 어제의 책은 '읽는 이를 만나지 못해 책장이 덮인 채 있는 책', 내일의 책은 '아직 출간되지 않은', '마음의 책'이라고 저자는 말하고 있다. 우리가 책을 펼치고 읽으면 그것이 '오늘의 책'이 된다. 시대와 상관없이.

　소종민의 『어제의 책·내일의 책』은 이제 내게 오늘의 책이 되었지만 그 책 속의 많은 책들은 여전히 어제의 책이다.

책만 보는 바보[看書癡]는 없다

가영주

안소영, 『책만 보는 바보』, 보림

사람은 책을 만들고 책은 사람을 만든다는 말이 있다. 한 사람의 정체성을 만드는 요소는 여러 가지가 있겠지만 사실 책만큼 의식을 변화시키고 사회를 추동하는 힘을 가진 매체도 드물다. 나도 살아오면서 책의 혜택을 많이 받았다.

대학 진학 전, 나에게 '광주 항쟁'이란 불온한 세력이 일으킨 폭동이었다. 중학교 2학년이었던 나는 '광주 사태'라는 이름으로 이 사건을 처음 접했다. TV에 나오는 뉴스를 보며, 광주에서 뭔가 불안한 일이 일어났구나, 하지만 북한군이 내려오지 않도록 군인들이 잘 지켜 주겠지 하는 정도로 생각했고 무관심하게 지나갔다. 담임 선생님은 광주에 관한 '불온 삐라'를 발견하면 바로 학교로 가져오라고 종례 시간마다 말씀하셨다. 그게 다인 줄 알았다. 불온 삐라로 명명된 유인물은 광주 시민들이 목숨을 걸고 보내온 S.O.S였다는 사실을 누구도 말하지 않았다.

　대학에 진학하고 처음 맞은 5월, 대자보에 붙은 5·18 희생자들의 처참한 사진들 앞에서 큰 충격을 받았다. 당시 5·18의 진상을 기록한 황석영의 르포르타주 『죽음을 넘어, 시대의 어둠을 넘어』는 군부독재의 잔학함에 치를 떨게 했고 나를 자연스레 시위 현장으로 이끌었다. 역사에 무지한 것은 당대뿐만 아니라 미래에도 죄를 짓는 것임을 깨닫고 이후 역사서들과 사회과학 서적들에 관심을 갖게 되었다. 조영래의 『전태일 평전』과 박노해의 『노동의 새벽』은 이 사회의 불평등에 대해, 혜택받은 자의 사회적 책임에 대해 질문하며 삶의 방향을 고민하게 했다.

　책은 끊임없이 과거의 인식을 버리게 하고 사고의 지평을 넓히는 원동력이다. 정치적 평등을 넘어서 성평등, 생태적 평등과 같은 의제들에 대해 고민하게 하고 실천을 독려한다. 오십 대 후반에 접어든 요즘, 내가 꿈꾸는 세상은 위계에 의해 누구도 지배할 수 없는 평화로운 세상이다. 이전의 세상은 가진 자가 못 가진 자를, 남자가 여자를, 어른이 아이를, 사람이 동물을, 인간이 자연을 당연하게 통제하고 지배했다.

　나는 앞으로의 세상이 가부장적 질서, 인간 중심의 세상이 아닌 상호 존중과 상생의 평화로운 세상이 되기를 꿈꾼다. 이상적인 얘기라고 치부할 수도 있다. 하지만 집단 지성을 이용하고 욕심을 좀 버리고 공유하고 연대하면 그리 어려운 일도 아니라고 생각한다. 우리는 코로나 세상을 겪었고 전 지구적으로 대응해야 할 기후 위기에 직면해 있다. 한 사람, 한 계층, 한 나라만을 위한 독점과 경쟁은 무의미할 뿐만 아니라 지속 가능하지도 않은 낡은 지배 이데올로기가 되었다. 미래는 더 나은 세상을 꿈꾸고 실천하는 사람들의 것이다.

안소영의 『책만 보는 바보』에 등장하는 책벌레 이덕무와 그의 벗들 역시 조선 후기 신분제 질서, 당쟁과 파벌 정치로 타락한 그들만의 리그에서 어떻게 백성들의 실제 삶을 더 낫게 할 수 있을까를 꿈꾸고 실천했던 사람들이다. 엄격한 신분사회에서 서자로 태어나 학문의 뜻을 펼칠 길이 막히고 가난을 일상으로 살아야 했던 주인공 이덕무. 그러나 그에게는 마음을 나누고 새로운 세상을 꿈꾸고 동시대의 아픔을 함께할 수 있는 친구들이 있었기에 가난한 젊은 날이 서럽거나 외롭지 않았다. 백성들의 보다 나은 삶을 위해 중상정책을 주장했던 박제가, 꼼꼼히 사료를 수집하고 기록하여 당대와 후세에 도움을 주고자 했던 유득공, 진정한 무예는 창검을 멈추는 것이라는 철학을 실천했던 백동수, 사대부 출신이며 이덕무보다 열세 살이나 어렸으나 학문의 뜻과 추구하는 이상이 같았기에 진정한 벗이 되었던 이서구, 이들에게 스승 박지원과 홍대용은 반상 차별 없는 깊은 사랑을 주었다. 이덕무와 그의 벗들은 결코 백면서생이 아니었다. 강고한 기존의 지배 질서에 꺾이지 않고 현실에 굳게 발 딛고 연구하며 실천한 학자요, 운동가였다. 이들이 나이도 신분도 초월하여 벗이 될 수 있었던 것은 민중에 대한 깊은 애정을 바탕으로 사회 변혁의 인식을 함께했기 때문이다.

몇 년 전 우연한 기회에 이 책의 제목과 같은 교사 독서 모임인 간서치看

書癡 선생님들과 몽골 여행을 한 적이 있다. 그 인연을 계기로 간서치에 가입하게 되었고 한 달에 한 번 만나 책을 읽고 토론하고 있다. 우리가 함께 책을 읽는 목적도 그런 평화로운 세상을 만드는 사람으로 변화되기 위함이다. 이덕무와 그의 벗들처럼 더 나은 세상을 향하여 뚜벅뚜벅 걸어가는 도반이 되길 꿈꾼다.

우린 우주 공동체

남호영

I

남호영·박제남, 『수학자와 함께 걷는 실크로드』, 솔빛길

저녁 먹고 나서 해가 진 어두운 마당에 나선다. 별이 떴나, 달이 떴나 인사차 나선 것이다. 흐린 날이어도 웬만하면 목성, 토성, 화성 세 개의 별은 반짝이며 알은체한다. 역시 가까운 이웃이 최고다. 날씨가 좋으면 사시사철 북두칠성, 카시오페이아 자리가 반겨 주고 겨울엔 특히 오리온 자리가 똘망똘망하다.

새로 지을 집을 설계하면서 가장 신경쓴 건 밖이 내다보이는 창이었다. 방이든 욕실이든 집안 어느 곳에서도 당연히 산천초목을 볼 수 있어야 했지만, 나의 비밀스러운 로망은 자면서도 하늘을 보는 것이었다. 그래서 내 침대는 남쪽, 흔히 거실이 자리잡는 남쪽 창 앞에 있다. 잠자리에 누워 남

쪽 창에 높이 떠 있는 온 하늘을 밝히는 투실하게 환한 보름달을 확인하고, 새벽에 눈뜨면 서쪽 창밖으로 옮겨와 있는 보름달을 보며 안심한다. 내가 보지 않아도 어디 가지 않을 텐데, 내가 봐 줘서 달이 그 자리를 지키고 있다는 한심한 착각에 즐겁다. 잠자기 전에 달을 보지 못하면 너무 심심해서 견딜 수가 없다. 청양으로 귀촌하면서 생긴 증상이다. 새벽에 잠이 깨면 눈이 저절로 서쪽 창으로 간다. 차갑게 투명하게, 끊어질 듯 가느다란 그믐달이 고고히 떠 있으면 반가운 마음을 어찌할 수가 없다. 횡재한 기분이 바로 이런 걸까.

왜 이렇게 천체에 마음이 쓰이는 걸까? 아마도 어렸을 때 자다 깨서 보던 밤 하늘에 마음을 빼앗긴 탓일 게다. 중학생 즈음, 밤마다 한 번은 잠에서 깼는데, 그 당시 서울은 지금의 시골 이상으로 시골스러웠다. 공기도 맑았고 빛 공해도 없었다. 하긴 밤 12시 통행금지가 있던 시절이니 빛 공해라는 말도 없었다. 자다 깨서 올려다 본 하늘은 '별이 쏟아진다'는 말이 딱 맞을 정도로 별이 빽빽했다. 어둠 속에 총총히 박힌 빛나는 별들. 그 우주 속으로 나아가고 싶었다.

전공을 수학으로 택했으면서도 우주를 마음 속에서 지운 적은 없었다. 낭만적인 우주가 본격적으로 궁금해진 건 수학사를 공부하면서였다. 수학 공부를 왜 하느냐고 묻는 아이들에게 뭔가 설득력 있는 말을 하고 싶었다. 비록 공부하기 싫어서, 첫사랑 얘기해 주세요 수준의 삼천포로 빠지려는 속셈인 건 알지만 수학이 인간 역사와 어떻게 어우러져 발전해 왔는지, 우리 삶에 얼마나 필수적인지를 아이들 코가 납작해지게, 생생하게 얘기해 주고 싶었다. 그렇게 수학사, 과학사를 공부하다가 의문이 생겼다. 서기 100년 무렵 살았던 프톨레마이오스라는 천문학자가 남긴 『알마게스트』 이후 1543년 코페르니쿠스가 지구 중심설을 뒤집은 『천구의 회전에 대하여』가 출판될 때까지 거의 1,500년이 비어 있었다. 수학이나 과학이나 중세는 암흑시대였다면서 건너뛰었다. 그렇지만 1,000년 이상을 건너뛰고 어느날 갑자기 짠 하면서 지구를 우주의 중심에서 쫓아내고 태양을 갖다 놓을 수는 없는 거였다. 당시 번역서를 포함해서 국내 교양 과학 서적들로는 이 궁금증을 풀 수 없었다. 인터넷도 없던 시절이었으니 그저 구해지는 대로 책을 읽고 세미나를 하면서 풀리지 않는 허기만 점점 키워 나갔다. 2~30년이 지난 일이다. 공부를 하면 할수록 궁금증이 풀리는 게 아니라 뭔가가 내면에서 우글대는 게 느껴졌다. 수학·과학의 역사는 백인의 역사였다. 고대 그리스에서 시작해서 르네상스를 거쳐 데카르트, 뉴턴을 거쳐 지금에 이르기까지 백인들이 이끌어 왔다. 수학 교과서에는 온통 백인 이름 뿐이고(페르시아 수학자 알 콰리즈미가 단 한 명의 예외이다) 학생들이나 교사들은 백인이 수학을 발전시켜 왔다고 당연하게 믿는다. 서구 중심주의가 얼마나 심각하게 내면화되어 있는지 깨닫고 벗어나려고 해도 자꾸 뉴턴 이름에 주눅들었다.

『코페르니쿠스의 거인 뉴턴의 거인』은 그렇게 해서 시작한 책이었다. 이 사람들이 어깨를 딛고 선 거인이 프톨레마이오스 한 명이 아니라는 것, 유럽인들만이 아니라는 것을 차곡차곡 설명한 책이다. 역설적이게도 그 증거는 영어로 쓰인 문헌들이었지만. 프톨레마이오스 이전에 고바빌로

니아가 꽤 오랫동안 천체를 관측한 점토판을 해독하여 논문을 쓴 학자도, 프톨레마이오스와 코페르니쿠스 사이에 이슬람 천문학이 얼마나 찬란하게 발전했었는지에 대해 논문을 쓴 학자들도 모두 영어를 사용하였다. 물론 아랍어나 페르시아어를 모르는 나는 지금 이슬람권에서 그들의 선조의 업적을 얼마나 연구해 놓았는지는 알기 어렵다. 영어로 검색하고 영어로 쓴 것만이 나의 그물에 걸릴 뿐이니.

사실 이슬람에서 수학·과학이 얼마나 발전했었는지 파고들 수 있었던 건, 그래서 고대 그리스가 로마 제국에 멸망당한 이후 중동과 중앙 아시아에서 수학·과학이 어떻게, 얼마나 발전했는지를 알게 되어 『코페르니쿠스의 거인 뉴턴의 거인』에 담을 수 있게 된 건 2019년 우즈베키스탄에 갈 기회가 생긴 덕분이었다. 나는 꽤 오래 전부터 인하대학교 과학영재교육센터에서 강의를 하고 있었는데, 그 해 학생 학부모를 모집하여 우즈베키스탄에 수학여행을 가기로 했다. 말 그대로 Math Tour였다. 우즈베키스탄의 사마르칸트, 부하라, 히바는 실크로드 초원길에 있던 도시였다. 그 도시들 곳곳에 살았던 수학자·과학자들의 업적을 찾고, 그곳의 유적들을 수학의 관점에서 해석하는 준비를 하면서 새롭게, 놀라운 사실을 알게 되었다.

8세기 아바스 왕조는 인도의 문물을 받아들이고 학문을 권장하여 알 콰리즈미라는, 대수학의 아버지로 불리는 불세출의 학자를 낳았는데 그 뒤로 이름이 낯선 이슬람 학자들이 알 콰리즈미의 업적을 발전시킨 문헌들을 남겼다는 것을, 우리가 잘 아는 피보나치의 문헌에도 알 콰리즈미와 후

대 학자들의 문헌과 똑같은 내용이 있다는 것을, 흔히 지혜의 전당이라고 번역되는 바그다드의 바이크 알 히크마는 도서관, 학술기관을 겸한 알렉산드리아의 도서관 이상의 국립 기관이었고 도처에 바이크 알 히크마가 있었다는 것을 알게 되었다. 10세기 무렵에도, 그 이후로도 몇 백년 동안 지금의 스페인 지역에서 그리고 시리아 지역에서 페르시아 지역으로, 중앙 아시아 지역까지 수많은 학자들이 다양한 이슬람 제국에 소속되어 수학·과학을 발달시키고 곳곳의 천문대와 학술기관을 중심으로 규칙적으로 천체를 관측하고 천체력을 개정하였다는 것을, 15세기 초 사마르칸트에서 술탄 울르그 벡과 학자 알 카시가 교육기관인 마드라사와 약 40미터의 육분의가 설치된 천문대를 중심으로 형성한 연구 집단이 얼마나 활기찼는지를(사마르칸트의 박물관에는 이 시기에 세종대왕이 천문학자·과학자로 구성된 대표단을 중국에 보내 천문학과 관련된 몇 권의 책을 가져갔다는 내용의 패널이 걸려 있다. 세종대왕은 중국이 아닌 우리나라에서 관측한 값에 근거한 최초의 천체력인 『칠정산 내편』을 간행하였는데, 이슬람 천문학을 참조하여 『칠정산 내편』을 보완하여 『칠정산 외편』도 간행하였다.), 수학자들과 장인들이 우즈베키스탄을 여행하며 본 알함브라 궁전 같이 아름다운 기하학적인 문양을 가진 건축물 설계와 건축에 어떻게 협업하였는지를 알게 되었다.

가장 놀라운 것은 11세기 무렵부터 현실과 맞지 않는 프톨레마이오스 이론의 문제점들을 폐기해 나가기 시작했고 그 과정에서 발달한 이슬람의 이론 천문학은 결국 지구가 중심에 있든 태양이 중심에 있든 수학적으로 아무 문제가 없다는 '개념적 혁명'까지 이루어 냈다는 것이다. 이런 연구 결과가 담긴 문헌들이 스페인 지역과 이탈리아 지역으로 흘러들어 코페르니쿠스의 스승들이 남긴 문헌에는 이슬람 학자들의 문헌에 담긴 내용이 그대로 실려 있다는 사실이다.

우즈베키스탄 여행을 전후로 하여 나는 거의 불모지나 다름없다고 여겼던 이슬람의 학문적 업적을 알게 되었고, 그것을 디딤돌로 하여 서구 중심주의에서 많이 벗어날 수 있었다. 그렇게 이슬람의 세계로 들어간 여행기가 『수학자와 함께 걷는 실크로드』이다. 저절로 감탄이 나오는 기하학적인 문양의 건축물과 히잡과 전쟁이 만드는 혼란스러운 이미지를 뚫고 그들도 이웃에게 친절하고 신을 섬기는, 그래서 우리 삶과 삶을 담는 공간인 우주에 진심인 사람들임을 깨닫는 과정을 담은 여행기이다.

지금 청양에서 보는 밤하늘의 별은 아무리 맑은 날이라도 어렸을 때 서울에서 보던 때보다 훨씬 적다. 그럼에도 불구하고 밤마다 잠자리에 누워 하늘을 보는 건, 별로 알려지지 않은 채 묻혀 있는 알 투시, 알 샤티르, 알리 쿠쉬지, 그리고 글 한 조각 남기지 못한 더 많은 사람들을 기리고 싶어서이다. 언젠가 다시 실크로드에 갈 수 있다면, 그곳 사막에서 그들이 보던 것과 비슷한 하늘을 보고 싶다. 당신들의 몸을 구성했던 원자들이 떠돌다 우리 몸에 들어왔을 거라고 말하면서. 당신들이 사용했던 오래 전 별에서 온 원소들이 지금도 지구에 머물면서 후대의 생명체를 이루고 있다고. 그러니 우리는 우주의 공동체라고. 편히 잠드시라고.

3부

삐딱한 눈을 뜨고

나는 나를 언제 빛나게 할까

최은숙

|

곽영미, 『달려라, 요망지게!』, 숨쉬는책공장

가을이 온 제주 바다 다끄네. 한 여자아이가 바다를 바라보고 있다. 어디가 하늘의 끝인지 바다의 시작인지 알 수 없을 만큼 매끈한 바다. 공기마저도 소리를 품지 않은 것처럼 고요한 바다를 보면서 평소와 다른 어떤 기운을 느끼며 아이는 천천히, 꼼꼼하게 바다를 살핀다.

바로 그때, 정지된 화면 같은 바다를 가르며 파도처럼 뛰어오르는 생명의 움직임이 아이의 눈에 들어온다. 그건 스무 마리가 넘는 남방돌고래의 무리였다. 아이는 소리를 지르며 가슴이 터질 것 같아 더 뛰지 못할 때까지 돌고래와 함께 해변을 달린다.

남방돌고래가 지나는 길목, 다끄네 바닷가에 사는 이 아이는 제주 어느 여자중학교의 농구 선수이자 육상 선수이고 실제 운동선수였던 작가의 분신이다. 멀어지는 돌고래 떼의 뒷모습을 바라보며 숨을 헐떡이는 아이 앞으로 놀랍게도 돌고래 한 마리가 되돌아와, 보란 듯이 뛰어오른다. 바다로 뛰어들어 돌고래와 놀고 싶은 충동을 느끼면서도 아이는 무리와 떨어진 돌고래가 걱정되어서 견딜 수가 없다. 그런데 멀어져가던 돌고래 중 세 마리가 돌아오는 게 아닌가? 마치 말썽꾸러기를 데리러 온 듯 말이다. 네 마리의 돌고래는 아이 앞에서 장기 자랑을 하는 것처럼 배치기를 하며 놀다가 이윽고 무리를 따라간다.

지금도 어느 바닷가에서는 이렇게 자라는 아이들이 있을 것만 같다. 뒤처진 동료를 버리지 않고 함께 대양을 힘차게 헤엄쳐 가는 돌고래들처럼 경미, 다끄네의 그 아이에겐 에너지 넘치는 친구들이 있었다. 진영이, 보미, 연희, 미란이, 초등학교 4학년 때부터 잘 나가는 여자 농구부 선수였던 이 다섯 아이는 중학생이 되자 경기다운 경기를 할 수 없는 상황에 부닥치게 된다. 여자 농구부가 있는 중학교가 제주 도내에 세 곳밖에 없는데다 한 학교는 선수가 없어 시합에 나오지 않고 나머지 한 학교마저 때때로 기권을 하는 바람에 뛰지도 않고 우승 트로피를 받기도 했던 것이다. 아이들의 삶이 뜻밖의 방향으로 전환된 것은 새로 부임해 온 체육 선생님 때문이다. 그가 육상을 전공한 선생님이었기 때문에 농구부 아이들은 반항할 틈도 없이 갑자기 육상 훈련을 받게 된다. 근력과 순발력, 점프력, 지구력 테스트를 거쳐 단거리 육상 선수도 되고 장거리 선수도 되고 투포환 선수도 된 아이들은 전도全道 체전에서 중등부 종합 우승이라는 목표를 부여받는다. 마치 영화처럼 교사는 아이들을 적소에 배치하고 하루 네 시간의 고된 훈련을 함께한다.

"글쎄요. 장거리는 몰라도 단거리는 아마 제가 저분들을 다 이기지 않을까요?"

먼 훗날 작가가 된 소설 속의 육상 선수 경미를 담양의 창작촌에서 만나 한동안 함께 지냈다. 어느 날 왁자한 술판에서 벗어나 둘이 마을을 산책하면서 어린 시절 운동회 때 달리기 잘했느냐고 물었더니 빙그레 웃으며 그렇게 구체적인 답변을 했다. 조금 전 남자 작가들이 서로 자기가 잘 뛴다고 허세를 부리던 것에 이어 나눈 이야기였다. 내가 놀라자 실은 중학교 때 농구도 하고 육상도 했다고 했다.

"전도 체전 결승전 앞두고 여름 내내 사라봉을 뛰어 올라갔거든요. 결승전에선 육상도 하고 농구도 했어요. 육상 경기 끝나자마자 택시를 타고 농구 경기장으로 막 달려서 후반전에 투입되어 역전승을 했어요."

집 앞을 지나가는 돌고래를 따라 달렸던 일도 그때 들었다. 단정하고 깨끗한 얼굴, 감정보다 사실을 순서대로 차근차근 전달하는 화법. 소설 『달려라, 요망지게!』 역시 작가의 모습을 닮아 담담하고 깔끔한 문장 안에 풍부한 서사가 담긴 성장소설이었다. 제주의 아이들이 어른들로부터 듣고 자라는 마을 곳곳의 전설을 읽는 재미도 있는데 그것은 관광책자에서 읽는 것과는 확실히 달랐다. 슬프고 아련하고 신비로웠다.

드디어 결승전이 열리는 날, 경미는 그날에 '내 인생의 하이라이트'라는 이름을 달아 주었다. 백 미터 달리기를 우승하고 농구도 우승했으나 계주에서 1등을 놓쳐 결국 종합우승은 좌절되었다. 그러나 아이들은 노력의 가치와 성취의 기쁨을 처음으로 알게 된다. 곽영미 작가는 생의 가장 빛나던 시절을 담아 낸 이 소설을 함께 달렸던 친구들, 그리고 진구병이란 이름으로 등장했던 체육 선생님에게 바쳤다.

발랄하고 거침없는 등장인물 진영이는 뜻밖에도 아버지의 가정폭력에 시달리고 있었으나 자신을 지켜낼 만큼 성장했고 연희는 장애를 가진 언니를 감추지 않고 친구들에게 소개할 수 있게 되었다. 미란은 한 번도 입에 올린 적이 없는 아버지의 장례 이후에도 아무 일 없는 것처럼 꿋꿋하다. 소설의 마지막은 보미의 마라톤이 장식한다. 마라톤에서 우승하면 보미는 서울로 진학하여 운동선수의 꿈을 위해 달릴 수 있다. 친구들은 종합경기장에서 시작하여 공항, 하귀, 도두를 돌아 신제주를 거쳐 돌아오는 15킬로미터의 마라톤 코스를 네 구간으로 나누어 나흘간 페이스메이커가 되어 준다. '달려라, 요망지게!(야무지게)'는 보미를 향해 외치는 친구들의 응원이자 자신들에게 보내는 격려이다. 아이들의 인생도 어른들의 것과 마찬가지로 넘어야 할 언덕이 많다. 가파른 시간을 손잡고 달린 여학생들의 성장이 아름답다.

동화 작가이면서 국립특수학교의 교사이고 청소년 소설도 쓰고 박사 논문을 써 내면서 그림까지 그리는 곽영미 선생을 보면 도대체 저 대단한 집중력과 끈기와 성실함은 어디에서 오는가, 불가사의할 때가 많았다. 지금은 홀어머니를 모시기 위해 학교를 퇴직하고 고향 제주에 내려가 그림

책 강의를 한다. 안정된 직장을 내려놓고 새로운 길을 여는 그녀의 행보는 이번뿐만이 아니다. 운동을 했기 때문인가? 제주도 여성의 타고난 강인함인가, 소설을 읽고 나서 알았다. 그 자신감은 청소년기에 몸으로 다진 시간의 힘이란 것을. 스스로를 빛나게 했던 경험이 성장을 지속하는 에너지로 작용하고 있다는 것을.

나는 언제 나를 빛나게 했던가, 생각해 본다. 나를 위해 언제 땀 흘려 보았던가? 생각이 잘 나지 않는다. 머리와 마음을 쓰는 것보다 몸을 쓰는 일에 더 눈이 가고 몸이 하는 일의 정직함과 소중함을 알 것 같다. 요망진 제주도 여자아이들의 우정과 동반성장을 육지의 여학생들에게 들려 주는 것은 뒤늦게 철이 드는 나에 대한 아쉬움 때문인 것 같다.

봄볕과 여름의 뙤약볕 속에서 하루도 쉬지 않고 몸을 단련하는 동안 아이들의 얼굴엔 주근깨가 소복하게 올라오고 소금에 절인 배추 같던 몸은 스스로 느낄 수 있을 만큼 가볍고 강인해졌다.

소설을 읽으면서 눈이 오래 머문 글귀이다. 이 문장을 몸으로 경험해 보고 싶다. 나를 빛나게 했던 한 시기, 그 처음이 오늘이었으면 좋겠다. 일단 나가서 햇볕 속을 좀 걸어야겠다.

온 생을 걸어 보는

원미연

버지니아 울프, 『자기만의 방』, 민음사

겨울이 시작될 무렵 새 집에 입주했다. 공책에 그린 방 배치도를 들고 설레는 맘으로 건축사 사무실을 찾아간 게 초봄이었으니 한 해를 집 짓는 일에 매달려 지냈다. 내 손으로 벽돌을 쌓아 짓는 것도 아닌데 온몸과 마음이 소진되어 더운 여름에 보약을 지어 먹으며 버텼다. 그리고 드디어 소원하던 '나만의 방', 언제든 문을 닫고 혼자 침잠할 수 있는 작은 방이 생겼다.

20여 년 전 남편이 나무로 기둥을 세우고 황토 벽돌을 하나하나 쌓아 올려 손수 지은 흙집을 철거하면서 마음이 좋지 않았다. 불을 때서 난방을 하는 방 한 칸에 넓은 거실과 화장실 하나 그리고 서재로 쓰던 다락방엔 그가 나무를 켜서 짜 준 책장이 있었다. 원래 있던 헛간을 부수고 남편이 무허가로 지은 건물이기도 했지만, 그 집을 부수지 않고는 집터가 너무 좁아서 새로 집을 지을 수가 없는 상황이었다. 나무 냄새와 청량한 공기가 감돌던 옛집에서 커다란 통창으로 들어오던 아침의 신선한 햇살과 먼 앞산에 뜨는 달을 바라보던 시간들이 지나갔다. 더운 여름에도 습도가 조절되어 에어컨 없이도 서늘하던 방과 거실 그리고 작은 다락방에서 차를 마시며 책을 읽던 시간도 좋았다. 그러나 초짜 목수의 흙집은 시간이 지나면서 여기저기 바람이 들어오고, 겨울에 난방이 안 되는 다락방은 점점 창고로 변해 갔다. 아이가 자라면서 방이 더 필요해지기도 했고 무엇보다도 나만의 공간이 절실했다.

철거하기 전 정든 집과 이별하느라 며칠간 마음이 힘들어 4B 연필과 스케치북을 들고 텃밭으로 나갔다. 옛집은 어설픈 솜씨로 그린 그림으로 남아 새집 거실에 걸렸다. 철거한 집의 다락방에서 오래된 사진들과 편지 묶음들과 일기장들이 쏟아져 나왔다. 몇 개의 상자 속에 봉인되어 있던 젊은 날의 노트들을 꺼내 보다가 오래전 여름방학에 친구와 함께 거문도에 들어가 며칠을 지내다 돌아온 기록을 읽었다.

친구가 거처로 정한 집은 유림해수욕장이 한눈에 내려다보이고 수월산의 단아한 자태를 잘 바라볼 수 있는 언덕 위에 자리해 있었다. 우리는 늘 저녁을 마친 초저녁부터 밤늦게까지 작은 오디오의 볼륨을 높이고 현관 밖에 나가 앉아 바다를 바라보며 음악을 들었다. 해가 점차 빛을 잃고 바다에 어둠이 내려오면 해수욕장에 가로등이 켜지고, 길게 드리운 노란 불빛이 바다를 비추면 멀리에서도 끊임없이 살아 일렁이는 수면이 보였다. 어둠 속에서도 산등성이의 실루엣이 훤하게 드러나는 건 그 너머 바다에 수많은 등불을 휘황하게 밝힌 갈치잡이 배가 떠 있기 때문이라 했다. 파도 소리와 어우러지는 비발디와 바흐 그리고 장르를 가리지 않는 다양한 음악들이 우리의 밤을 풍요롭고 아름답게 만들었다. 그 밤에 나는 알았다. 이때쯤이 내 인생의 어떤 정점이라는 것을. 생이 가끔 우리에게 허락하는 아름다운 어느 순간이라는 것을. 그리고 그들은 지치지도 않고 여전히 나를 부추기는 걸 잊지 않는다. '왜 글을 안 쓰느냐'고, 친구의 할매가 담가 놓으셨다는 무슨 열매로 만든 검붉은 술을 한두 잔 마시다가 문득 목이 메어 왔다. 막 시작된 밀바의 노래 때문이었는지도 모른다.

"어쩜 이리도 10년 동안 변한 것이 없는지, 왜 이렇게 삶이 나에게만 가혹하게 느껴지는지…."

부질없는 넋두리를 하며 울었다.

"글을 쓰지 않는다면 언니는 10년 후에도 변한 게 없다고 말하게 될 거야."

그녀가 일침을 놓는다.

오래전 일기장에 적혀 있던 친구의 일침이 아직도 유효해서 부끄럽고 아팠다. 학창 시절 나는 장래 희망란에 늘 '소설가'라고 적었다. 그러나 밥벌이는 해야 할 것 같아 국문과 대신 국어교육과에 입학했고 1991년 충남의 시골 중학교 바닷가 분교에 국어 교사로 첫 발령을 받았다. 어느 봄날 햇살 좋은 아침, 학교 교문 앞에 있는 하숙집 마당 수돗가에서 양은 대야에 물을 받아 세수를 하며 다짐했다.

여기서 5년만 있다가 학교를 떠나야지. 나는 소설을 쓸 거야.

그러나 꼬박꼬박 통장에 찍히는 월급은 내가 하고 싶었던 것들을 가능하게 만들어 주었고 일 년에 두 번, 짧지 않은 방학은 월급과 함께 교직 생활을 쉽게 포기할 수 없게 만들었다. 가끔 마지못해 글을 쓰기도 했지만, 소설을 쓰려던 꿈은 서서히 현실의 뒤편으로 숨어 버렸다. 그러나 젊은 날 뜻을 두었던 문학의 길을 가지 못하고 교사로 살아가는 삶과, 글을 쓰지 못하고 보내는 여가 시간이 때때로 괴로웠다. 장거리 출퇴근을 하고 아이를 키우고 살림하고 양쪽 부모님들을 돌보아야 했다고, 늘 바빠서 미친년처럼 이리저리 뛰어다니는 삶이었다고, 내게 주어진 삶이 힘에 겨웠고 늘 피곤했다고 가끔 변명도 해봤지만, 시시때때로 자신이 쓴 책을 보내오는 시인들의 삶도 나와 다를 바 없이 바쁘고 힘들다는 걸 모르지 않았기에 변명하는 내가 비겁하고 못마땅했다. 현실과 문학에 발 하나씩을 걸치고 이러지도 저러지도 못하는 채 세월만 보내는 것에 대해 자주 자괴감에 시달렸다.

퇴직 후엔 읽고 쓰는 일 말고도 하고 싶은 것이 많았다. 동서양의 고전을 깊이 공부하고 싶기도 하고, 명리학을 끝까지 파 보고 싶은 마음도 있고, 신영복 민체를 열심히 써 보고도 싶고, 외국어 공부도, 여행도 더 많이 하고 싶고, 텃밭 농사도, 음식도, 살림도 잘해 보고 싶었다. 그러나 생각해 보니 이 일들은 내가 많은 시간을 투자했으나 무엇 하나 제대로 되지 않아 아쉬운 것들이었다. 어느 하나도 온전히 집중하여 끝까지 해 낸 것이 없고, 온 생을 걸고 매진해 보지 못했으므로 아무것도 이룬 것이 없다는 생각이 들었다.

버지니아 울프는 여성이 소설을 쓰기 위해서는 '돈과 자기만의 방'을 가지고 있어야 한다고 강조했다. '자기만의 방'에서 그녀는 오랜 세월 동안 여성들이 돈과 자유가 없이 얼마나 비참했는지에서부터 이야기를 시작한다. 셰익스피어에 버금가는 시적 재능과 꿈을 지닌 그의 여동생을 가정하여 16세기에 재능을 타고난 여성들은 왜 남성이나 평범한 여성들보다 불행했는지, 그녀들이 지적 자유와 재능을 발현할 기회도 없이 얼마나 쓸쓸하게 죽어가야만 했는지를 꼼꼼하게 증명한다. 그리고 오랜 시간에 걸쳐 나타난 훌륭한 여성 작가들은 창시자이면서 동시에 상속자이며, 그들의 존재는 여성이 자연스럽게 글 쓰는 습관을 지니게 된 것에 기인한다는 사실과 여성에 대한 제약에서 자유로워진 오늘날, 여성이 왜 글을 써야 하는지를 여러 장에 걸쳐 애원하듯 간절히 이야기하고 있다. 책을 읽으며 그녀의 간곡한 마음이 전해져 여러 번 울컥했다. 그녀의 채찍이 아팠고, 격려와 위로에 희망을 가졌다.

버지니아 울프가 내게 말했다. 당신은 대학에서 아무 제약 없이 교육을 받았고, 적지만 법적으로 소유한 재산이 있고, 전문직 일을 하고 이런저런 방법으로 연간 500파운드 이상을 벌 수 있었다고, 기회와 훈련, 격려, 여가 시간과 돈이 부족하다는 변명은 더 이상 효력이 없다고, 그러므로 이제 당신의 손에 쥐어진 약간의 시간과 책으로 배운 지식으로 대단히 길고 무척 고단하며 굉장히 이해하기 힘든 경력의 또 다른 단계에 착수해야 한다고. 당신이 무엇을 해야 하는지, 어떤 영향력을 가질지 제시하기 위해 수천수백 개의 펜이 기다리고 있다고, 오래전 시 한 줄 쓰지 못하고 젊은 나이에 쓸쓸하게 죽어간 셰익스피어의 천재적인 여동생이 육신을 입고 우리에게 걸어 나올 기회를 주라고. 우리가 연간 500파운드와 자기만의 방을 가진다면 그리고, 생각하는 바를 정확히 쓸 수 있는 용기와 자유의 습관을 지닌다면, 거실에서 살짝 탈출해서 인간의 존재를 언제나 서로와의 관계가 아닌 리얼리티와의 관계 속에서 본다면, 또한 하늘과 나무 그게 무엇이든 그것의 본질을 본다면, 그 기회는 도래하고 셰익스피어의 여동생이었던 그 죽은 시인은 너무나 자주 내려놓았던 육체를 입게 될 것이라고. 과거에 수많은 이름 없는 시인들의 삶에서 자신의 삶을 끌어와 그녀가 다시 태어나 일하길 수 있게, 가난하고 무명일지라도 그것을 위해 일하는 것은 가치 있는 일이라고. 보다 드높고 더욱 정신적인 너의 책임을 기억하라고.

남편에게 불만이 많은 친구가 그에게 나쁜 말을 하지 않는 66일 프로젝트를 시작했다고 한다. 66일 동안 한 가지 일을 지속적으로 반복하면 습관이 몸에 배어 굳이 애쓰지 않아도 일상에서 자연스럽게 행할 수 있다는 이론이라고 한다. 나도 한평생 이러저러한 핑계로 너무나 자주 내려놓았던 마음을 이제 단단히 붙잡고 책상 앞에 앉아 글을 쓰는 100일 프로젝트를 시작해 볼까 한다. 이제 나만의 방도 생겼으니, 핑곗거리도 없다. 간혹 오늘부터 다시 1일, 이라고 말하게 될지도 모르겠지만 어쨌든 오늘부터 1일이다.

나의 '영초언니'는 최,연,진,이다

박명순

서명숙, 『영초언니』, 문학동네

나에게 『영초언니』의 또 다른 이름은 최, 연, 진, 이다. 이름 한 글자마다 길게 한숨을 늘이켜야 발음이 가능한 글자이다. 1980년대 공주 지역 운동권의 대모 최연진은 50세를 채우지 못하고 세상을 떠났다. 장례식장에는 환하게 웃는 영정 사진이 걸렸고 지역 풍물패가 풍장을 울리고 있었다.

"나의 장례식은 축제이며 또 다른 만남의 장이 되었으면 좋겠습니다."

공주 지역 민주화 사회장으로 장례를 치르며 유언을 지켜야 한다, 안 된다 의견이 분분하다가 결국 풍물 소리는 멈췄다. 최연진은 장례식을 축제의 장으로 삼아도 좋다고 여길 만큼 통이 크고 고정관념에서 자유로웠지만, 살아 있는 자들은 그를 자유롭게 보내 주지 못했다.

최연진은 81학번으로 공주대학교에 입학했으나 한 학기도 채우지 못하고 '금강회' 사건으로 학교를 떠났다. 이후 공주대학교 앞에 '우리 글집'을 열고 사회과학 서적을 판매하고 학내 동아리를 지원했다. 1970~80년대에 대학교를 다닌 사람이라면 운동권 여학생에 대한 어떤 기억을 가지고 있을 것이다. 가짜뉴스로 도배된 운동권 여학생은 마녀사냥의 대상이 되어 입에 담지 못할 욕설을 받기도 했던 시절이다. 연극반 '황토'에서 만난 언니는 청아한 목소리만큼 운동권에 어울리지 않는 유미주의자이기도 했다. 언니의 노래 〈아다다〉를 한 번이라도 들은 사람은 아, 그 슬픈 목소리에서 피워 올리는 깊은 연민과 고움에 반하지 않을 수 없었다. 술자리에서는 노래, 술, 음담패설, 정감 깊은 독무대를 펼치는 스타였고, 생활의 장에서는 편안한 이웃사촌 같은 지도자였다. 연인처럼 눈이 부셨고, 때로는 친구처럼 정거웠으며, 동지처럼 든든했다. 언니의 아이들 새날, 새별과 같은 또래의 등현, 주현을 키우면서 학부모로, 이웃으로 조금은 멀찍이서 언니와 함께했다. 떠먹는 요구르트 하나도 손쉽게 집어 들지 못할 만큼 가난했으나 말소리 하나에도 아름다움이 넘쳐났던 사람, 최연진.

『영초언니』는 연진 언니처럼 절대로 잊어선 안 되는 기억들을 살려내기 위한 책이다. 그런 책이 있다. 그 책의 주인공이었던 것 같은 느낌. 기시감이라고 할까, 동질감이라 할까. 어쨌든 책이 나를 통과한 것인지 내가 책을 통과한 것인지 모를 만치 책 속으로 혼연일체가 되어 빨려 들어가는 정서를 경험할 때가 있다. 그러다가 책에서 빠져나와 정신을 차리면 후회와 자책의 시간이 이어진다. 아, 이 책은 내가 썼어야 했는데…. 그런 책이다. 서명숙이 시작했고, 영초언니라는 실존 인물을 그려 냈지만, 이 땅에 무수히 많은 망초꽃처럼, 같으면서 또 다른, 새로운 영초언니의 서사를 찾아내야 한다는 계시. 이 책은 그 서막이라 할 수 있겠다.

지은이 서명숙은 제주도 올레길을 개척한 것으로 유명하다. 그가 살았던 1970년대 대학 생활은 유신 헌법과 긴급 조치로 대변되는 폭력과 독재의 시대였다. 사회 참여를 통하여 지식인의 책무를 다하고자 하였던 대학생들에게 실천의 영역은 허용되지 않았다. 진실을 가리고자 귀를 막고 눈을 가렸던 서슬 퍼런 독재 정권에 굴복해야만 살아남을 수 있었던 시대였다. 그 시대를 겪었던 사람들에게 평생의 부채감을 심어 주었던 학생운동은 『아무도 미워하지 않는 자의 죽음』처럼 처절한 자기희생을 요구했다. 한 알의 밀알이 되고자 했던 고귀한 희생이었다.

학생운동의 의미를 굳이 말할 필요가 없을 만큼 군사정권의 폐해에 대하여 우리는 충분히 알고 있다고 생각한다. 하지만 여학생의 시선으로 바라보는 학생운동은 새로운 역사가 된다. 참신성의 차원을 넘어, 그동안 타자로서 대상화되었던 여학생을 주체로 복원하는 작업이 다양하게 진행되어야 한다. 이 책은 그 시도의 하나라고 보인다. 영초언니는 연합시위를 주도하고 긴급 조치법 위반으로 실형을 선고받았다. 민주화운동의 혜택은 전혀 누려 보지 못하고 음지에서 생활고와 병고로 생을 마감한 사람. 그의 이름을 기억하는 것은 민주화의 뿌리를 찾는 일이며, 미래의 희망을 포기하지 않는 일이다. 영초언니는 가장 위태로웠던 독재의 시대에 선두에서 총알받이가 되었던 사람의 이름이다. 모든 특권을 포기하고 스스로 민주화의 초석이 되었던, 이 땅에 살아 숨 쉬는 심장 같은 사람들의 대명사이다.

2017년 상영되었던 영화 〈1987〉에서조차 민주화운동의 구경꾼으로 그려진 여학생들이 이 책에서는 당당한 주인공으로 부활한다. 역사는 단순한 기록이 되어서는 안 된다. 누가 어떠한 목적으로 기록하느냐에 따라 똑같은 인물이 친일 매국노에서 애국지사로 왜곡되기도 한다. 그 대표적인 인물이 십팔 년 장기 집권을 했던 대통령이기도 하다는 걸 우리는 알고 있다.

『영초언니』를 읽으며 최연진을 호명한다. 이름도, 얼굴도 남기지 않은 뜨거운 가슴을 껴안는다. 역사를 바로 세우는 건 학자들만의 몫은 아니다. 우리가 우리 동네, 우리 골목길의 소중한 인연들을 기억하고 그 숨결을 기록할 수 있다면, 그 역시 역사를 바로 세우는 일에 동참하는 일이다. 공주의 길목 어딘가에 최연진의 표석이라도 새겨지길 소망한다.

나의 해방일지

박영순

|

정지아, 『아버지의 해방일지』, 창비

"세상천지에 느그 아브지처럼 불쌍한 사람은 업써야. 느그 아브지처럼 불쌍헌 사림은 입싸잉."

 환갑을 맞이하던 해, 열한 살 많은 남편을 먼저 떠나보내면서 엄마가 하신 말씀이다. 자식들이 장성하여 각자의 짝을 만나 가정을 이루고 아이들을 낳아 키우는 나이가 되어도 아버지에 대한 엄마의 푸념은 똑같았다. 오랜 세월 변함없는 억양으로 하시는 그 말씀을 들을 때마다 난 한 번도 반응을 하지 않았다. 다른 자식들도 마찬가지였으나 엄마는 관계치 않는다.

"깨까단 옷 한번 못 입어 보고, 평생 일만 하다가 니들 커서 잘 되는 것도 못 보고 죽었어야."

엄마 말씀이 맞다. 아버지는 노년에 천식을 앓으셨다. 숨이 차고 가래가 끓는 몸을 이끌고 돌아가시기 직전까지 농사를 짓고 산에서 나무를 해 오셨다. 자식들 안 굶기고 등 따숩게 재우기 위해서였다. 동이 트면 들에 나가 논을 둘러보는 걸로 하루를 시작하셨다. 농사철에는 점심 먹고 한 번, 저녁 무렵에 또 한 번, 매일 세 번씩 계속하셨다. 피 하나 없이 깨끗하고 농작물이 알맞게 잘 자라 주변의 논과 확연히 구별되어서 지나는 사람 눈에 확 띄는 논이 우리 논이었다. 농사지을 땅이 많지 않으니 아버지가 할 수 있는 온갖 정성을 다해 단위 면적당 수확량을 늘려야 여덟 식구가 먹고 살 수 있었다. 과하다 할 정도로 철저하고 꼼꼼한 아버지를 동네 사람들이 비꼬아 농학박사라는 별명으로 부르기도 했다. 아버지는 깨끗한 옷 입고 마땅히 갈 곳이 없었고, 시간도 없었다. 그렇게 농사일만 하시다 내가 대학교 3학년 때 세상을 떠나셨다. 늦게 얻은 자식들이 아직 자리를 잡기 전이었다.

나는 아버지가 싫었고 부끄럽기까지 했다. 아버지라는 사실을 부인하고 싶었다. 아버지는 너무 늙으셨고 늘 행색이 초라했다. 아버지 나이 쉰 살에 2남 3녀의 넷째로 태어난 내가 주변 상황을 조금 알아차릴 수 있는 나이가 되었을 때 아버지는 예순이 넘은 나이였다. 일찍 결혼하여 큰딸로 내 친구 혜련이를 낳은 삼십 대 초반의 혜련이 아버지에 비하면 아버지는 할아버지였다. 그런데다 오로지 농사일만 하시다 보니 몰골이 말이 아니었고 시대의 흐름을 따라가지 못하셨다. 뒷집 현남이네는 일찍 돌아가신 아버지를 대신해 큰오빠가 가장 역할을 했다. 가장이 젊고 세상 물정에 밝아 그 집이 부럽기도 했다. 우리도 아버지가 돌아가셔서 큰오빠가 가장이 면 좋겠다고 생각한 적도 있었다. 지나치게 성실하고 융통성이 없이 바르게 사시는 것도 답답하고 싫었다. 어린 소견에도 이자가 비쌌던 그 시절 풍년이 들어 여유가 있을 때는 쌀을 빌려주고 이자를 받아서 재산을 늘려 가면 좋을 것 같은데도 절대로 그렇게 하지 않으셨다. 혹시 쌀을 빌려주었는데 갚지 않으면 자식들 배 굶길 수 있다고 생각하시던 분이다. 다음 추수할 때까지 먹을 양식이 곳간에 쌓여 눈에 보여야 안심했다. 결정적으로 아버지를 싫어했던 것은 나를 사랑해 주시지 않는다고 느꼈기 때문인지도 모른다. 언니는 맏이라서, 오빠들은 아들이라서, 여동생은 막둥이라서 사랑과 대접을 받았지만, 순서상으론 네 번째요 성별로는 여자인 나는 항상 관심 밖이었다. 특히 큰오빠는 어린 나에게 신같이 느껴질 정도였다. 수치심과 서운함으로 쌓아 올린 벽이 아버지와 나 사이에 있었다. 고등학교 시절 객지 생활을 시작하면서부터는 내 삶에 아버지의 자리는 없었다. 대학교 3학년 봄날 갑자기 아버지의 부고를 듣고 멍하니 집에 내려가서 어른들이 진행하는 장례 절차에 구경꾼처럼 참여했다.

『아버지의 해방일지』에서 아리는 자본주의 사회에서 평생을 사회주의자로 살아가는 아버지, 빨갱이라는 멍에를 쓰고 경찰의 감시를 받아 가면서도 마을의 머슴을 자처하며 어려운 일을 앞장서서 처리해 주는 아버지, 〈새농민〉을 길잡이 삼아 지식으로 농사를 지으려는 어수룩한 아버지의 블랙 코미디 같은 삶을 이해하지 못했다. 전기 고문을 받아 아이를 가질 수 없는 몸이 된 아버지는 지리산에서 죽은 동지의 형인 한의사를 만나 그가 지어 준 약을 먹고 극적으로 마흔이 넘은 나이에 딸 아리를 낳는다. 부모의 더할 나위 없는 사랑 속에 자랐으나 아리는 빨치산의 딸로 살아야 하는 것도, 생활력이 없는 아버지도 싫다. 고향을 떠나 도시로 진학한 이후 아버지와 딸은 데면데면 지낸다. 전봇대에 머리를 박고 갑자기 돌아가신 아버지 장례식에 찾아온 사람들을 만나면서 딸은 비로소 아버지의 삶을 입체적으로 듣게 된다. 장례는 아버지를 이해하는 시간이었다. 빨치산도 빨갱이도 아닌, 매 순간 자신을 사랑했던 아버지를 만나 유골을 손에 쥐고 우는 아리가 참 부러웠다. 내 아버지의 장례식장에서 아버지의 삶을 이야기 해 주는 사람은 없었다. 엄마의 뱃속 깊은 곳에서 나오는 울음소리를 들으며 아버지에 대한 감정이 급속 냉동고 속의 물처럼 그대로 얼어 가슴에 시린 얼음으로 깊이 박힌 채 그렇게 아버지를 보내 드렸다.

교직 생활을 시작하고 남편을 만나 결혼하면서 겉으로는 안정적으로 자리를 잡은 듯했다. 하지만 원가족에 대한 수치심은 죄의식이 되어 나를 괴롭혔다. 이런 나에게 어느 날 아버지가 찾아오셨다. 인생에서 중요한 많은 일들은 의도하지 않는 우연한 기회에 찾아온다. 아버지와의 만남도 돌아가시고 나서 이십 년도 지난 어느 날 생각지도 않게 이루어졌다. 정신없이 돌아가는 학교에서 부산한 하루의 업무를 마치고 제2의 노동 현장인 집으로 퇴근하는 중이었다. 아파트를 불과 3~4킬로미터를 남겨 놓고 경사가 제법 급한 길을 차를 타고 올라가는데 갑자기 아버지 생각이 났다. 아버지 생각은 별로 반갑지도 유쾌하지도 않은 일이었다. 늘 그랬던 것처럼 생각을 털어 내기 위해 고개를 좌우로 전후로 돌려 보았다. 소용이 없었다. 장마철 갑자기 둑이 무너져 집안 가득 물이 들어오듯 온몸이 아버지로 가득 차고 말았다. 저항할 겨를도 없이 순식간에 일어난 일이었다. 뜨거운 기운이 가슴 속의 시린 얼음을 녹이며 밀고 올라왔다. 꺼이꺼이 올라오는 울음을 참을 수 없었다. 아파트의 울타리 밑 공터에 차를 세우고 아버지를 소리쳐 부르며 울기 시작했다. 아버지가 야속하고 서운한 옛 감정이 올라와 울었고, 아버지가 보고 싶어서 울었다. 정신을 차리고 나니 꽤 오랜 시간이 흘렀다. 두 손으로 눈물을 닦고 자동차 시동을 걸고 다시 출발하려는데 운전석 옆자리가 눈에 들어왔다. 내가 번 돈으로 평생 한 번도 입어 보지 못하셨던 깨끗한 옷 한 벌 사서 입혀 드리고, 내가 운전하는 차의 옆자리에 태워서 여행 한번 시켜 드렸으면 얼마나 좋았을까? 다시 차에 시동을 걸고 집에까지 가는 짧은 시간 동안 아버지가 옆자리에 앉아 있는 것 같았다.

그날 집에 먼저 와 기다리고 있는 내 아이들을 더 오래 꼭 안아 주었다. 결혼하고 처음으로 남편에게 아버지 이야기를 오래 들려주었다.

차별의 상흔

정현숙

김혜진, 『딸에 대하여』, 민음사

차별에 대한 이야기다. 대학의 지식 노동자로 살지만 제대로 생존하기 어려운 딸을 지켜보는 엄마의 시선으로 이야기한다. 일하고 또 일하는 여성들의 이야기. 소설의 화자인 엄마는 교사를 그만둔 후 교습소, 도배, 유치원 통학버스 운전, 보험 세일즈, 구내식당 일 등 한 번도 일을 쉬어 본 적 없는 여성이다. 그러나 일을 할수록 더 나은 노동 조건이나 벌이를 기대할 수 있기는커녕 더 나쁜 조건과 낮은 벌이의 일을 전전할 수밖에 없는 처지가 되어 간다. 현재는 요양 보호사로 일하고 있다.

공부를 잘했던 딸은 엄마의 기대만큼 직업적 성취를 이루지 못한다. 동성애를 주제로 한 강의를 했다는 이유로 대학에서 일방적으로 해고당한 동료 강사를 위해 나섰다가 욕을 먹고 다니는가 하면, 급기야 엄마가 보는 앞에서 시위대를 혐오하는 사람들의 폭력에 다치기까지 한다. 엄마는 애가 탄다. 똑똑한 딸은 여러모로 성공적인 삶을 살 거라 믿어 온 엄마에게 도무지 이해하기 어려운 상황을 안겨 준다. 일찌감치 독립한다며 나가 살던 딸은 경제적으로 쪼들리게 되자 엄마 집으로 들어오는데 혼자가 아니다. 데리고 들어온 레인이라는 여성, 레인은 딸의 연인이다. 언제 어디서나 좋은 사람으로 살려고 애써 온 엄마는 딸에게 좋은 사람이 될 수 없어 괴롭고 또 괴롭다.

잘 키운 딸 하나 열 아들 부럽지 않다고 믿었던 엄마였다. 딸이 불안정한 생활을 하는 것도 못마땅한데, 세상의 비웃음과 가혹한 차별을 각오해야 하는 삶 속으로 성큼성큼 걸어 들어가고 있다. 남들처럼 결혼을 통해 안온한 삶을 살기 바라는데 왜 하필 혐오의 극단에 설 수밖에 없는 사랑을 선택하는지, 공부를 너무 많이 시켜서 딸아이가 잘못된 것 같다고 생각한다. 딸이 현실을 직시하고 평범하게 살아가기를 바라는 엄마지만 천천히 딸의 세계로 가까이 다가서게 된다.

차별에 대한 사유는 늘 아릿하다. 내 안에 있는 차별의 기억은 도리없이 수시로 덧나고 만다. 나는 딸이라서 차별받으며 자랐다. 특히 엄마의 차별은 공기처럼 있었다. 유년의 기억이 윗목처럼 느껴지는 건 어린 마음속에 엄마가 없었기 때문인 것 같다. 엄마는 왜 차별하는 사람이 되었을까? 엄마 역시 딸로 태어나 차별을 받고 자랐기 때문일 것이다. 결혼한 여성이 새로운 가족의 어엿한 구성원으로 존재할 수 있게 해 주는 아들에게 깊은 애착을 갖는 것은 당연한 일이었을 것이다. 딸을 다섯이나 낳고 어렵사리 얻은 아들에 대한 엄마의 애착을 이해하려는 마음과 달리 엄마의 차별은 꾸준히 나를 화나게 했고, 두고두고 삶 속에서 나를 넘어뜨리는 상처로 작동하였다. 딸이어서 영문도 모른 채 차별받고 자란 딸은 차별에 민감한 어른이 되었다.

엄마는 지금도 차별하기를 멈추지 않는다. 자식에 대한 베풂의 행위에서조차 딸은 가볍게 배제해 버린다. 내가 기억하는 한 나만을 위한 오롯한 사랑은 없었다. 아들은 하나니까 챙겨야 한다는 말을 종종 꺼낸다. 예나 지금이나 엄마의 그 당연한 마음에 맞닥뜨릴 때마다 안개 자욱한 수렁에 한 발을 빠뜨린 기분이 든다. 언니들은 엄마 세대에선 흔한 일이라며 포기한 것처럼 말하는데 엄마의 차별은 쓸쓸한 노년의 시간을 낳았다. 딸들은 자주 안부를 묻고, 엄마의 생활을 돌보지만 다정한 사이가 없다. 그래도 엄마는 여전히 굳건하다. 멀리 살아서 볼 일이 드문 아들을 오매불망 그린다.

차별이 남기는 상처는 두고두고 그 사람을 갉아 먹는다. 나는 알고 있다. 차별의 상흔으로 느닷없이 무너져 내리는 자존감과 오랜 씨름을 하는 사람들이 많다는 걸. 말간 얼굴을 하고 살아가는 것 같아도 생채기를 끌어안고 울고 있는 시간이 많다는 걸. 어떤 이름으로든 차별하면 안 될 이유가 여기에 있다. 그러함에도 세상은 앞다투어 새로운 차별을 만들어내고 있다. 성, 외모, 학력, 빈부, 장애, 나이, 지역 등. 차별의 이유와 층위는 날로 세분화되고 공고해진 느낌이다. 차별은 나쁜 거야, 그건 안 되지, 말은 그렇게 하면서 실상 독점적 우위를 점하라고 온갖 수단을 동원하여 자식을 이끈다. 그렇게 자란 아이들이 다다를 인식의 지평엔 어떤 풍경이 기다리고 있을까? 이율배반적인 선택 속에서 배우고 자라는 아이들이 타인을 순수한 마음으로 존중할 수 있을까? 그렇게 자란 아이들은 본능적으로 느낀다. 한순간 삐끗하면 차별받을지도 모른다는 불안을. 그들이 끝없는 욕망의 레일 위에서 헉헉거리면서 질주하다가 힘이 빠지면 어떻게 될까?

한편, 엄마는 자신이 돌보는 환자 젠에게서 딸의 미래를 보는 것 같아 더욱 괴롭다. 젠은 젊은 날 해외에서 공부하고, 한국계 입양아들을 위해서 일하고, 한국에 돌아와서는 이주 노동자들을 위해 일하였다. 치매에 걸려 요양원에 들어왔지만 돌봐줄 가족 한 명 없다. 엄마에게 젠은 '젊은 날의 그 귀한 힘과 정성, 마음과 시간'을 아무 상관도 없는 이들에게 '함부로 나눠준' 사람이다. 자기 딸처럼 똑똑한 젠이 남들이 살아가는 방식으로 삶을 꾸리지 않고, 자신이 꿈꾸는 세상을 위해 재능과 열정을 쏟아부은 결과 비참힘을 면치 못하는 치매 노인으로 쓸쓸히 숙어간다는 사실에 더욱 힘들어한다.

나는 내 딸이 이렇게 차별받는 게 속이 상해요. 공부도 많이 하고 아는 것도 많은 그 애가 일터에서 쫓겨나고 돈 앞에서 쩔쩔매다가 가난 속에 처박히고 늙어서까지 나처럼 이런 고된 육체 노동 속에 내던져질까 봐 두려워요. 그건 내 딸이 여자를 좋아하는 것과는 아무 상관이 없는 일이잖아요. 난 이 애들이 잘할 수 있는 일을 하도록 내버려두고 그만한 대우를 해 주는 것. 내가 바라는 건 그게 전부에요.

소설 말미에 드러난 엄마의 속마음이다. 다른 삶을 살아갈 거라 믿어 의심치 않았던 똑똑한 딸이 이 땅의 여성들이 불평등한 구조에 갇혀 신음했듯, 힘겹게 살아가게 될까 봐 두려웠던 것이다. 너나없이 이 땅의 딸들은 늘 누군가를 위해 일하고 또 일하고, 누군가를 돌보는 노동을 하고 있지만 그만한 인정과 대우를 받지 못했다. 아무리 세상이 달라졌다 해도 여성은 아직도 차별에 취약한 존재인데, 설상가상으로 극단적 차별과 혐오가 뒤따를 사랑을 당당히 드러내려 하는 딸이라니 걱정이 태산이었다. 그러나 딸과 레인의 진실한 관계성을 발견한 엄마의 생각은 조금씩 바뀌어 간다. 누구에게나 좋은 사람으로 살려고 노력해 왔는데 정작 소중한 딸에게 좋은 사람이 될 수 없어 괴로웠던 엄마가 차별하는 마음에서 해방되어 가는 모습은 뭔가 뭉클하다.

소설을 쓰는 동안엔 누군가를 이해하는 것이 불가능하다고 생각했던 것 같다. 이해라는 말 속엔 늘 실패로 끝나는 시도만 있다고 생각한 기억도 난다. 그럼에도 누군가를 향해 가는 포기하지 않는 어떤 마음들에 대해 생각하지 않을 수 없었다.

'작가의 말'에 쓰여 있는 내용이다. 페미니즘 담론이 일반화된 것 같지만 자칫 잘못 건드렸다가는 벌집 쑤신 결과를 맞이할까 봐 모두가 망설이고 있을 때, 작가는 페미니즘을 소재로 한 이야기를 군더더기 없이 펼쳐 냄으로써 차별 앞에 선 우리를 깊은 눈으로 바라보게 만든다. 그리하여 피해 갈 수 없는 질문들이 이어지게 만든다. 곧 영화가 제작된다는 소식을 들었다. 감독은 어떻게 이 작품을 풀어 낼까 궁금하다.

엄마의 그림책

김분희

김미경, 『그림 속에 너를 숨겨놓았다』, 한겨레출판

　서울 인왕산 아래 높고 낮은 대로 이어진 연립주택과 촘촘히 기와를 올린 지붕, 그림자 내린 골목길을 펜으로 꼭꼭 눌러 그린 서촌 옥상 화가 김미경의 그림 속을 따라가다가 어린 시절 고향집과 마주했다. 너르지도, 좁지도 않게 적당해서 계절 따라 곡식들이 쌓였다가 야무지게 갈무리되던 흙 마당, 겨울 간식 홍시를 내어주며 해마다 커 가던 감나무가 있었다. 우린 그 아래서 왕관 모양 꽃목걸이와 팔찌를 만들었다. 두리반 앞에 앉아 식구들이 밥을 같이 먹었고 고단한 들일로 곤히 잠든 엄마, 아버지 코 고는 소리를 들으며 동생과 함께 식구들 틈에 끼어 잤다. 깨어나면 어느덧 아침햇살이 환하던 큰방, 낮은 황토벽 시골집 마루 위 처마에 닿을 듯 생뚱맞게 덩그러니 올라가 있는 냉장고, 어쩌다 아궁이 밑불 끌어 내어 자반 고등어 굽던 바닥 깊은 정주간이 떠오른다.

하늘거리는 인왕산 진달래 그림이 정겹다. 꽃잎 너머가 비칠 만큼 투명한 봄빛 속에 핀 진달래를 참꽃이라고도 했다. 진달래가 핀 봄이면 날마다 냇가 건너 앞산을 뛰어오르던 기억이 아득하다. 어른들 앞에서 순하고 말이 없던 나는 아이들 속에서는 가끔 용기를 내기도 했다. 마을 건너 먼 산등성이를 달리던, 참꽃을 한아름 꺾어 안고 신나던 그때의 기분이 느껴지며 저절로 웃음이 난다. 분홍빛 그림과 어릴 적 기억이 이어지며 그냥 행복하고 기쁘다. 그림 속 진달래가 그 봄날의 따뜻함으로 토닥여 주어 숨이 다소곳해지고 마음이 놓인다.

옥상 화가의 그림 전시회를 보러 온 사람이 이미 팔린 작은 그림을 사고 싶어 한다. 비슷한 다른 그림을 권하여도 "이 그림이 좋아요.", "저도 설명하기 힘들어요. 제 맘 깊은 곳을 쿵! 하고 건드리는 것 같아요." 한다. 꼭 그 그림을 사고 싶은 마음이 헤아려진다. 지나온 시간 어딘가에 두고 온 것을 기억나게도 하고, 지금 이 시간 내 옆에서도 꽃과 나무는 피어나 곁을 지키고 있다고 다독거려 주는 것 같다. 그리움에 눈물이 나면 '그를 보듯 나를 보고 고운 꽃 닮은 사람 곁에서 나무처럼 의연하게 살아 보라.' 위로한다. 지금 너의 그림을 그리며 살라 한다.

고향집에 홀로 계신 친정 엄마에게 자주 시간을 내어 다녀오려고 하며 살고 있다. 친정으로 가는 길은 그리운 마음과 미안한 마음과 걱정스러운 마음들이 모여 발걸음이 무거울 때도 있다.

"바쁘게 일하고, 노는 날에나 집에서 편히 쉬지, 힘들게 뭐 하러 왔노!"

야단치는 말투와 다르게 엄마의 얼굴은 반가움으로 환하다. 부산한 시절이 지나간 엄마는 마당 안 텃밭을 자식 돌보듯 하며 하루 세 시간 다녀가는 요양 보호사와 텔레비전과 친구 하며 이제야 한가하다. 얼마 전부터는 색칠 공부에 재미를 붙이셨다. 치매 예방에 도움이 될까 하여 색칠 공부 그림책을 사 드렸는데, 정성껏 색칠하여, 보기에 근사한 그림을 완성해 내서서 몇 권 더 사다 드렸다. 단순하게 색만 칠하는 게 아니라 꽃잎이 입체적으로 보이도록 덧칠도 하고 부드러운 휴지로 살살 문질러 그러데이션 효과를 내기도 하며 그럴듯하게 그리신다. 나에게 보여 주며 자랑도 하신다. 젊어 홀로 되신 외할머니의 착한 외동딸인 엄마는 학교 졸업장이 없다.

"엄마! 외가는 일꾼을 두고 농사를 지었으면 부잔데도 왜 엄마만 학교에 안 보냈대?"

"니 외할매가 그러라니까 그래야 되는 줄 알았제."

밭일하고 남동생들을 돌보며 논일하는 일꾼들 밥을 지어 나르던 소녀. 학교 다니는 오빠의 몫까지 집안일을 감당해 내던 어린 어른이었던 우리 엄마.

"와! 엄마 정말 잘해. 진짜 꽃처럼 참 곱다. 전시회 해야겠어. 엄마가 학교를 다녔으면 화가도 되었겠어!"

엄마는 흐뭇한 웃음을 짓는다. 주름 가득한 엄마의 얼굴이 화사하다. 언제나 당신보다 가족이 먼저였던 엄마는 오늘도 조금씩 더 아름다운 사람이 되어 간다. 대문 앞 작은 꽃밭 그림을 그리는 작가를 부러워하던 집주인 할머니가 일흔일곱에 그림을 그리는 책 속의 이야기는 엄마의 숨은 마음 같아 애틋하다. 엄마에게 드릴 하얀 스케치북을 사서 친정 나들이를 가볍게 가야겠다. 색칠 공부 책에 그려진 그림을 색칠하는 정성으로, 엄마가 그리고 싶은 엄마 자신의 그림을 그릴 수 있기를 바란다.

옥상에서, 골목길에서, 광장에서, 오래 바라보며 온종일 여러 날 정성을 다하여 그린 책 속의 그림을 찬찬히 들여다보며, 어느 날은 따뜻하게, 어떤 날은 먹먹하게, 내 그리움을 쓰다듬을 수 있게 되었다. 보고 싶은 얼굴이 그림 옆에 오래 머물다 갔다. 혼자일 때 친구가 되어 주기도 한다. 그림과 이야기를 따라가며 나의 숨은 그림을 찾아간다. 무엇으로 사는지 알듯말듯 한 채로 그냥 살아가는 나는 그림을 보고 또 보며 소중히 책장을 넘긴다. 엄마가 감당하며 걸어 온 삶의 그 길을 따라 나도 나의 그림과 이야기를 찾아 살아갈 수 있을 것 같다.

불우不遇한 천재, 불후不朽한 시

박명순

장정희, 『옥봉』, 강

작가와 독자의 만남이나 작가와 작품의 만남은 귀한 인연이다. 어느 순간 그 만남은 운명처럼 찾아온다. 부끄럽지만 이 소설을 읽기 이전 옥봉은 내 안에 존재하지 않았다. 뒤늦은 만남이 주는 곡진한 뜨거움을 한꺼번에 쏟아 내듯 밤을 새워 책을 읽었다. 오랜만에 희로애락의 감정에 몰입한 시간, 눈은 피곤했으나 산사에서 맞이하는 새벽처럼 가슴 깊은 곳까지 청량한 바람이 휘돌았다. 옥봉의 눈물과 분노와 뼈아픈 고통의 시간이 시로 승화되듯 그의 삶을 재구성한 장정희의 필력이 주는 카타르시스의 효과였다.

옥봉의 시와 삶과 죽음을 다룬 소설가 장정희는 십여 년간 자료를 찾아서 글을 다듬었다고 한다. 그러면서도 계속 긴가민가 조바심으로 출간을 미루다가 우수 출판물 콘텐츠에 선정되어 책을 세상에 내놓을 수 있었다고 한다. 장정희는 고등학교에 근무하면서 소설집 『홈, 스위트 홈』, 느림에 관한 여행 에세이 『슬로시티를 가다』를 발표했을 때만 해도 무명 작가였다. 뇌출혈로 쓰러졌다 기적적으로 회생하여 오랜 교직 생활을 작품으로 녹여 낸 청소년 소설 『빡치go 박차go』, 『사춘기 문예반』으로 독자층을 넓히고 있다.

옥봉은 허난설헌, 황진이와 함께 거론되는 조선 시대 최고의 시인이다. 허균과 신흠이 그의 시를 높이 평가했다. 소실이 된 나이가 열다섯 살이므로 죽은 나이는 대략 서른다섯 살 안팎이라고 추측한다. 옥봉이 남긴 시는 모두 32편인데 1704년숙종 30에 조원의 후손인 정만正萬의 손에 의하여 『가림세고嘉林世稿』의 끝에 부록으로 편입돼 오늘날까지 전하게 됐다. 그의 시는 대부분 이루어지지 못한 사랑을 주제로 하며, 「규정閨情」과 남편에게 보낸 「증운강贈雲江」 등이 대표 작품으로 서론된다.

작가는 옥봉을 불우한 삶, 불후한 시로 조명한다. 허난설헌이나 황진이를 다룬 소설이나 영화를 만난 적이 있지만, 이토록 가슴앓이하지는 않았다. 1920년대 활동했던 여성작가 나혜석, 김명순, 김일엽의 삶과 작품을 대하는 아픔과 옥봉에게 느끼는 아픔은 결이 달랐다. 소설이 만들어 낸 살아 있는 숨결과 문체의 아름다움이 주는 고통의 생생함 때문이다.

명종과 선조 시대에 걸쳐서 실존했던 인물 옥봉과 남편 조원 그리고 전해지는 시를 현대판으로 버무려서 빚어 낸 소설은 웅혼하면서도 곡진하게 가슴 아린 사연을 담아 낸다. 문학사에서는 허난설헌의 한시와 황진이의 시조를 최고의 작품으로 거론함에 인색하지 않다. 조선시대의 시는 사대부들에게 벼슬을 위한 수단이거나 학문을 닦고 성정을 다듬기 위한 보조품 같은 것이라 말해도 지나치지 않을 것이다. 그러한 사대부의 작품을 제치고 황진이나 허난설헌의 시를 고평하는 것은 근대 이후 문학이 가르침이나 학문의 깊이가 아닌 인간의 개성이나 정념이 지닌 곡진함을 중요하게 보기 때문이다. 특히 왕권 사상이나 봉건제 의식에 대한 비판의식이나 자아의식의 확고함을 높이 살 때 사대부의 시가 지닌 한계는 명확했다. 이를 벗어난 자유 분방함 그리고 인간적 아픔과 그리움, 모성애와 외로움의 정조 등 다양성을 지닌 시는 대부분 여성의 작품이었다. 그들은 무명 작가로서 사설시조나 구전 가사, 민요 등 수많은 작품을 남겼다. 기녀나 소실, 역적의 후손으로 고통받았던 황진이, 옥봉, 허난설헌의 작품 역시 그와 동병상련의 계열이라 할 수 있을 것이다.

단지 시를 썼다는 이유만으로 남편 조원에게 버림받고 용서를 구하다가 굶어 죽을 처지가 된 옥봉은 족쇄였던 삶을 포기한 채, 작가로서의 실존적 자각을 감당한다.

시를 쓰리라! 내 삶을 조문하기 위해, 오직 나에게 바치는 글이어야 한다. 어차피 시와 함께 다 할 삶. 더는 부질없는 기약에 매달리지 않으리. 다시는 애걸하지 않으리. 내 삶을 증명하기 위해서 나는 쓰리라. 서녀로서 첩실로서 온전하지 못했던 내 삶에 온점 찍어 주기 위해 기어이 써야만 하리. 옥봉은 찬 바람에 시큰거리는 어깨 위로 이불을 뒤집어쓰고는 붓을 쥔 손을 가만가만 놀리기 시작했다.

버들 숲 강 머리에 임이 오시나, 말 울음소리
반쯤 취한 듯 깨인 얼굴로 다락 앞에 내리시네
임 그리다 여윈 얼굴 거울 보기도 부끄러워
매화 핀 창가에 앉아 반달눈썹 그려 봅니다.
　　　　　　　　　- 「흥에 겨워 임에게 그리다」 전문, 4언 절구 번역

1400년대 시인 옥봉과 2021년 우리가 만나는 시간이다. 옥봉은 그렇게 자신의 목숨을 버리면서 사랑하는 사람과 시에 대한 열정을 불태웠다. 들기름을 먹인 시를 온몸에 감고 스스로 바다에 뛰어들었으며 훗날 시가 중국에서 발견되었다 한다. 작가의 말을 소개한다.

처음 시를 몸에 감고 물에 빠져 죽은 여인의 이야기를 접한 순간, 온몸에 소름이 일었다. 그게 사실이든 신화적인 상상이든 중요하지 않았다. 때는 반상班常과 남녀의 구분이 엄혹한 조선 시대, 왕실의 계보를 잇는 집안에서 서녀로 태어나 시 짓기에 뛰어난 재능으로 자신의 이름을 스스로 짓고, 자신의 눈높이에 맞는 남자를 선택해 그의 첩으로 살았던 여인. 하지만 여자의 목소리가 담장을 넘으면 안 된다고 믿는 시대에 여인의 재능은 커다란 족쇄가 됐다.

장정희 작가의 필력과 문학에 대한 열정만큼 부러운 게 있다. 그는 잘 걷는 사람이다. 발가락에 물집이 잡히고 피가 날 때까지 걷고 나면 정신이 맑아진다고 한다. 언젠가 폭설이 내려 버스가 다니지 않는 담양의 산골짜기를 택시로 이동하다가 그를 만났다. 커다란 가방을 들고 걷는 모습이 안쓰러워 태워 주려고 하니 걷고 싶어서 남편의 차에서 내렸다고 하지 않는가. 한두 시간이면 걸을 수 있는 거리인데 왜 그 생각을 못했을까. 망설이지 않고 차에서 내려 함께 걸었다. 미끄러워 몇 번 넘어지기도 했지만, 뽀드득 소리를 내며 밟는 숫눈의 느낌은 완벽한 황홀감 그 자체였다. 그의 글을 읽으면 하염없이 내리는 눈길을 위태롭게 걷던, 그러나 당당함과 자유로운 영혼이 담긴 그 시원시원한 발걸음이 느껴진다. 옥봉의 삶은 불우했지만, 그의 시는 우리에게 남아 있다. 작가에게 그 이상의 것을 바랄 수는 없다는 생각이 든다.

돈이 필요 없던 시절

김영희

나가시마 류진, 『돈이 필요 없는 나라』, 샨티

　나가시마 류진의 『돈이 필요 없는 나라』를 읽으면 올더스 헉슬리의 『멋진 신세계』와 존 레논의 '이매진'이 생각난다. 나가시마 류진이 꿈꾸는 세계에서는 식당에 가서 음식을 먹거나 찻집에 가서 차를 마셔도 돈을 낼 필요가 없다. 슈퍼에서도 그냥 필요한 물건을 들고나오면 된다. 집도 그냥 준다. 모든 게 다 공짜다. 뭔가 다른 것으로 그 대가를 치를 필요가 전혀 없다. 그 나라에서는 무엇이든 자신이 하고 싶은 일을 하며 살면 된다. 일을 안 한다고 뭐라 하는 사람도 없다.

　이 나라에서 청소부 일을 하며 사는 어떤 이는 '넓은 거실'에 '여러 사람이 앉을 수 있는 편안한 소파와 테이블', '술처럼 보이는 고급스러운 음료

수병과 색다른 모양의 유리컵', '거대한 화면의 입체 텔레비전'이 있는 집에 혼자 산다 '그'는 여인들을 만나고 아이들도 만들지만, 조용히 사는 것이 좋아 함께 살지 않는다. 그 나라에는 사람들을 구속할 어떤 조직이나 제도, 법이 없다. 결혼이나 가족이라는 개념도 없다.

고등학교를 마칠 때까지는 살아가는 데 돈이란 건 그다지 중요하지 않다고 생각했다. 학비 외에는 크게 돈이 필요하지 않았다. 초등학교 4학년 때였다. 학교 갔다 돌아오는 길에 큰오빠를 만났다. 대전에서 밥벌이를 하고 있던 오빠는 오랜만에 만난 동생이 반가웠는지 오십 환을 주고 갔다. 1960년대에 그 돈은 적지 않은 돈이었지만 난 이 돈을 이리저리 굴리다가 그냥 잃어 버리고 말았다.

어렸을 땐 새 옷에 대한 거부감이 있어서 늘 입던 옷이나 물려받은 언니 옷이 편했다. 어쩌다 생긴 새 옷은 벽에 며칠씩 걸어 놓고 보다가 눈에 익숙해진 뒤에야 입기 시작했고 한번 입으면 철이 다 가도록 그 옷만 입었다. 방학 때, 서울 사는 큰언니네 가면 흑석동 시장에 가서 옷을 사 주곤 했다. 큰언니가 사 준 옷 중에 분홍 꽃무늬 블라우스는 끝내 낯설어서 입지 못했다. 중고등학교 때는 학교 갈 때나 외출할 때는 교복을 입었고, 집에서 입는 옷 외에는 다른 옷은 별로 필요 없었다.

돈의 필요성을 크게 못 느끼고 살았던 이 시절이 다른 가족들에게는 전혀 다른 세상이었다. 집안일을 돕던 큰언니는 스무 살에 시집을 갔고, 그 밑으로 세 오빠는 초등학교만 마치고 친척 집에 얹혀살면서 기술을 배우거나 가게 심부름을 하는 걸로 사회생활을 시작했다. 두 살 위인 둘째 언니는 월사금을 안 냈다는 이유로 졸업장도 못 받은 초등학교를 마치자마자 친척 집에 식모로 떠돌다 열여덟 살부터 타월공장에 다니게 되었다. 나보다 다섯 살 어린 막내는 중학교에 입학했지만 둘은 공부시키기 어렵다는 큰오빠 말에 나 대신 학업을 포기하고 통조림 공장을 다니다 열네 살 때부터 둘째 언니가 다니는 타월공장에 취직했다. 그때 막내가 엄마와 함께 길을 가다가 이층집 옥상을 가리키며 '저기서 떨어지면 죽을까?'라고 슬픈 목소리로 말했었다는 이야기를 엄마한테서 나중에야 들었다. 막내는 결혼해 두 딸을 다 키우고 나서 대학에 입학했다. 난 미안한 마음에 학비를 보탰고, 지금은 전국을 다니며 인문학 강사로 활동하고 있다.

'돈이 필요 없는 나라'였다면 우리 가족은 이 고생을 안 하고 모두 행복하게 살았을지도 모르겠다. 가족이란 개념이 없으니 서로가 서로를 위해 희생하거나 원망할 일도 없고. 그런데 그 세계는 20퍼센트의 사람들이 진심으로 바라면 이루어질 수도 있다고 지은이는 말한다. 그의 계산법이 맞았으면 좋겠다. 하지만 그런 생각을 진심으로 하는 사람이 20퍼센트가 되게 하는 방법이 있을까? 그리고 그 나라는 나라여서는 안 되고 전 세계여야만 가능하다는 게 문제다.

오키나와 국제거리에 가면 '울랄라'라는 서점이 있다. 일본 본토 대형서점 직원이었던 '우다 도모코'라는 이가 직장을 그만두고 변방인 오키나와에 헌책방을 열었다. 그 과정을 책으로 낸 것이 『오키나와에서 헌책방을 열었습니다』이다. 그 서점을 찾은 저자의 지인이 '독립 축하'라고 적은 작은 종이 한 장을 선물한다. 그 종이에 적힌 일본 엔카 '돈돈절'의 가사 일부가 책에 나온다. '돈은 좋은 것이다'라는 소제목 부분에.

돈돈절

돈이야 돈돈 돈돈돈이야

돈이야 돈돈 이 세상은 돈이야

돈이야 돈이야 누가 뭐래도

돈이야 돈이라구 황금만능

- 소에다 아젠보

이런 노골적인 가사가 21절까지 계속된다. 4절에는 '술도 돈이라면 여자도 돈이다. 하느님도 부처님도 스님도 돈이야'라는 부분은 빨간 줄이 그어져 있었다. 대형서점의 직원이었던 이가 헌책방 주인으로 독립했으니 장사 잘해서 돈 많이 벌라는 덕담인 듯하다. 사람이 두어 명만 들어가도 꽉 차는 책방에 앉아 있는, 속세를 초월한 듯 도도해 보이기까지 하는 표정의 '우다 도모코'를 직접 만나 보면 그 지인이 왜 이런 노래 가사를 선물했는지 바로 알 수 있다.

돈은 아무런 잘못이 없다. 무엇이든 필요 이상으로 쌓아 두려는 인간의 욕심이 문제이다. '돈이 필요 없는 나라'를 가끔 상상해 본다. 하지만 꿈은 짧고 현실은 길다. 내년에는 연금이 조금 더 많이 오르기를 바라 본다.

그때 부르지 못한 노래

김영희

|

능행, 『우리 봄날에 다시 만나면』, 김영사

아버지는 1973년 12월 23일에 세상을 떴다. 어쩌면 22일 늦은 밤이었을지도 모른다. 알콜 중독으로 인한 병이 깊어져 술을 못 마시게 된 때부터 집에만 머물게 되었고 밤마다 아프다고, 나 죽는다고 소리를 질렀다. 그때마다 늘 어머니가 곁에 있어 주었다. 하지만 22일 밤, 어머니는 건넌방에서 아버지가 아무리 소리를 질러 대도 꿈쩍도 하지 않았다. 나는 그저 어머니도 이제 지쳐서 모르는 척하는가 보다 했다. 나는 이유를 알 수 없는 무서움에 휩싸여 밤새 변소도 못 가고 숨을 죽이고 있었다. 그 당시 변소는 재래식으로 밖에 따로 있었다. 그때 집에 있던 작은언니도, 막내도 꼼짝 못 한 채 밤이 지났다. 다음 날 아침 눈이 하얗게 내린 마당을 쓸고 있는데 어머니가 아버지 방을 열어 보더니 "네 아버지 죽었다."라고 말했다. 그날 밤 어머니도 이상하게 무서워서 한 발짝도 움직일 수 없었다는 건 나중에 알았다.

1917년생인 아버지는 소학교 때 공부를 잘해 나라(?)에서 주는 상을 받고 졸업했지만 상급 학교 진학은 못 했다. 할머니가 밤에도 등불을 켜 놓고 농사 일을 할 정도로 부지런하고, 한 푼이라도 생기면 절대 쓰지 않고 꽁꽁 숨겨 놓을 만큼 알뜰했지만 끼니를 때우기도 어려운 형편이라 공주 농고에 소사로 취직해 돈을 벌었다. 할아버지는 늘 술에 빠져 있었고 술주정도 심했다. 집안의 장남이었던 아버지는 견디다 못해 일본 군대에 자원 입대해서 만주로 간다. 하지만 만주의 살육 현장을 다녀오면서 정신의 반이 무너져 버린다. 자원 입대의 대가로 얻은 것은 경찰직과 음주의 시작이었다.

그래도 경찰이라는 신분과 나쁘지 않은 외모 덕분에 스물일곱 살의 나이에 열아홉 살의 어머니와 벚꽃이 흩날리는 계절에 결혼한다. 1944년생인 큰언니는 아버지가 업어 준 적도 있고, 아침에 경찰서에서 정복 입고 조회하는 모습이 그렇게 근사할 수가 없었다고 자랑처럼 말하곤 한다. 하지만 이런 생활도 6·25를 겪으면서 완전히 무너지게 된다. 전쟁이 나자마자 아버지가 받은 명령은 빨갱이로 수감되어 있던 사람들을 즉결 처분하고 철수하라는 것이었다. 지서 주임이라는 직책으로 명령을 수행한 아버지의 정신은 그 후 완전히 무너져 내렸고 얼마 못 가 경찰직에서 쫓겨났다. 물론 정상적인 일상생활도 끝나게 된다.

형제, 처가, 친인척은 물론 은사한테까지도 술값을 얻으러 다니며 술을 마셨다. 작은아버지들은 그런 형이 견디기 어려워지면 신생원이라는 정신 치료소 같은 곳으로 보냈다. 신생원이라는 데가 기독교 단체에서 운영하는 곳이었는지 술에 취하면 가끔, '며칠 후 며칠 후 요단강 건너가 만나리'하는 찬송가를 불렀다. 거기서 몇 달 정도 있다 집으로 돌아오면 사나흘은 멀쩡한 상태로 지냈다. 하지만 얼마 못 가 음주와 폭력, 밤샘 잔소리가 다시 시작되고 결국은 집을 나간다. 그렇게 반복되던 술과 함께 한 생활은 간경화를 얻으면서 끝났다.

능행 스님은 삼십 년을 시한부 인생을 사는 이들을 돌보고 있다. 그리고 그때 죽음의 문턱에 선 사람들과의 이야기를 책으로 엮어 낸 것이 『우리 봄날에 다시 만나면』이다. 죽어 가는 이들을 돌보다 스스로가 죽을 고비를 넘기기도 하고 달아나고 싶어하기도 했지만, 스님은 울산에 호스피스 전문병원을 세우면서 자리를 굳히게 된다. 죽어 가는 사람들의 원과 한, 고통, 미련 등을 보듬으면서 마지막 가는 길이 조금이라도 편안하기를 소원하는 스님의 여러 이야기 중에 아버지와 비슷한 사례가 있다. '한국 전쟁 때 전장에 나가 수많은 사람을 죽였다고 괴로워하던 할아버지' 편이다. 그 역시 죄책감에 술과 폭력으로 평생을 보냈고 죽음을 앞두고는 악몽에 시달린다. 마지막까지 힘들어하며 몸부림치던 할아버지는 능행 스님의 보살핌 속에 생을 마감한다. 그리고 스님은 '할아버지가 부디 생의 끝자락에서 자기 자신을 용서하고 떠났기를' 바란다.

아버지의 장례식은 집에서 치러졌다. 거센 눈보라와 맹추위 속에서. 이

승을 떠나는 순간까지 아버지는 평온하지 못했다. 그렇게 집 근처 야산 한 구석에 묻혔다. 2008년 어머니가 돌아가시고 몇 년 뒤 화장해서 어머니와 함께 납골당으로 모셨다.

아버지가 병으로 누워 있을 때 나와 동생을 불러들여 노래를 시켰다. 나에게는 찬송가를 하나 불러 달라고 했다. 미션스쿨을 다니고 있었지만, 종교를 강요하는 학교 측의 행태에 대한 반발심과 아버지에 대한 미움으로 똘똘 뭉쳐 있던 중2에게는 무리한 요구였다. 내가 왜요? 하고는 방을 나왔다. 동생은 남아서 '송아지'를 불렀다고 한다.

그때 '내 영혼이 은총 입어' 1절이라도 불렀으면 아버지 영혼이 조금이라도 중한 죄짐을 벗고 당신 자신을 용서하는 데 보탬이 되었을까?

손이 '마음'을 쓰기 시작했다

박명순

|

윤이주, 『마음』, 무늬

『마음』을 읽을 때 나를 들여다보는 시간은 느릿느릿했고 세상을 바라보는 눈에는 물기가 맺혔다. 내 동통설음과 일상의 분주함이 얼마나 덧없고 하찮은 것이었나를 생각하며 불필요한 겹겹의 장막들이 하나하나 걷히는 신비로움을 체험했다. 이 작가는 어떤 삶을 살았을까? 궁금증이 일었다. 표지의 이력을 보아도 구구절절하게 자신을 드러내는 표정이 없다. 청주에서 오래도록 부부가 책방을 운영하며 지역 독서 모임, '북클럽 체홉'을 이끌어왔다는 것, 최근에 공주로 이사 왔다는 얘기를 한 다리 건너 들었다. 한두 번 만남의 기회가 있었지만, 말수가 적고 수줍음을 타는 조용한 사람이라는 인상이 전부였다. 시시콜콜한 사연을 늘어 놓거나 과장을 곁들여 자신의 작품이나 이력을 광고하는 유형이 아니었다. 맑은 눈빛과 차분한 음성만으로 신비한 매력이 느껴지고 호기심을 불러일으켰다.

책을 읽으면서도 비슷한 분위기를 느꼈는데 조목조목 해설하면서 이야기를 이끌어 가지는 않는다. 처음부터 끝까지 궁금증을 유발하고 다양한 상상력을 자극하지만, 직선적인 해답으로 이끌지 않고 곡선의 질문으로 꼬리를 물며 이어지는 풍요로움의 세계를 펼쳐 낸다. 평이한 언어를 사용하면서도 시적 비유가 넘치는 분위기로 독자를 매혹시켜 작품으로 끌어들이는 것이다. 대재앙, 세계의 종말과 살아남은 자들의 다양한 소통 방식, 새로운 인류의 출현이라는 드라마틱한 전개가 한없이 차분하면서도 아름다운 서정적 분위기로 전개된다. 작품의 매력은 특히 본질적인 삶의 회복을 위한 성찰을 유도하는 문장에서 유감없이 발휘된다. 문장 하나하나가 시처럼 긴밀하면서도 아름답고 함축적이어서 더하고 뺄 수 없는 완벽한 화음을 이룬다. 시로 읽어야 할지 산문으로 읽어야 할지 처음부터 끝까지 불가사의한 비밀의 열쇠를 만지작거리는 기분이어서 당황스럽기도 했다. 형식 실험의 난해함이나 표현의 기이함, 그런 새로움과는 전혀 다른 표정의 낯섦이었다.

엄마의 기록물을 찾아서 읽고 해석하고 엄마를 이해하는 과정을 통하여 지금까지와는 전혀 다른 가족, 사랑, 소통의 방식을 다룬다는 점에서 종말 소설이 아닌 무소유와 공동체 유토피아 소설을 지향한다고 볼 수 있다.

이 책을 처음 읽었을 때의 고요함이나 경건한 기도문 같은 간절함이 되살아난 건 2020년 코로나로 한없이 뒤숭숭한 분위기 때문이었다. 결코 예전의 일상으로 돌아갈 수 없을 거라는 불안감으로 칼춤을 추는 소란스러운 세상의 삶에 대하여 깊이 성찰해야 한다는 절박감이었다.

지구의 종말을 현실로 받아들인다는 건 집문서를 도둑맞고 동장군이 기승을 부리는 혹한의 빙판길에 맨몸으로 쫓겨나는 것처럼 가혹하고 억울했다. 기후 변화의 위기나 환경 문제에 문외한은 아니었지만 어떻게든 해결할 방도가 있을 것으로 여겼다. 당장 코앞에 닥친 문제로 생각하기 싫었던 것이다.

저자는 지구의 종말과 다시 시작하는 지구의 희망이라는 무거운 주제를 시적 문장으로 펼쳐 낸다. 무거움과 가벼움의 조화가 독자에게 선물하는 즐거움과 깨달음의 시간은 오롯이 작가의 필력에서 비롯된다. 책을 읽는 시간에 만나는 인물과 그들의 상념은 바람처럼, 햇살처럼 먼 듯 가까운 듯 쉽게 잡히지는 않는다. 하지만 분명히 나를 감싸고 있으며 내 안으로 스며든다. 편편을 음악처럼 흐르는 문장들의 한 대복을 골라본다.

온전한 숲이었다. 숲엔 백만 가지의 초록이 뒤섞여 있었다. 거기에 깃든 백만 마리 새들의 입엔 그 다채로운 음영의 초록이 물려 있었다. 싱그러운 바람이 얼굴을 핥았다. 안타깝게도 이 온전한 곳에 나와 그 외에 더는 사람이 없었다. 숲이 뿜어 내는 이 상쾌한 공기를 단둘이만 맡는다는 게 낭비며 사치 같아서 처음에 나는 숨을 조심스럽게 끊어 쉬었다.

바람이 실어 나르는 독으로 대부분의 생명체가 죽고 건물이 무너졌음에도 살아남은 존재들이 있다. 독이 죽일 수 없는 사람들이 대재앙 이후 새로운 세상을 여는 것이다. 이들의 특성을 저자가 명확히 밝히지는 않았지만, 비유와 알레고리로 우리의 삶에서 가장 중요한 것이 무엇인가를 일깨운다. 그 하나가 숲으로 느껴진다. 숲이 의미하는 건 자연과 공존하겠다는 인간의 겸허함과 관련이 있을 것이다. 글자가 없어지는 설정이 나오는데 말과 글과 마음의 상관관계에 대한 상념을 이끌어 낸다. 작가의 상상력과 기발한 표현들이 주는 재미가 주제의 무거움을 칙칙하지 않게 파고든다. 전체적으로 책의 내용은 환幻과 상상력과 명상의 이미지가 지배적이다. 하지만 그 안에는 시골길의 흙냄새가 배어 있고 청명한 가을 햇살의 온기가 명랑하게 울려 퍼진다. 등장인물이 엮어 나가는 그리움과 사랑과 새로운 세상에 대한 갈망은 이 소설이 종말을 향하는 것이 아님을 재삼 확인하게 해 준다. 작가가 오마주 하는 리처드 브라우티건의 『워터멜론 슈가에서』를 함께 읽기를 권유한다. 책의 마지막 문장이 오래도록 마음에 남아 적는다.

"손이 마음을 쓰기 시작했다. 마음이 손을 풀어 주고 있었다."

누구도 우리를 실격시키지 못한다

박명순

김원영, 『실격당한 자들을 위한 변론』, 사계절

실격당한 자들을 떠올려본다. 경기를 치른다거나 시험을 준비했지만 어찌조치 할 수 없는 사람들. 실격이란 사격을 상실한다는 의미이다. 운동 경기의 경우에는 약물 복용을 했다거나 몸무게가 초과된다거나 규칙과 어긋나서 경기 자체를 할 수 없는 경우를 말한다. 자신의 부주의나 실수 또는 규칙 위반이 아니라면 어떨까? 자신의 의지, 노력과 관계없이 무조건 '실격' 판정을 받는다면?

저자 김원영은 변호사이면서 예술인이고 작가이다. 그는 골형성 부전증 지체장애 1급으로 열다섯 살까지 병원과 집에서만 생활하며 검정고시, 장애인 특수학교를 거쳐 서울대학교 로스쿨을 졸업하였다. 국가인권위

원회에서 일했으며, 장애문화예술연구소 '짓'에서 연극배우로 활약하기도 했다. 남다른 이력으로 소외된 존재와 함께 나누는 감성과 권리를 적극적으로 표현하는 삶을 살고 있다. 이 책은 장애인으로 태어난 것 자체가 잘못이고 손해이며 실격인, 그런 존재로 취급하는 세상에 어떻게 대항해야 할까에 대한 저자의 고민 백서이자 실천 고백이다. 장애를 진단해 내지 못한 산부인과 의사에게 손해배상을 청구(잘못된 삶$^{wrongful\ life}$ 소송)하는 민사 소송이 실제로 있었다고 하는데, 저자는 반대로 묻는다. 태어나지 말았어야 할 삶이 있겠는가?

골형성 부전증은 매우 고통스러운 질병이다. 사소한 충격으로 뼈가 부러지는 일상 속에서 저자는 자신처럼 고통받으며 살아온 사람들을 위한 변론을 준비한다. 책의 내용은 그만큼 설득력이 있다. 「권리의 발명」이라는 챕터에서 다루는 장애인 이동권은 1955년의 '몽고메리 버스 승차 거부' 운동을 생각나게 한다. 호텔, 런치카운터, 화장실에서부터 고용 문제에 이르기까지 흑백 분리 차별을 자행하던 시대처럼 장애인들의 이동이 제한되고 있기 때문이다. 오로지 피부 색깔이 다르다는 이유로 차별받는 시대는 지났지만, 휠체어나 이동식 워커가 신체의 일부인 사람들은 여전히 이동할 권리를 침해당한다. 장애인이 수월하게 버스, 지하철을 이용할 수 있도록 해야 하는 건 배려가 아니라 당연한 권리라는 것이 바로 '권리의 발명'이다. 장애인 가족과 함께 살 집을 설계한다면 어떻겠는가.

마곡사에 위치한 한국문화연수원에 갔을 때의 첫인상이 그랬다. 워커를 이용해야 하는 동생이 이동할 수 있는 최소 장치가 없었다. 계단과 건물 곳곳의 턱이 누군가에게는 넘을 수 없는 벽이 될 수도 있음을 전혀 배려하지 않았다. 나중에 그 건물이 승효상이라는 유명 건축가의 작품이라고 해서 더욱 놀랐던 기억이 있다. 멋진 카페나 좋은 미술관에 갔을 때도 비슷한 감정을 느낄 때가 있다. 아, 동생과 함께 올 수는 없겠구나.

'품격과 존엄의 퍼포먼스'는 '존중의 상호작용'과 같은 의미인데 연극 용어 '퍼포먼스'를 사용하여 구체적 상황에서의 역할을 보다 실감 나게 제시한다. 아이를 갖고 싶어 하지만 아이가 없는 대학 동기 앞에서 육아가 화제가 되었을 때 신속하고 자연스럽게 화제를 돌리는 친구, 시한부 선고를 받은 가족 앞에서 평소처럼 대화를 나누며 저녁 식사를 하는 가족들, 카페 옆자리에서 시끄럽게 소음을 내는 자폐 아동에게 무관심하다는 듯 아무렇지 않게 책으로 눈길을 돌리는 대학생, 이들은 모두 연기가 품고 있는 의도를 공유한다. 배려해서 하는 행동이라는 걸 서로 안다. 아픈 사람도 아프지 않은 사람도 함께할 날이 얼마 남지 않았음을 알면서도 평범한 일상을 조금이라도 더 함께하고 싶기에 농담을 주고받으며 저녁 식탁에 마주 앉는다. 자폐 아동의 부모는 소란 속에서도 태연히 책을 읽는 대학생이 무관심한 척 연기를 하고 있다는 걸 안다. 서로를 인격체로 존중하는 상호작용은 실재를 공유하면서 그 존중을 강화한다. 부모는 모르는 척해 주는 익명의 대학생이 고마워서 그를 존중하며, 자신을 존중하려 애쓰는 자폐아 부모의 노력을 아는 대학생은 더더욱 무심한 척 책으로 눈길을 돌린다. 타인이 나의 반응에 다시 반응하는 존재라는 사실을 인정할 때 우리는 타인을 존중하게 되며, 나를 존중하는 타인을 통해 나 자신을 다시 존중하게 된다.

'퍼포먼스'는 일종의 역할극, 연기 같은 것이다. 신체적, 정신적 어려움을 지닌 사람을 위해서 타인이 할 수 있는 최선의 방법은 존중과 배려일 것이다. 인간은 누구나 불완전한 존재이다. 이 점을 단 한 순간이라도 망각한다면 타인에 대한 존중은 가능하지 않을 것이다. 이 책을 접하면서 나의 게으름과 무지에 대한 깨달음이 쏟아졌다. 저자의 말을 새겨 본다.

우리는 존엄하고, 아름다우며, 사랑하고 사랑받을 가치가 있는 존재이다. 누구도 우리를 실격시키지 못한다.

상자들과 함께, 상자 속에서

최은숙

I

안톤 체호프, 『상자 속의 사나이』, 문학동네

아름답다는 게 뭘까? 안톤 체호프의 단편집 『상자 속의 사나이』에 실린 「구스베리」를 읽다 보면 농장주 알료힌네 집의 하녀 펠라게야가 등장할 때마다 아름답다는 수식어가 따라붙는다. '아주 아름다운 젊은 여자', '아름다운 펠라게야는 부드럽고 우아하게 움직여', '예쁜 펠라게야가 부드러운 미소를 지으며', '어여쁜 펠라게야가 소리 없이 돌아다니며'… 등. 알료힌을 방문한 두 명의 러시아 남자 중 한 명이 펠라게야와 키스하겠구나, 하는 생각이 절로 든다. 얼마만큼 상상할 수 있는가, 얼마나 다양하게 볼 수 있는가, 거기에 소설을 읽는 맛이 있다고 소설가 친구가 말했다. 끝까지 키스 신은 나오지 않았고 말 많은 남자, 이반 이바니치가 장장 다섯 페이

지나 잡아먹는 설교를 늘어놓은 뒤 설마, 했더니 정말로 소설이 끝나 버렸다. 이럴 거면 펠라게야가 왜 그렇게 아름다워야 했던 걸까? 생각하는 나에게 내가 깜짝 놀란다. 펠라게야가 부드러운 미소를 머금고 우아하게 움직이며 하는 일은 비바람을 피해 들어온 손님들이 갈아입을 옷을 챙겨 주고 따뜻한 차를 내주고 쾌적한 잠자리를 마련해 놓고, 즉 남자들의 시중을 드는 일이다. 소설 속에서 다만 그렇게 소모되어 버리고 말 인물이 이다지도 아름다울 일인가? 어여쁜 여성의 외모는 필연적으로 남성의 사랑을 불러온다는 짐작이 스스로 당황스럽다. '사랑'을 하지 않는 하녀는 아름다울 필요가 없다고 생각한다는 말인가, 내가?

「구스베리」 읽기는 '내 생각이 이렇다고?'의 연속이다. 구스베리가 뭔데 니콜라이라는 인물이 그렇게 집착하는지 찾아보았다. 투명한 포도알 같달까, 동그랗게 생긴 그냥 과일이었다. 니콜라이 이바니치는 이반의 동생인데, 이반의 말에 따르면 자신의 땅을 갖고 농장을 경영하겠다는 꿈을 위해 시종일관 극단적으로 절약하는 세무서 공무원이다. 시골에 은둔하려는 인텔리겐치아를 이반은 비판한다. 인간의 자유로운 영혼은 지구 전체, 자연 전체의 광활한 공간, 좀 더 구체적으로 말하면 복잡한 인간사 안에서 모든 자질과 개성을 구현할 수 있다는 것이 이반의 생각이다. 좀 특별한 것은 니콜라이가 자기 영지의 설계도에 꼭 필요한 항목으로 구스베리를 넣는다는 것이다. a) 주인집, b) 바깥채, c) 텃밭, d) 구스베리, 하는 식으로. 세월이 흘러 니콜라이는 마침내 땅을 마련하고 구스베리 스무 그루를 사서 심은 뒤 어엿한 지주이자 귀족으로서 나리 마님이라 불리는 삶을 시작한다. 형제가 모처럼 만난 저녁, 식모가 처음으로 수확한 구스베리를 내오자, 니콜라이는 감격에 겨워 허겁지겁 구스베리를 먹어 대며 감탄을 남발하는데 형이 먹어 보니 시고 딱딱할 뿐이었다. 이반은 니콜라이와 같은 부류의 인간을 혐오하며 연민한다. 동생의 인생을 전달하는 이반의 이야기는 길어도 너무 길어서 그의 이야기를 꼼짝없이 듣고 있는 소설 속의 인물, 교사 부르킨과 농장주 알료힌의 지루함이 어떨지 감정이입이 될 정도였다. 이반은 '자신의 염원을 확실히 실현한 인간, 인생의 목표를 성취하여 자신이 바라던 것을 얻고, 자신의 운명과 스스로에 대해 만족하는 인간'의 행복이란 것에 대해 슬픔과 절망에 가까운 괴로움을 느꼈다고 토로한다. 이반의 주장을 한마디로 정리하자면, 행복은 전체를 보지 않고 자기의 영역에서 자신의 안위만을 위해 사는 이들의 기만에 지나지 않는다는 것이다. 불행한 사람들이 짊어진 불공정과 불이익이 아니면 그 행복은 가능하지 않다는 것.

「상자 속의 사나이」와 「구스베리」, 「사랑에 관하여」는 한데 묶여 '소小 3부작'으로 불린다. 서로 연관된 세 명의 화자가 이야기 속에서 다른 누군가의 이야기를 하는 방식으로 공통 주제를 풀어나간다. 그 '누군가'인 인물들이 가진 공통점은 '갇혀 있다'는 것이다. 한 사람은 사회적 규범이라고 믿는 자신의 규범 때문에 죽었고, 또 한 사람은 그로 인해 사랑을 잃었다. 한 사람은 영지를 갖겠다는 생의 목표를 위해 모든 것을 포기한 대가로 마침내 그저 그런 농장을 마련하여 맛없는 구스베리를 먹으며 살아간다.

안톤 체호프는 개그 본능이 있는 것 같다. 이반은 마치 개인적인 부탁을 하는 것처럼 (하품을 깨물고 있었을 것임에 분명한) 알료힌의 손을 잡고 온몸으로 호소한다. 나는 늙어 할 수 없으니 젊은 당신이 선한 일을 하라고. 눈앞의 행복에 기만당하지 말라고. 그의 간절한 몸짓과 갑자기 손을 잡힌 알료힌의 난감한 표정이 동시에 떠오른다. 더 재미있는 건 그토록 고매한 설교를 한 이반이 침대에 눕자마자 곧장 잠들어 버리는 것이다. 정작 이반의 이야기를 끊으며 자리를 정리한 부르킨은 심사가 복잡해서 잠을 이루지 못하는데 말이다. 게다가 이반이 탁자 위에 놓아 둔 파이프에서 담뱃진 냄새가 지독하게 나는데 그것도 부르킨의 잠을 방해한 요소였을 것이다.

    나는 디테일에 진심이 있다고 느끼는 편이다. 일상에서 타인을 배려하지 못하는 언변은 공염불에 불과하다고 본다. 이반은 강으로 이어진 알료힌의 야외 목욕탕에 흠뻑 반해서 시간 가는 줄 모르고 첨벙거리며 수영을 한다. 비는 내리고 수련은 흔들리고 물은 맑고 시원하다. 그는 부르킨과 알료힌이 이미 목욕을 마치고 자기를 기다리고 있다는 사실을 잊어 버린다. 동생의 소시민적 욕망을 그렇게도 비판하는 사람이 도리어 즐겁고 아름다운 순간을 100배 즐기지 않는가? 미녀가 보아 준 쾌적한 잠자리에 눕자마자 잠드는 것도 이반이다. 이중적이다. 정말 그런가? 이반은 부정적 인물인가? 소설가 친구에게 배운 대로 생각을 또 해 본다. 아름다움을 부정할 수밖에 없는 사람도 아름다움에 맞닥뜨리는 순간 저절로 세포가 열리는 것을 어찌지 못할 수도 있을 것이다. 그만 물에서 나오라든가, 이제 잘 시간이라든가, 그 이야긴 맥락에서 벗어났다든가, 번번이 이반의 지나친 흥분을 깨고 제어하는 부르킨처럼 질서를 잡는 선생님들만 있다면, 일어나야 할 일만 일어난다면, 단정하고 올바르기만 하다면, 그 세상은 어떤 모습일까? 「상자 속의 사나이」와 「구스베리」, 「사랑에 관하여」 세 편을 연달아 읽고 나면 '네가 비판하는 장면 속의 그 사람들처럼 너 역시 너의 상자를 뒤집어쓰고 다니는 사람'이라는 말이구나, 하고 생각하게 된다. 물론 아닐 수도 있다. 그 상자가, 그 편협함이, 그 안쓰러움이 바로 인간다움이다, 그런 말인 듯도 싶다.

나의 상자는, 이런 것일 거다. 부르킨은 너무 그러지 말아야 해. 숨이 막히잖아! 이반, 당신은 파이프를 밖에 내놓는 조그만 실천도 못 하면서 웬 설교야? 펠라게야, 좀 더 당신이 존중받을 만한 일을 해요. 언제까지 남자들 시중만 들면서 청춘을 낭비할 거야? 알료힌, 잘했네요. 사람으로서 친구의 아내를 사랑할 순 없죠. 그러나 당신 인생에 비난을 무릅쓰는 아픈 사랑 같은 것은 없겠네요. 이런 네모난 생각들.

한 사람의 내면을 이루는 깃들은 너무나 다양하고 세상은 그 다양한 이들이 모여 삶을 진행하는 곳이다. 어느 땐 민폐를 생각하고 어느 땐 나의 즐거움에 몰입하고 어느 땐 양심을, 또 어느 땐 욕망의 손을 잡는, 수많은 가능성 속의 나를 「구스베리」에서 읽는다. 그 복잡미묘함이 영화도 되고 문학도 된다. 그리고 우린 거기에서 아름다움을 발견한다.

4부

다시 만나는 길, 담, 문

흙에서 시작한다

이훈환

I

토비 헤멘웨이, 『가이아의 정원』, 들녘

지금 사는 집으로 이사한 것이 2008년 1월이다. 청양 칠갑산 자락의 작은 농촌에서 시골일이가 시작되었다. 뒤뜰에서 산으로 오르는 언덕에 서른 평 정도, 밭을 일구어 먹을 만한 땅이 있어서 간단한 채소를 심었다. 처음 이사 와서는 집 주변을 정리하느라 시간 가는 줄 몰랐고 삼 년쯤 지나니 근처에 있는 세 필지 500평 정도의 묵정밭이 눈에 들어왔다. 밭 주인한테 이야기하고 농사를 시작했다. 매실나무를 100여 평 심고 나머지 밭에는 채소와 잡곡 종류를 심었다. 묵혀 둔 땅이라 농약이나 비료를 쓰지 않은 것이 맘에 들었다. 어려서 시골에서 자랐고, 일이 몸에 배어 일은 어렵지 않았다.

처음엔 우리 식구들 먹을 것을 자급자족한다는 마음으로 시작했다. 나무로 틀을 만들어 채소를 심고, 괴산 자연농업학교에서 배운 대로 쌀겨를 발효시켜 퇴비를 만들었다. 땅이 점점 살아나고, 토질이 좋아졌다. 도시에서 자란 아내는 농사가 처음이라 씨앗을 뿌리면 싹이 돋아나고 자라는 것을 신기해하고 즐거워했다. 우리는 농사짓는 방법에 대해 자부심을 느꼈다. 자급자족이 목표였지만 채소는 충분히 먹고도 항상 남았다. 아내가 주변 아는 분들과 나누면 어떻겠느냐고, 좋은 사람들과 나누어 먹자고 했다. 그렇게 조금씩 나누는 채소를 받던 분들이 어렵게 농사지은 것을 그냥 먹을 수 없다고 하여 꾸러미를 시작하게 되었다. 얼마만큼 회비를 내고 그때그때 제철에 나오는 수확물을 매달 받는 것인데 계절에 따라 꾸러미가 커지기도 하고 작아지기도 했다. 가꾼 것도 있지만 쑥, 냉이, 달래처럼 자연이 주는 선물이 담기기도 했다. 내가 농사지은 것을 귀하게 여기고 맛있게 드시는 분들이 정말 고마웠다. 그러나 정식으로 꾸러미를 시작하니 매달 물건을 내야 하고 심는 작물의 종류가 점점 많아졌다. 꾸러미가 몇 년 간 이어지면서 농사 규모도 커진 데다 어머니께서 농사짓는 500평 정도 되는 밭도 차로 20분 정도 오가며 거들어야 했다.

2017년, 32년간의 교직 생활을 접었다. 아침 일찍 출근 준비를 해야 할 시간에 밭에 나가 일하다가 초등학교 버스가 지나가는 것을 느긋하게 지켜보곤 했다. 퇴직하기 몇 년 전에 산자락에 1,500평 정도의 밭을 사 놓은 것이 있었다. 30여 년, 농사를 짓지 않은 땅이라 큰 나무들이 많았고, 낙엽이 썩어서 생태적으로 최상의 땅이었지만, 계단식이고 경사가 심하여 트

랙터나 관리기를 이용하기 어려웠다. 중장비를 들여 평평한 밭으로 만들고, 100평짜리 비닐 하우스 한 동을 지었다. 좋은 흙은 다 파헤쳐 묻어 버리고, 생땅에 농사지으려니 쉽지 않았다. 지금도 아쉽다.

퇴직하고 육 년째다. 농사처도 늘어 지금은 밭만 3,000평 정도 된다. 농약이나 제초제, 화학비료를 사용하지 않고 농사를 지으려니 몸과 맘이 지칠 대로 지치게 되었다. 수확량도 적고, 환금도 되지 않았다. 투입 대비 소출은 항상 마이너스였다. 당연히 노동 임금은 없었다. 아내는 그러려고 퇴직했느냐고 수없이 항의하며, 농사를 줄이라고 했다. 농부 자식으로 자랐고, 어려서부터 부모님이 어렵게 일해서 자식들을 키우는 것을 보고 자란 나는 농토를 놀리는 것이 쉽지 않았다.

그런데 어느 날 청양 농업기술센터가 유기농 강좌를 열었다. 거기 참여하면서 도시농업 관리사 공부도 했다. 땅을 만드는 것이 농사에서 가장 중요하다는 것을 깨달았다. 그리고 매일매일 힘든 농사일을 하면서 전형적인 농부의 생활을 하고 있는 나를 발견했다. 이건 아닌데….

나를 걱정한 아내가 농사를 적게 지을 수 있는 방법을 찾다가 '퍼머컬처'라는 말을 접했다. '퍼머컬처'라는 책이 거실 책꽂이에 오래전부터 꽂혀 있었지만 한번 빼 보지도 않았다. 퍼머컬처 farmer culture? 농부의 문화겠지 하고 짐작했다. 그러나 퍼머컬처 permaculture = permanant agriculture는 지속 가능한 농법(영속농법)을 이야기하는 책이었다. 퍼머컬처에 한번 Feel이 꽂힌 아내는 기어이 퍼머컬처를 교육하는 곳을 찾아냈다. 강원도 영월에 가서 1박 2일의 교육을 받고, 2020년 봄에 돌을 트럭으로 몇 차나 골라서 농사짓기 좋게 만든 산밭을 다시 장비를 들여 퍼머컬쳐 농장으로 조성했다.

5월에 농장을 조성하고 나니, 7, 8월 장마에 흙이 깎여 내려갈 것 같아 걱정이었다. 비가 많이 내리면 차를 타고 농장으로 달려갔다. 사람이 다닐 수 있도록 깔아 놓은 우드칩(나무조각)이 물에 둥둥 떠다녔다. 교육받을 때는 솔깃하여 '이것이야, 이렇게 하면 되겠구나' 하고 혹했지만, 실제 상황에 처하고 나니, 마음에 들지 않았다. 두둑이 높아 작물을 심기에도 불편하고, 풀이 많이 나서 일일이 낫으로 베어 주어야 했다. 후회하면서 투덜거리기도 했다. 그래도 앞서 성공한 사례들이 있으니 좀 더 기다리자, 이왕 저지른 일, 제대로 알고 해 보자 결심하던 중에 『가이아의 정원』을 읽게 되었다.

자연을 닮은 생태 정원을 디자인하는 '퍼머컬쳐 디자인'에 대해 단계적으로 설명하는 책이었는데 몇 페이지 읽다 보니 지난해, 영월에서 교육받은 '퍼머컬쳐 디자인'의 내용이 모두 나와 있는 것이 아닌가? 진작 공부했으면 시행착오를 줄일 수 있었을 텐데. 1부 '생태계로서의 정원'에는 열쇠 구멍 모양 두둑, 허브 나선 구조, 나뭇잎 모양 패턴, 가장자리 효과 등 생태 정원 디자인이 설명되어 있고, 2부 '생태 정원을 이루는 요소'에서는 흙살리기와 유기물과 표토의 중요성을 말하고 있었다. 표토에 유기물이 많을수록 미생물이 많이 번성하게 되고 살아 있는 토양이 된다. 토양 생물은 유기물을 식물이 재활용할 수 있도록 부식시켜 주는 매우 중요한 역할을 한다. 목질 쓰레기를 이용하여 토양을 조성하는 방법, 토양 피복의 효과, 웅덩이를 이용하여 물을 저장하는 방법, 등고선을 따라 두둑을 만들어 물의 유실을 적게 하는 방법, 집수장을 이용하여 물을 저장하는 방법을 배울 수 있었다. 식물이 다양한 용도로 쓰이는 것을 예로 들고, 피복 식물, 질소 고정 식물, 영양소 축적 식물의 이용에 대해서도 안내했다. 3부 '생태 정원 만들기'에서는 다양한 섞어짓기를 통해 식물 간의 영양소 경쟁을 피하고 병해충을 줄이는 방법을 알려 준다.

어디서부터 시작해야 할까? 책은 '흙에서 시작하라'가 답이라고 한다. 자연은 스스로 일한다. 벌거벗은 땅을 싫어한다. 인간은 대량 생산을 위하여 단일품종을 대량 재배한다. 그러려면 매년 땅을 갈고, 비료를 넣고, 병해충 때문에 농약을 써야 한다. 농사는 매우 고귀하고, 지구 온난화의 주범인 이산화탄소를 줄이는 데도 효과적이라고 생각한다. 지금까지는 어렵게 몸으로 때우는 식의 농사를 지었다. 이제 시간이 길리너라도 '자연을 닮은 농장'을 만들어 이 책에 나오는 것처럼 거두어들이기만 할 수 있는 퍼머컬처 농장이 되기를 희망한다.

토양을 조성하고, 유용한 식물들이 성숙하도록 돌보고, 익충과 새, 그 밖의 야생동물이 나타나기를 기다리는 일에는 모두 노력과 시간이 든다. 그리고 우리의 관점을 각각의 부분만을 보는 정적인 시각이 아니라 자연의 상호 연결성에 입각한 방향으로 바꾸는 것이야말로 가장 큰 장애물이 아닌가 한다. 그렇지만 당신이 투자하는 초기의 노력은 후한 보상을 받을 것이다. 해먹에 누워서 과일나무를 고른 선견지명에 감동하고, 주위에 감도는 여러 향기에 취해 당신이 만든 경관이 어딘가에서 한 조각의 농지를 자유롭게 하고 있다는 생각에 편안함을 느낄 때면, 당신이 투자했던 노력은 기억에 떠오르지도 않을 것이다.

그날을 꿈꾸며.

기본소득당에 투표를

원미연

|

오준호, 『기본소득이 세상을 바꾼다』, 개마고원

    30여 년을 근무한 직장에 명퇴를 신청한 이 년 전 봄, 나는 어린 아들을 데리고 코로나로 오랜 입국 금지가 막 풀린 말레이시아 페낭행 비행기에 몸을 실었다. 직장 생활을 하면서 늘 꿈만 꿔오던 '해외에서 일 년 살기'를 하러 떠난 것이다. 사실은 퇴직하면 모든 것을 잊고 일 년간은 혼자 자유롭게 세계를 여행하는 것이 오랜 염원이었는데, 아직 학교에 다녀야 하는 어린 아들을 동반하고 정처 없이 떠돌 수는 없는 일이어서 차선책으로 말레이시아에서 일 년 살기로 방향을 바꾸었다. 아이를 동반하게 되면서 혼자만의 시간을 보내려던 계획이 조금 어긋나긴 했지만 계획했던 일 년의 시간을 훨씬 초과하면서 작은 휴양지에서 이 년 가까운 시간을 자유롭게 보내고 돌아왔다.

늘 어깨를 짓누르던 직장도 연로한 부모님도 시댁도 남편도 물리적으로 멀리 떨어진 낯선 나라에서의 생활은 더운 날씨와 입에 잘 맞지 않는 음식에도 불구하고 두꺼운 옷을 벗고 갈아입은 휴양지의 옷처럼 가볍고 시원했다. 아침 일찍 아이를 학교에 보내고 나면 곧바로 운동복으로 갈아입고 달리기를 하러 나갔다. 한 시간 가까이 뛰다 걸으며 운동하고 땀에 흠뻑 젖어 돌아오면 샤워하고 책상 앞에 앉아 책도 읽고 간간이 블로그에 글도 썼다. 의무적으로 출근해서 일하지 않으니 청소도 음식을 만드는 일도 설거지도 그다지 힘들고 부담스럽지 않았다. 간간이 아이를 데리고 여행도 했지만, 대부분 시간은 아무것도 하지 않고 삼십 층 아파트 베란다에서 멀리 바라보이는 푸른 바다를 멍하니 바라보았고, 저녁이면 바다 위 하늘에 펼쳐지는 황홀한 노을을 보며 밥을 먹고 이슬람 국가에서 하루 다섯 번 들리는 기도 소리를 들으며 하루를 마치는 고마운 날들을 보냈다.

평생 모아 놓은 자산도 없던 내가 정신적, 육체적으로 휴식이 되는 꿈같은 시간을 보낼 수 있었던 것은 더 일하지 않아도 매달 꼬박꼬박 통장으로 들어오는 연금이 있기 때문이다. 일하지 않아도 통장에 매달 일정 금액이 들어온다는 것은 정말 놀라운 일이었다. 지금도 매달 통장에 찍히는 연금을 볼 때마다 '기본소득'이란 이런 거구나 실감이 나곤 한다.

지금은 기본소득이라는 단어가 그리 낯설지 않게 되었지만, 기본소득의 개념을 들어본 적도 없었던 몇 년 전, 오준호의 『기본소득이 세상을 바꾼다』라는 책을 처음 읽었을 때의 충격을 잊을 수가 없다.

기본소득이란 국가나 정치 공동체가 그 구성원에게 조건 없이 지급하는 일정한 생활비로, 개인 모두에게, 조건이나 의무를 요구하지 않고, 정기적으로 현금 형태로 지급된다는 원칙을 가지고 있다.

갓 태어난 아기부터 죽음이 멀지 않은 노인에 이르기까지 부자든 가난하든 직업이 있든 없든 전 국민에게 아무런 조건 없이 죽을 때까지 매달 일정 금액, 그것도 기본적 생활을 할 수 있을 만큼 적지 않은 돈을 국가가 국민 모두에게 지급한다는 것이 기본 소득의 이론이다. 세상에 이런 일이? 한 번도 들어 본 적도 꿈꿔 본 적도 없는 이론이었다. '일하지 않는 자 먹지도 마라'는 격언이 뼛속 깊이 각인되어 일하지 않고 먹을 때마다 죄의식을 불러일으키는 국가에서 자라 온 내게 일하지 않는데도 월급을 준다니. 어떻게 그런 게 가능하지? 게다가 그게 가능한데도 지금껏 알지도 누리지도 못하고 있었다면 얼마나 억울한 일인가? 그렇게 될 수만 있다면 나의 삶뿐만 아니라, 이 세상은 정말 달라질 텐데. 머리를 한 대 세게 얻어맞은 것 같은 느낌이었다.

인간은 어떠한 경우라도 생존에 필요한 최소한의 소득을 보장받아야 한다는 '생존에 필요한 최소 소득 보장'이라는 아이디어는 사실 갑자기 등장한 것이 아니라 인류 역사를 통해 줄기차게 이어져 온 생각이다. 2016년 스위스에서 기본소득 도입을 위한 국민투표를 하면서 세상의 관심이 집중되었다고 한다. 비록 투표가 부결되긴 했지만, 20세기 들어 세계 곳곳에서 기본소득 제도를 구현하려는 시도가 일어나고 있다고 한다.

기본소득은 이제 시대의 요청이며, 기본소득이 사람을 게으르게 만든다는 우려를 뒷받침할 근거가 없다는 것도, 임금 노동을 중시하는 노동윤리는 오늘날 정당성이 없다는 것도 저자는 공들여 설명하고 있다. 우리가 기본소득을 요구할 수 있는 정당한 권리와 자격이 있다는 것이다. 가슴이 뛰면서도 한편으론 우리나라에선 아직은 꿈도 꿀 수 없는 요원한 일이라고 생각했다. 그런 생각을 바꿔 놓은 것은 삼 년간 전 세계를 휩쓸고 지나간 코로나였다. 적은 액수였지만 국가에서 정말로 갓 태어난 아기부터 노인에 이르기까지 소득이 많든 적든 재난 지원금을 지급하면서 우리나라에서도 기본소득 이론은 관심의 대상으로 떠올랐고 기본소득당이라는 정당까지 생겼다. 이 책의 저자 오준호가 제20대 대통령 선거에 기본소득당 후보로 출마했을 때 한 표가 아쉬운 상황에서 갈등이 많았다. 마음은 굴뚝같았으나 기본소득당에 투표하지 못해 몹시 아쉬웠다. 기본소득당에 마음 놓고 투표할 수 있는 날이 오기를 간절히 바란다.

인류는 역사상 그 어느 때보다 물질적인 풍요를 누리고 있다. 그러면서도 한편에서는 중장년층들은 노동시장에서 강제 퇴출당하고, 사회에 막 나온 청년들은 불안한 저임금 비정규직으로 첫 일자리를 시작한다. 게다가 4차 산업혁명 시대에 돌입한 지금 육체노동을 넘어 정신노동 영역에도 AI 인공지능과 로봇 기술이 빠르게 진출하고 있다는 사실을 알파고와 이세돌의 대국을 보면서 충격적으로 확인하기도 했다. '인간이 일하고 싶어도 일할 수 없는 시대가 다가오고 있는 것이다. 이러한 대량 실업의 위협으로부터 인간의 삶을 보호하며, 기술 진보에 벌벌 떠는 대신 그것을 인류에 봉사하는 수단으로 삼으려면 그 어느 때보다 기본소득이 절실하다'라고 저자는 강조한다.

기본소득이 있으면 우리는 미지의 일에 과감히 도전할 수 있다. 하고 싶지 않은 일에 'NO'라고 말할 힘이 생긴다. 기본소득은 우리로 하여금 삶을 되찾게 해 준다.

비현실적이라고 말하기 전에 생각해 보자. 정치란 무엇이어야 하는가를. 시대를 따라가는 것이 아니라 시대를 이끄는 것이고, 현실에 없는 세상(유토피아)을 현실에 존재하도록 만들 방법을 찾는 일 아닌가.

그런 세상을 앞당기는 방법에 대해 저자는 이렇게 결론짓는다.
'기본소득은 그것을 향한 시민의 열망 수준이 얼마나 높은가 그리고 그 열망을 현실로 바꿔낼 정치세력이 있는가에 달렸다'.

항상 모든 일의 결론에는 정치가 있다. 많은 사람이 이 책을 읽었으면 좋겠다. 인식의 변화가 열망을 끌어내는 첫걸음이기 때문이다.

이웃으로, 마을로, 내 삶의 길

이강원

류지남, 『마실 가는 길』, 솔

 2021년 1월 18일, 33년 몸담았던 학교에 마지막 출근을 한 날이다. 여덟 개의 학교를 다니며 아주 열심히는 아니어도 나름 성실하게 아이들과 더불어 산 교직 생활이었다. 코로나 상황이어서 강당에서 간단히 아이들과 인사를 나누었다. 섭섭함보다는 시원함이 조금 더 얹어진 마음으로 집으로 돌아와 반려견 마루와 저녁 산책을 마쳤다.
 "묵묵히 가르침의 길을 걸어오신 당신의 퇴임을 축하합니다. 자연과 더불어, 사람과 더불어, 더 나은 세상을 향한 당신의 발걸음을 응원합니다."
 거실문을 여는 순간 두 눈에 들어오는 현수막. 어머니를 비롯하여 형님, 형수님까지 오시고, 아내와 아이들이 가족과 함께하는 명예 퇴임식을 서

프라이즈로 준비한 것이다. 중학교에서 교무부장을 해왔던 아내는 자기의 직분을 살려 퇴임식 사회를 보고 딸아이가 나의 교직 이력을 소개했다.

"1989년 3월 원이중학교에서 교직의 첫발을 내디디신 아빠는 그곳에서 운명의 짝인 엄마를 만나 결혼하셨습니다. 두 번째 학교인 부여 남성중학교에서 제가 태어났고 같은 아파트에 사는 큰 엄마가 저를 키워 주셨습니다. 무려 십오 년 만에 부여에서 공주로 입성하신 아빠는 공주여중에서 제 친구들의 담임을 하셨는데 친구들이 교실 바닥에 이불을 깔고 누워 자도 허허 웃으시며 '나중에 잘 치워라잉!' 하셨다고 합니다. 이런 담임 선생님을 친구들은 아빠라 부르며 따랐습니다. 체육대회 때는 아빠 얼굴을 등에 프린트한 단체복을 입기까지 했답니다. 아들과 함께 다닌 봉황중학교에선 공사 구분을 엄격히 한 부지 덕에 일 년이 넘도록 두 사람의 관계를 모르는 선생님도 계셨다고 합니다. 그리고 삼 년 근무한 청양중에 오늘 마지막 출근을 하셨습니다."

이어진 아들의 편지 낭독과 어머니와 형님의 축하 덕담에 이르러선 눈물을 감출 수 없었다. 아내는 언제 연습했는지 형수님과 축가까지 준비하여 불러 주었다. 그렇게 나의 인생 1막, 교사의 마지막 하루가 흐뭇하게 저물어 갔다.

자연 속의 삶을 꿈꾸었던 나는 삼 년 전, 내 고향 정안면 화봉리의 농가주택을 사서 이사했다. 텃밭과 300평 정도의 땅을 직접 일구어 친환경 농사를 실험하면서 식구들의 응원처럼 자연과 더불어, 사람과 더불어 사는 인생 2막을 써가고 있다. 류지남 시인도 나처럼 고향 마을에 터를 잡았고 이웃 사람들과 땅에 대한 깊은 마음을 나누는 벗이었다. 시인은 유고 시집 『마실 가는 길』에서 "아랫목 이불 속에서 누군가를 기다리는 한 그릇 밥 같은 그런 따듯한 말, 따듯한 발걸음으로 그대에게 가고 싶다."라고 했다. 그 말대로 그의 시는 나에게 온 위로의 발걸음이었다. 흙과 가족과 이웃에게서 눈을 떼지 않는 시가 문학에 문외한인 내 마음조차 젖게 했다.

구부린다는 건 굴복하는 게 아니다
뭔가를 품는 것이다 숟가락의 구부러진 힘이
사람의 목숨을 품는다 뻣뻣한 젓가락으로 뭘 품으려면
대신 구부러진 손가락이 있어야 한다

구부러진 나무뿌리가 흙을 품고 나아가는 동안
가지는 수없이 스스로를 구부려 가며 품 안에 열매를 기른다
그 안에 슬쩍 새들도 깃들어 산다

어쩌다 점심 무렵 마을회관에 나가 보면
평생, 자식이거나 곡식들 품느라 바싹 구부러져 버린
녹슨 호미와 이 빠진 낫 같은 이들 오글오글 모여 있다

(중략)

> 누군가를 사랑한다는 것도 실은,
> 누군가를 향해 나를 하염없이 구부리는 일일 것이다
> - 「구부러진다는 것」 부분

고향으로 돌아온 나는 어릴 적 젊은 아주머니, 아저씨로 뵈었던 분들이 이제는 녹슨 호미, 이 빠진 낫이 되어 버린 것을 보며 세월의 무상함을 느끼곤 한다. 어려운 살림에 오 남매 키워 내신 어머니에게서 자식을 위해 하염없이 구부리신 사랑을 본다.

> 열무김치 국물에 국수 말아먹고 / 아내 더불어 나선 저녁 산책길
> 개구리 소리, 개 짖는 소리 사이 / 먼 산 어둑어둑 소쩍새 울음소리 (중략)
> 앞서거니 조금 뒤서거니 걷는 동안 / 무던해진 손길 붙였다 뗐다 해가며
> 서산마루 넘어가는 초승달 따라 / 달그락달그락 어둑해져가는 길
> - 「어둑한 길」 부분

뉘엿뉘엿 넘어가는 석양을 뒤로하고 편안하게 앞서거니 뒤서거니, 가끔은 손잡고 걸어가는 인생 도반의 모습이 흐뭇하게 그려진다. 저녁 먹고 아내와 마루와 함께하는 산책 시간이 참 행복하고 소중하다. 우리는 현재의 시간밖에 살 수 없는 한계적 존재이다. 그래서 '현재'라는 영어 단어 present가 동시에 선물이라는 뜻도 갖고 있다고 생각한다. 중년을 넘어 점점 노년으로 가고 있는 시간 속에서 오늘이라는 이 선물을 귀하게 잘 모셔

야지 마음먹어 본다. 그의 시는 그렇게 나를 물들였다.

"농촌을 지속 가능한 곳으로 만들기 위해서는 농민 월급을 주어야 한다. 시골의 빈집들을 리모델링해서 도시 젊은이들에게 값싸게 임대하고 땅도 임대해서 도시민들이 농촌으로 이주할 수 있도록 해야 한다."

독서 모임 '간서치'에서 만난 류지남 시인이 눈을 반짝이던 모습이 눈에 선하다. 사람 좋아보이던 웃음, 꿈도 많고 할 일도 많았던 시인, 이제 퇴임도 했으니 좋은 시를 쓰도록 많이 노력하겠다던 말이 가슴에 맺힌다. 늘 사회 운동, 교육 운동에 바빠 가정을 뒤에 둘 수밖에 없었기에 시 속에서나마 아내에게 늘 미안해하고 고마워했던 사람 류지남. 이제 다시 올 수 없는 마실을 떠난 시인. 새로 길어 올린 그의 맑은 시를 더 볼 수 없어 아쉽고 안타깝다. 그의 '마실 가는 길'은 이제 내 삶의 길이 되어 이웃집으로, 개울로, 그가 사랑하는 고향마을의 실핏줄로 흐를 것이다.

1호 해설사가 되어

송숙영

김형수, 『이발소에 두고 온 시』, 문학동네

    5월 25일, 신동엽 문학관에서 주최하는 22회 신동엽 백일장이 열리는 날이다. 시인, 소설가를 꿈꾸는 전국의 학생들이 새벽차를 타고 부여로 온다. 오전 아홉 시, 자원봉사 할 학생들 다섯 명을 데리고 백일장이 열리는 부여군민 체육관으로 갔다. 올해 참가자는 삼백팔십여 명이다. 백일장에 참가한 학생들을 안내하고 간식과 생수도 나누어주고, 책받침도 챙겨 주어야 한다. 삼십여 분 사이에 참가자들이 모두 대회장으로 들어가야 하니, 여간 복잡한 게 아니다.
    비닐 포장 찢어 생수 꺼내랴, 생수병의 물기가 원고지에 닿지 않도록 손에 들려 주랴, 부여 특산 연꽃빵 챙겨 주랴, 정신없이 움직이다 보니 귀밑으로 쪼르르 땀이 흐른다. 열 시. 참가자들이 대회장으로 들어가고 문이 잠겼다. 한바탕의 소란이 지났다.

　서둘러 신동엽 문학관으로 달려간다. 부여읍민 문화탐방 힐링 걷기대회가 하필 같은 날이다. 대회장에서 문학관까지 오 분에 돌파한다. 벌써 삼십 여 명의 지역 주민들이 신동엽 생가 마당에 모여 우세두세 이야기를 나누고 있다.

　"부여가 신동엽을 지니고 있다는 것은 정말 자랑스러운 일입니다. 여기 문학관엔 신동엽의 정신과 결을 같이 하는 예술가들의 작품이 신동엽의 작품과 나란히 전시되어 있습니다. 이런 공간을 찾은 선생님들은 모두 부여의 문화시민입니다."

　땀이 뻘뻘 흐른다.

　"부여에 살면서도 이렇게 좋은 곳이 있는 걸 여태 몰랐네요. 1호 해설사님!"

　에구머니, 1호는 무슨. 걷기대회 진행자가 아마 나를 문학관 해설사 1호라고 소개한 모양이다.

　5년 전 가을, 신동엽 문학관에서 지역 주민들이 모여 신동엽을 공부했다. 가을에 시작해서 겨울까지 매주 한 차례 모여 공부하고 문학관 해설사 모임 '전경인全耕人부여' 발대식을 했다. 함께 공부한 열 명이 각자 공부를 통해 배운 소감을 이야기하는 시간에 나는, 이야기대신 신동엽의 시에 곡을 붙인 '산에 언덕에'를 연습해서 정성껏 불렀다. 그때 내 인생의 축이 조금 돌아갔을까. 문학관에서 나를 부르기 시작했다. 문학관 송년 음악회에 초청 가수가 된 것은 신동엽의 시를 노래로 부르는 지역 주민이 나 말고는 없어서다.

우리 동네 중학교의 요청으로 일 학년 학생들에게 오 년째 문학관 해설도 한다. 올해는 앞집 도현이가 중학생이 되어 나의 해설을 듣게 된다.

"할머니? 할머니가 해설사예요?"

도현이의 커다란 눈이 똥그래지는 상상만 해도 신이 난다. 문학관을 방문하는 방문객들에게 일 년에 서너 차례 문학관과 신동엽의 이야기를 들려 주고, 백일장 여는 날 일손을 거들며 나는 삼십 년도 넘게 살아 온 부여에 이제야 스며드는 기분이다. 내가 사는 곳이 부여라는 것을 실감한다.

2022년에는 부여군에서 진행하는 공익 실험에 '신동엽 만나는 날'이라는 프로그램을 응모해 선정되었다. 부여에서 청소년기를 보낸 이들이라면 누구나 신동엽 문학관에 다녀가도록 하고 싶었다. 동네 중학교 학생들에게 문학관 해설을 하다가 든 생각이다. 아, 우리 마을 아이들은 문학관에 모두 한 번은 가 보겠구나. 좋네. 어라? 이런 프로그램이 부여군 전체에서 진행되면 부여군에서 자라는 모든 청소년은 문학관에 한 번은 반드시 다녀가게 되는 거 아냐?

신동엽 만나는 날, 면 소재지의 한 중학교 학생들이 문학관을 찾았다. 생가를 안내할 때도, 신동엽의 생애를 설명하고 작품 이야기를 할 때도 눈이 빛나더니 사진 한 컷에 감상 한 줄을 붙이는 사진시를 찍어서 제출했는데 아주 매력적이었다. 촌스럽지 않은 촌놈들이었다. 쭈뼛쭈뼛 몰려 서 있고, 끊임없이 부산스럽게 떠들던 다른 학교 학생들의 모습과는 달랐다.

궁금해서 학교 홈페이지를 열어 보았다. 연주회, 작가 초청, 국악 공연, 뮤지컬 등 다양한 문화 행사가 꾸준히 진행되고 있었다. 아, 문화의 힘이라는 게 이렇구나 싶었다. 일 년간 진행된 '신동엽 만나는 날' 프로그램에 여섯 학교가 참여해서 이백십여 명의 중고등학생들이 문학관을 찾아왔다. 연말에는 사진시 전시회를 열어 작품을 보러 온 학생들로 북적북적한 문학관 풍경을 만들었다. 문화의 힘을 가진 부여 청소년이 늘었을 거라 자부해 본다.

2023년에는 '신동엽 만나는 날'이 문학관 주관으로 진행되었고, 올해도 진행될 예정이니 공익 실험으로 시작한 일이 이제 상시 행사가 되었다. 해마다 이백 명 남짓한 부여군 청소년들이 문학관에서 하루를 놀다 간다. 그 하루가 그들의 삶에 남길 여운과 그들이 만들어 낼 부여의 향기가 기대된다.

부여 선생 삼십 년 만에 학생들을 꼬박꼬박 문학관에 데리고 가고, 신동엽의 시를 그의 삶과 함께 들려 주고 있다. 문학관이 교실이 되고 신동엽의 생애가 교과서가 되었다. 비가 오는 문학관 마당에 철퍽철퍽 떨어지는 빗줄기를 하염없이 바라보는 혁이는 지금 시인이 아니겠나? 언젠가 비 오는 날 혁이가 아내와 아이의 손을 잡고 다시 문학관에 올지도…. 신동엽을 몰라도 괜찮다. 그저 두면 더 높이 훌쩍 날아오르는 게 학생들이니.

올해 소설 수업은 신동엽 문학관 관장 김형수의 소설 『이발소에 두고 온 시』에 수록된 「들국화 진 자리」로 하고 있다.

"야, 정숙헌 여자 밝혀 봤자 다 쓰잘데기 없어야. 즈그도 꿈이 있고, 사랑이 있었을 거 아니냐."

처녀인 줄 알고 동침한 여인이 처녀가 아닌 것을 알고 저도 꿈이 있고, 사랑이 있었겠구나 이해해 버리는 사내라니. 점백이가 곁에 있다면 와락 안고 까끌한 볼에 입 맞추겠다. 마침 학교에 특강을 하러 온 김형수 작가에게 점백이를 물으니 친구 둘을 합한 인물이라고 했다. 수업 시간, 작가에게 들은 이야기를 얹어, 내가 연애하고 싶은 인물이라고 너스레를 떠니 학생들 눈이 반짝인다. 소설 공부가 한결 풍성해지는데 아하, 이게 마지막 수업이라니. 아깝다, 아까워. 좀더 일찍 문학관을 찾았더라면 나의 교실이 얼마나 풍성했을까? 두 계절 남은 정년 퇴직, 떠나야 하는 교실이 아쉽다.

『이발소에 두고 온 시』에 나오는 인물들은 약간 비현실적이다. 오래전엔 아주 흔했을, 그러나 돈이면 그만인 세상에서는 좀처럼 보기 힘든 인물들이 태반이다. 「구름의 파수병」에는 모든 생활 시스템이 미성년자 관람 불가용으로 구축된 민통선 군인들이 실재가 미지수인 과부촌을 꿈꾸는 이야기가 나온다. '모든 성적 기회를 박탈당하고 아무 거리낌 없이 국가와 민족 앞에 부끄럽게 처신하던' 일병(군인들의 일탈이 왠지 정당성이 있어 보이는 건 소설을 잘못 읽어서일까)이 군에서 그토록 욕망하던 과부촌을 제대 후에 실제 만나는 이야기는 놀랍다. 민통선 안 적성리는 원래 인민군 군관 마을이었다. 난리통에 인민군들이 모두 북으로 넘어가고, 안식구들만 남아 흰머리가 되도록 지아비를 기다리던 암컷들의 마을이 과부촌이다. 앗, 진짜였다니. 군인들이 욕망의 분출구로 꿈꾸던 과부촌의 실재는 잘 갈아 놓은 낫처럼 날카롭게 분단 조국의 현실에 닿는다. 마지막 과부의 죽음으로 적성리는 더 이상 과부촌이 아니지만 흑갈색 위장크림을 바른 청년은 여전히 과부촌을 꿈꾸며 눈을 부릅뜨고 솟구치는 욕망을 누를 것이다. 분단은 어떻게 끝난단 말인가.

신동엽 문학관, 신동엽이 살던 그때부터 있던 감나무 아래 시인도, 소설가도, 마을 주민도 앉아 두런두런 이야기를 나누는 자리, 나도 부여 사람으로 거기 앉아 대지, 우주, 자연, 존재, 신, 이런 용빼는 단어들이 감잎 사이로 반짝거리며 지나가는 걸 보겠다. 감 씨처럼 작은 눈을 반짝이는 해설사 1호로.

처음 그려 보는 아크릴화

박영순

정청라, 『할머니 탐구 생활』, 샨티

"주고 자픈디? 뭐 있으믄 다 주고 자퍼."

한편 할머니는 농사지을 땅이 변변치 않지만 적으나 석은 대로 거두기만 하면 자식들 퍼줄 생각만 하신다. 고구마를 한 줄밖에 안 심어서 캘 것도 없다면서도 캐자마자 바쁘다는 핑계로 가지러 오지도 않을 아들한테 전화부터 하신다.

"고구마 캤다. 겁나 굵게 들었어. 택배로 보낼랑께 쩌 묵어라이. 땅콩도 까놨응께 같이 보낼란다…."

택배 기사가 찾아오지 않는 마을이라 면 소재지까지 가지고 나가야 하는 불편 정도는 줘도 줘도 또 주고 싶은 마음을 이기지 못한다. 아흔이 넘어 요양 보호사 아주머니의 도움을 받아야만 생활할 수 있는 동래 할머니도 마찬가지다. 꼬부라진 허리로 농사지어 자식 차에 실어 보낸 것은 "쌀 시 가마에, 대봉감 한 상자, 사돈 것까지 고칫가리 스무 근, 며느리 이모 줄 고칫가리도 여섯 근, 무시 한 자루, 지름 두 병…."

한참을 인내하면서 들어야 할 만큼 동래 할머니가 아들 차에 실어 준 것들의 소개는 길다.

『할머니 탐구 생활』의 「텅텅 빌 때까지 또 퍼주고 또 퍼주고」에 등장하는 한평 할머니와 동래 할머니 같은 할머니들을 만날 수 있게 된 것은 퇴직하고 평생 교육팀에서 평생학습 매니저로 일하면서부터이다.

어르신들을 대상으로 하는 셀프 마사지 수업을 개강하기 위해 견동리 할머니 경로당에 갔다. 수업에 참여하시는 어르신들께 수업 진행 과정과 강사 선생님을 소개하고 수업을 지켜보았다. 어르신들은 팔과 다리, 허리, 어깨는 기본이고 등과 목까지, 얼마나 아픈 데가 많은가를 앞다투어 이야기하셨다. 붙임성 좋은 남자 강사는 이미 잘 알고 있다는 듯이 웃으며 그 이야기를 다 들어주셨다. 그런데 할머니 한 분이 무리에 끼지 않고 방 한 귀퉁이에 있는 책상에서 무언가를 열심히 하고 계셨다. 방에 들어오면서부터 시선을 사로잡았던 할머니였다. 곁으로 다가갔다.

"어르신 뭐하고 계세요?"

할머니는 소녀같이 밝고 환한 얼굴로 대답했다.

"부녀회장이 이걸 갰다 줘서 칠하고 있어."

자세히 들여다보니 색칠 공부하는 그림책이었다. 꽃과 나무, 새나 나비의 윤곽선 안에 좋아하는 색깔을 칠하여 완성하는 것이다. 할머니들은 침 분비가 부족하여 입이 마른다. 혀가 자연스럽게 움직이지 못하여 어색한 발음이지만 즐거움이 묻어난다.

"재밌어. 시간 가는 중 모르겠다니께."

"어르신 정말 열심히 하시네요. 잘하셨어요. 색깔도 너무 예뻐요."

보고 느낀 점을 진심으로 말씀 드렸더니, 얼굴이 환해지시면서 소파 밑의 상자 안에 모아 둔 그림을 다 꺼내서 보여 주셨다. 숙제를 잘한 초등학교 어린이가 칭찬하는 선생님의 사랑을 확인하고 싶어 하는 그런 마음이었을까? 아흔세 살 어르신의 마음이 얼마나 순박하고 귀여우신지.

"어르신, 가장 마음에 드는 그림 두 장을 고르시고 한 장씩 양손으로 들고 계시면 제가 예쁘게 사진 찍어 드릴게요."

할머니는 어린아이처럼 좋아하셨다. 이별을 아쉬워하시는 할머니께 다음 주에 또 오겠다는 약속을 하고 돌아왔다. 약속한 날, 다른 마을 수업을 보고 조금 늦게 도착했다. 다른 어르신들은 지난주 강사에게 마사지를 받아 어떤 효과가 있었는지 이야기하느라 분주한데 색칠 공부하시는 할머니는 나만 바라보셨다.

"점례 할머니가 매니저 선생님 언제 오냐고 계속 물어보셨어요."

점례 할머니의 그림은 지난번보다 훨씬 색감도 좋고 정교한 색칠로 완성되어 있었다. 경로당에서도 집에 가서도 늦게까지 하셨단다.

"색칠하는 것을 더 하고 싶은데 여기서 쓰는 크레파스가 다 닳아서 없는 색이 있어. 이런 것 하나 사다 줘."

인터넷으로 할머니가 쓰시던 것과 똑같은 것을 주문했다. 할머니는 크레파스가 마음에 든다고 기뻐하시면서 꼬깃꼬깃 접어 바지 속주머니에 넣어 두셨던 돈을 꺼내어 주셨다. 괜찮다고, 그냥 사 드릴 수 있다고 해도 미안해서 그럴 수는 없다고 막무가내로 가방에 넣어 주셨다. 실버카, 일명 할머니 유모차를 밀면서 같이 갈 곳이 있다는 할머니를 따라 시골 마을의 봄볕 속을 걸었다. 경로당 뒤에 참깨와 고추 모종을 심은 밭이 하나 있고 앞뒤로 나란히 붙은 두 채의 집 중에 두 번째 집이 할머니 댁이었다. 집 마당에 텃밭도 잘 일구어져 있고 현관 바로 옆 자그마한 빈터에 심은 상추는 초봄인데도 싱싱했다.

"얼렁 들어와 봐. 며느리 김치 담가서 보내고 남은 것이 있으니께 좀 가지고 가서 먹어 봐. 내가 깨끗하게 담았응께."

김치 냉장고를 열고 김치통을 꺼내 열무김치와 돌나물 물김치를 통에 담아 주신다. 한눈에 봐도 부엌 살림살이가 정갈했고 다양한 양념이 들어간 김치가 먹음직스러웠다. 김치통을 담은 종이 가방을 품에 안고 나왔다. 따라 나오시던 할머니가 다시 들어가시더니 검정 비닐봉지를 들고 나와 어린 상추를 인정사정 두지 않고 뽑아 가득 넣어 주셨다. 그 순간 할머니 얼굴 위로 친정 엄마의 얼굴이 겹쳤다. 눈물이 나려고 해서 할머니 눈을 쳐다볼 수가 없었다. 점례 할머니의 김치와 상추 덕분에 남편과 단둘이었던 우리 식탁에 할머니가 초대되었다. 남편과 나는 그날 저녁 오랜 시간 식탁에 앉아 이야기를 나눌 수 있었다.

점례 할머니 옆에 조용히 앉아 계시던 종희 할머니께서도 색칠을 시작하셨다. 점례 할머니는 빨간색 계통의 색깔을 주로 사용하시고 교회 권사님이시면서 차분하고 조용하신 종희 할머니는 청색과 보라색 계통의 색을 많이 쓰신다. 밑그림은 똑같아도 완성된 그림은 분위기가 무척 달랐다. 그다음 주부터는 종희 할머니도 숙제하듯 그림을 보여 주셨고 두 할머니의 그림 실력은 향상되어 갔다. 자랑하고 싶어서 하루의 많은 시간을 그림 그리는 데 투자하셨던 것 같다.

"이제는 테레비에 나오는 나무랑 꽃도 그냥 안 봐. 자세히 보게 되지. 속에는 무슨 색이고 어떻게 생겼는가 본다닝께."

색칠 공부를 하고 난 다음부터 주변 나무와 꽃을 허투루 보지 않고 자세히 관찰하게 된다는 점례 할머니 말씀이셨다.

"할머니 그림 그리시니 무엇이 좋으세요?"

"우리 자석들이 좋아해, 집에 와서 사진 찍어 갔다니께. 손자도 와서 찍어 갔어. 겁나게 많이. 내 그림을 핸드폰에 너 가지고 댕겨."

평생, 자식들과 남편에게 모든 것을 주고 사셨던 늙은 어머님이 오롯이 자신이 재미있어하는 일에 시간을 쓰며, 그 시간을 즐기며 성장하는 모습을 볼 수 있는 것처럼 기쁘고 자랑스러운 일이 있을까?

두 분 할머니께서 재미있다고 하니 치매 초기 증상을 앓고 계신 아흔세 살 종임 할머니도 동참하셨다. 세 분 할머니들 사이에 묘한 경쟁이 생겼다. 누가 크레파스를 많이 쓰고 부러뜨리기까지 하였는지, 그림 그리는 종이는 누가 많이 가져갔는지 시샘이 시작된 것이다. 불편한 감정의 대립 때문인지 아니면 더워진 날씨 때문인지 여름에 들어서면서 할머님들의 그림 공부가 시들해졌고 상반기 평생학습 프로그램도 종강을 맞이했다.

건동리 할머니들의 그림 사랑이 시청 담당자에게 전해졌다. 담당자는 세 분 할머님들이 단순한 색칠 공부 말고 좀더 전문적인 그림 공부를 하실 수 있도록 도와서 관심과 열정을 되살려 보는 것이 좋겠다고 판단했다. 그래서 하반기에는 '처음 그려 보는 아크릴화' 강좌를 개설하게 되었다. 부녀회장님과 총무님을 비롯한 여러 분들이 같이 하시겠다고 해 주어 강좌가 개설되었다. 색칠 공부를 통해 감각을 쌓아 오신 세 분 할머니들께서 새로운 도전에 어떤 반응을 보이실지 기대도 되지만 고령인 학습자이기에 우려가 되기도 한다. 어떤 것도 개의치 않고 거침없이 원하는 것을 그리실 수 있었으면 좋겠다. 아흔이 넘은 학생들이 흐려진 눈에 다시 힘을 주고 약해진 팔 근육을 다독이면서 자신들의 색깔로 그려낼 그림은 어떤 그림일까?

다시 만나는 길, 담, 문

이화나

|

이재성, 『길담서원, 작은 공간의 가능성』, 궁리

공주 제민천 문화거리와 하숙 마을이 있는 반죽동에서 봉황동 쪽으로 봉황로 큰길을 따라 걷다 보면 오른쪽, 왼쪽으로 이어지는 골목들을 만날 수 있다. 이 골목 저 골목 나지막한 가옥들 사이로 간판도 보이지 않는 책방, 예술가의 작업실, 개인 갤러리, 전시 카페들이 푸른 호흡으로 자리하고 있다. 골목 중에서도 한적한 효심1길을 걷다 길담서원에 들어섰던 날, 우연히 이 공간의 이야기를 듣고, 읽었던 그날이 떠올랐다.

『길담서원, 작은 공간의 가능성』과 인연이 닿았던 건 작년 가을에 말레이시아에 갔을 때였다. 간서치의 미연 선생님이 퇴직 후 말레이시아에서 아이와 함께 지낼 준비를 하실 때부터 나도 가 보겠다, 가 보겠다, 말만 하다가 이제 한국에 돌아올 때가 되었다는 이야기를 듣고서야 추석 연휴를 끼고 부랴부랴 짧은 여행을 준비했다. 선생님 댁에 머물렀던 날 저녁에 이 책 이야기가 나왔다. 간서치 독서 모임에서 함께 읽고 있어서 말레이시아까지 보내진 책을 내가 받아서 다시 한국에 들고 들어왔다. 그리고 오 개월 뒤, 공유 서재 같은 작은 책방을 열었을 때 책상 앞, 잘 보이는 쪽에 전시해 놓았다.

이 책은 십몇 년 동안 작은 책방의 학예실장으로 살아온 뽀스띠노 이재성의 '길담서원 운영기'로 서울 종로에서 충남 공주의 작은 골목에 자리 잡게 되기까지의 여정을 담은 '길담서원의 역사책'이다. 서원의 전통성과 책방의 새로움, 일과 공부, 쉼과 삶, 정신과 몸, 자연과 생명, 미술과 음악, 책과 사람, 호미 한 자루와 통기타…. 스치고 지나가도 몰랐을 낮고 작은 공간에서 적지 않게 쌓아온 십이 년의 이야기를 풀어 놓았다. 낮은 담벼락 너머 낡은 창문을 지켜보다가 녹슨 대문을 살며시 밀고 들어가면 길담서원의 작은 뜰과 한 뼘 미술관, 그리고 책 읽는 사람들이 나온다.

나 역시 이야기로 전해 듣고 책으로 읽었던 그 공간에 가서 문을 열어 보았다. 길을 잃어서일까? 새로운 길을 찾아서일까? 어쨌든 멈춘 그 길에 풀빛의 대문이 열려 있었고 문 안쪽은 낡았으나 새로웠다. 살짝 보이는 정경은 오래되었고 그래서 흥미로웠다. 나를 이곳으로 이끌어 준 책과 사람들이 있었고 우리를 나지막한 푸른 힘으로 느슨히 엮는 실이 있다고 믿게 되었다. 서울의 삶을 멈추고 지방 소도시로 내려오게 된 길담서원의 인연, 교직 생활을 이십 년으로 일찍 마무리하고 멈춰 선 것만 같은 지금의 내가 맺게 된 인연, 또 누군가 멈춤과 변화가 교차하는 지점에 맺게 된 인연들이 엮어지며 그려 내는 형상은 길담서원에 켜켜이 기록될 것이다. 그리고 이웃 책방들과 나의 작은 공유 서재에도.

길담서원에서 인사 나눈 뽀스띠노 학예실장과 여름나무 학예 연구원은 책방 운영자다운 적당한 친절함과 존중의 거리감을 가진 분들이었다. 시간이 정직하게 보여 주는 학식의 나이테와 밑동의 둘레가 그들의 말에서 느껴졌다. 편안하게 둘러볼 수 있도록 배려해 주었고 이제 막 책방을 열었다고 하니 책방 운영의 현실적인 부분들을 담담하게 나누어주었다. 작은 문화 공간을 운영하고 기획해 온 운영자와 이렇게 고민을 나눈 경험은 처음이었다. 이날 이후로 나는 용기 내어 작은 책방의 운영자분들과 이야기를 나누기 시작했다. 이들의 공통점은 연결되고자 하는 마음, 나누고자 하는 마음이 시작이자 끝이라는 것이었다.

먹고 사는 걱정이 없어서 이런 작은 공간을 꾸려 가는 운영자는 없을 것이다. 그 공간으로 욕심을 꽉 채우고자 하는 운영자도 없을 것이나. 난시 멈추어 보았기에 느낄 수 있고 볼 수 있는 것들을 나누고 싶을 뿐이다. 낮고 조심스럽게 고요히 감싸고 보일 듯 말 듯 살며시 엮어 주면서 속으로 많이 울고 웃었던 이야기를 들어주고 들려 주고 싶을 것이다. 작은 공간에서 연결되고 나아가면서 책과 작품과 소리가 문화로 꽃피고 세계로 열매 맺을 때 수많은 뽀스띠노와 여름나무는 호미 한 자루, 통기타 들고 가볍게 또 다른 밭을 향해 나아갈 것이다.

나는 사십이 넘어 갑자기 멈춰 서서 다시 시작하고 멈추기를 반복하고 있다. 교직 생활을 그만두고 공부를 더 하면 또 다른 길이 열릴 거라 막연히 생각하며 기대와 불안함에 미친 듯이 공부했다. 그러나 수료 후에 논문을 쓰지 않고 다시 새로운 일을 시작했다. 작은 공간에서 나의 첫 사업을 해 보고 싶었고 내가 잘할 수 있는 일로 시작했다. 잘 자리 잡아간다 했을 때 또다시 해 보고 싶었던 일, 작은 책방을 꾸려가는 일을 시도했다. 남들 보기에는 먹고 사는 걱정이 없나 싶을 테고 철이 없다 싶을 텐데 나도 모를 기대와 불안이 나를 멈췄다 뒤집었다 다시 시작하게 했다.

책방을 열고 그곳을 비워 둔 채 다른 책방을 돌았다. 길담서원 아래 봉황로 쪽의 책방, 안톤 체홉에 가서 한 달에 두 번, 책방지기 선생님들께 소설을 배웠다. 반죽동 가가 책방에 세종, 대전 사는 아이들을 데리고 가서 같이 그림을 그리고 글도 썼다. 마을 상점에 들러 지역 예술가들의 작품들도 둘러보고 근처 작은 갤러리 전시도 챙겨 보았다. 우리 책방이 있는 세종에 와서는 길 건너 과학 책방, 비암사 근처에 있는 단비 책방까지 일부러 사람들을 데리고 놀러 갔다. 작은 북카페들에서 열리는 다양한 문화 행사 홍보를 굳이 나서서 했다. 비어 있는 우리 책방엔 동네 아이들의 가족이 모이기도 했다. 서랍마다 넣어 놓은 보드게임과 따뜻한 조명, 작은 책장과 책상들, 바닥에 깔아 놓은 카펫이 그들에게 편안하길 바랐다.

나의 이상한 행보들이 누군가에겐 길이 되고 누군가에겐 기대어 쉬는 담이 될 수 있기를 바란다(내게도!). 책방이면 어떻고, 책방이 아니면 어떻고, 학교면 어떻고, 학교 밖이면 어떠랴. 그곳이 어디든 밭 일구고 호미질하고 씨 뿌리고 꽃 피어 열매 맺기 바라는 소박한 마음이라면 다시 어떤 가능성'과 마주할 수 있을 것이다. 말은 이렇게 하지만 사실 나는 지금도 아주 많이 불안하다. 하지만 동시에 내일을 기대하고 있다.

   (이 글을 쓰고 결국 얼마 가지 못해 나는 책방을 닫았다. 오랜 기간 작은 책방을 지켜 가는 모든 책방지기님, 수많은 뽀스띠노님들께 존경의 마음을 전한다.)

농사는 아름다우면 안 되나?

황영순

오도, 『텃밭정원 가이드북』, 그물코

　자연에 해를 끼치지 않는 농사를 짓기로 마음먹고 실천한 지 십 년이 지났다. 교직에 있는 동안에는 관행농을 하는 시어머님의 수확물에 의존하거나 시장에서 쉽게 재료를 사서 음식을 만들었다. 직장에 다니면서 돈을 벌고 그 돈으로 먹거리를 사는 시스템에서 벗어날 수 없었다. 시골에 집을 짓고 살면서부터 가장 중요한 먹거리 장만을 스스로 하기로 했다. 처음엔 단순히 건강한 먹거리를 얻는 차원에서 농사를 시작했는데 성당 신부님과의 인연으로 가톨릭 대전교구 생태환경위원회에서 활동하면서부터 자연의 건강까지 생각하게 되었다. 제초제를 뿌리지 않고 호미로 풀을 뽑았다. 약재를 삶은 물이나 물비누, 황토 유황, 커피 찌꺼기로 천연 농약을 만들어 벌레들의 피해를 줄였다. 이런 농사는 관행 농사보다 더 많은 고민과 노력을 요구했다. 화학비료를 사용하지 않으니 노력에 비해 수확물의 크기가 작고 양도 적었지만, 먹고 남는 채소를 매달 꾸러미로 담아 가까운 지인들과 나누는 즐거움으로 보상받았다.

농사를 지어 바쁜 벗들과 나누어 먹는 시간은 우리에게 축복이었다. 그러나 점점 나이가 들어가니 풀을 뽑고 천연 농약을 만드는 번거로운 작업이 힘에 부친다. 이제는 수확량에 연연하지 않고 풀과 함께 자연의 공생 원리에 순응하며 우리 식구 먹을 만큼만 자연으로부터 감사히 얻고자 한다. 벗들도 이제 작은 땅이라도 마련하여 각자의 먹거리를 장만하는 멋진 일을 함께하자고 권하고 싶다. 내가 먼저 시작했으니 힘닿는 대로 도울 것이다. 『텃밭정원 가이드북』은 농사를 처음 시작하는 사람들이 일에 찌들지 않고 즐겁게 농사짓기에 말 그대로 가이드가 되어 줄 만한 책이라서 자급자족을 꿈꾸는 벗들에게 소개해 주려고 한다. 단순히 농사법만 적어 놓은 책이 아니고, 작물이 꽃이나 허브와 너불어 상생하며 예쁜 먹거리 정원이 되는 모습을 담고 있다.

2020년 7월부터 청양군 농촌 신활력플러스 사업 액션 그룹에서 활동했다. 거기서 『텃밭정원 가이드북』을 쓴 오도를 만났다. 농촌 신활력플러스는 지역에 건물을 지어 주던 방식의 하드웨어 사업이 아니고 '사람(소프트웨어)'이 남아 활동할 수 있는 토대를 만들어 농촌의 자립과 지속적 성장을 목표로 하는 사업이다. 친환경 분과, 유통 분과, 음식 분과, 문화 분과, 생태 분과, 음식 가공 분과, 여섯 개의 액션 그룹이 있는데 우리 부부는 생태 분과에 참여해 함께 공부했다. 2021년 9월 8일에 환경부로부터 환경교육이란 사업으로 사회적 협동조합 인가를 받고 나서 저자와 함께 텃밭정원을 설계하고, 식재에 대해 배웠다. 그동안 우리 부부는 밭에 여러 개의 두둑을 만들고 두둑마다 한 가지 작물을 심었다. 물론 다품종 소량 수확의 농사법이라 다른 집보다 많은 작물을 심었지만, 작물 간의 연계성 없이 필요한 대로 빈 땅을 일구어, 이것저것 심고 싶은 작물을 심어 왔다. 지금은 식물을 먼저 이해하고 식물의 힘으로 공생하는 밭을 만들어 나가려고 한다.

'정원' 특히 '텃밭정원'이라는 생소한 단어를 받아들이고 그 의미를 알고자 노력한 지 이 년의 세월이 지나갔다. 정원과 같은 텃밭 농사를 짓기 위해서는 내가 무엇을 심을지 정하기보다 주변 자연을 먼저 알아야 한다. 환경 요건과 빛의 양, 땅의 성질, 물의 상태를 살피고, 그 땅에 가장 잘 어울리는 작물을 심어 주는 것이 최고의 농사이다. 흙을 흙으로만 보지 않고 햇빛과 그늘, 온기, 바람, 새, 곤충, 동물들이 상호작용하는 큰 생태계의 일부로 보는 것이다.

채소와 채소, 또는 채소와 꽃을 함께 심는 것이 섞어짓기이다. 섞어짓기는 땅속 미생물들의 다양성을 더욱 풍부하게 하며 식물에게는 자연의 순환고리가 되어 준다. 옥수수 세 자매라고 불리는 호박, 옥수수, 줄콩이 섞어짓기의 대표 작물이다. 북아메리카 원주민들은 5~6천 년 전부터 이들을 섞어 지었다. 옥수수 모종을 먼저 심고 20~30센티미터 정도 자랐을 때 콩과 호박을 심는다. 호박은 옥수수와 줄콩의 주변을 덮어서 땅이 마르지 않게 하고, 콩은 옥수수와 호박에게 질소를 고정해 주어서 잘 자라게 한다. 세 자매 모두 과가 다르기 때문에 서로 영양분을 경쟁하지 않는다. 경쟁하지 않으며 서로의 성장에 도움을 주는 텃밭, 조화롭고 다양한 작물이 어울린 텃밭은 정말 정원이다. 밭에도 아름답다는 말이 붙을 수 있다니.

밭을 바라보는 눈이 달라지자 농사짓는 방법이 다양해졌다. 내 중심에서 자연 중심으로 농사의 주체가 바뀌었다. 우리에겐 산 중턱에 있는 밭이 있는데 돌도 많고 햇빛의 양도 적다. 팔이 아프게 돌을 골라 내면서 일찍 지는 해를 원망했다. 이제는 햇빛을 좋아하는 작물은 햇빛이 더 있는 곳에, 그늘을 좋아하는 작물은 햇빛이 덜 드는 곳에, 물이 많이 필요한 작물은 물이 오래 고이는 두둑 아래에, 덜 필요한 작물은 두둑 위쪽에 심어 주면 된다. 밭의 모양도 평평하고 네모반듯한 형태가 아니고 동산처럼 올라가고 내려온다. 빗물을 저장하기 위해 고랑도 깊게 팠다. 등고선을 이용하여 몇 줄 사과나무밭도 만들었다. 이러한 시도가 그곳의 자연환경과 어느 만큼 어울릴지 그것은 앞으로의 숙제이다. 시행착오를 겪으며 자연을 거스르지 않고 농사짓는 법을 알게 되리라 기대한다.

해마다 양배추를 심고 핀셋을 들고 다니며 배추흰나비의 애벌레를 잡아 주고 천연 농약을 만들어 뿌려 주곤 했는데 텃밭정원을 공부하고 난 뒤론 양배추 포기 사이에 상추와 메리골드를 함께 심었다. 양배추 옆에 상추를 심으면 도둑나방, 배추흰나비, 배추좀나방 같은 해충이 오지 않는다. 토양 내 미생물과 균근균의 역할 때문이다. 메리골드는 뿌리채소에 생기는 뿌리혹선충을 쫓아내고, 해충은 메리골드의 독특한 냄새를 싫어한다. 예쁜 메리골드를 심으니 텃밭 장식도 되고 눈에 좋은 꽃차를 만들 수도 있다. 우리가 몸이 아프도록 열심히 농사를 짓는다는 것이 지나친 관여였구나, 결국 자연이 스스로 돌보는 기능을 방해하고 조화를 깨뜨리는 것이었구나 하는 생각이 든다. 텃밭정원은 심각해지는 환경 문제와 먹거리 문제를 해결하는 방법이 될 수 있다는 확신이 든다. 소중한 이웃들의 먹거리까지 걱정하며 농사짓는 농부들도 허리를 펼 수 있을 것 같다. 벗들에게 그동안 쌓은 지혜를 기꺼이 나누어 줄 여력이 생겼다.

　작가는 어떤 의도로 책을 썼는지, 나는 그 의도를 정확히 알고 이 글을 쓰는 것인지 궁금해졌다. 그래서 수업 마지막 날 인터뷰를 청했다.

　"제가 원래는 농촌에서 살았거든요. 그래서 일을 많이 했는데요. 시골에는 대개 우리집 말고는 꽃이 많았어요. 우리는 워낙 가난해서 빈터만 있으면 작물을 다 심었어요. 다른 집들은 할머니들이 꽃을 좋아해서 많이 심으셨어요. 우리 집만 빼고. 그런 기억이 제게 있어요. 어려서 농사일만 하다가 일본에 유기농업을 배우러 갔는데 학교가 영국식 정원이었어요. 역사가 깊은 학교였던 거예요. 삼십 년 넘게 영국식 정원을 만든 원예학교였던 거죠. 근데 거기에서 채소를 했던 친구들이 베지터블 가든을 했어요. 채소와 꽃을 같이 심었던 거죠. 저는 유기농업을 배우러 갔다가 학교 정원이 너무 예뻐서 농사 안 하고 꽃을 키워야겠다, 그렇게 생각해서 원예를 선택했어요. 꽃이 있는 곳에서 생활하는 학생들이 좋아 보였어요. 저는 그렇게 살지 못했는데. 대학 2년을 마치고 전공 과정으로 들어가는 지원서에 그런 말을 썼어요. 학교를 졸업하고 한국에 돌아가면 시골에서 어렵게 농사짓는 분들한테 꽃이 있는 곳에서 일하는 것이 얼마나 행복한 것인지 알려 주고 싶다고요. 2003년부터 풀무학교 전공부에 원예 교사로 가게 되었는데, 근데 농업학교인 거기에서 원예를 하게 된 거예요. 고민이 많이 되었죠. 교사를 하려고 공부를 한 것도 아니고 사람들이 농사를 배우러 온다는 것이 의아했어요. 저는 농사가 싫어서 사실은 도망가다시피 유학 간 것인데. 어렸을 때 겪었던 것 그런 것들이 거기 있는 거예요. '농사는 힘들어. 다 찌들어 있어. 손은 막 울퉁불퉁하고 몸뻬 입고 고무신 신고 얼굴은 시커멓게 타고' 그런 이미지를 애들한테 주고 싶지 않았어요. 농사를 지어도 아름다운 공간에서 일하면 행복해질 수 있다. 그래서 생각한 것이 텃밭정원이에요. 대학교 때 채소부 친구들이 했던 베지터블 가든을 떠올리고 자료를 찾아보기 시작했어요. 채소와 꽃을 같이 심으면 더 잘 자란다는 얘기가 있었어요. 이거야! 채소와 꽃을 같이 심으면 작물도 잘 자라고 사람한테도 좋은 감성을 주잖아요. 학교 정원이 아름다우면 나 풀릴 것 같은 거 있잖아요. 대학에서 제가 경험했던 그런 것. 그래서 텃밭정원을 시작한 거예요. 원래는 책을 내려고 한 것이 아니라 우리나라에 이런 자료가 없으니까 정리를 해서 학생들에게 교과서로 제공해야겠다고 생각했어요. 그랬는데 지역에 있는 출판사에서 책으로 내자고 해서 책으로 나오게 된 것이죠."

    나는 단순히 농사짓는 방법을 위한 책, 꽃과 채소가 서로 어울려 자라게 하는 방법을 담은 책으로만 생각했다. 몇 번을 읽었어도 그 생각 밖으로 나오지 못했다. 농사짓는 분들의 수고로움을 달래 주고 일하는 공간을 즐기는 공간으로 만들어 주려는 귀한 마음이 거기 숨어 있었다. 나는 요즘 우리 마을 주민들이 마을 정원사로 활동하며 씨앗과 모종을 나누는 아름다운 모습을 꿈꾸며 텃밭정원 공부를 하고 있다. 마을마다 꽃과 채소 그리고 그곳에 사는 사람들의 사연을 담은 텃밭정원을 상상한다.

어림셈의 근사치

이화나

|

남호영, 『무심이와 함께 하는 페르미 추정』, 솔빛길

    수학자가 사는 숲속 작은 집은 어떤 느낌일까? 3월 어느 날, 청양 남 선생님 댁에 집구경 가리는 잠이라는 산서지 선생님의 전화를 받고 덥석 차를 얻어 탔다. 나는 남호영 선생님을 뵌 적이 없는데 초면에 집을 방문하게 된 것이다. 선생님이 쓰신 책 제목이라도 알고 가야 예의일 것 같아 가는 동안 집필 목록을 검색해 보았는데, 유아부터 성인, 수학 전공자들을 위한 책까지 독자 스펙트럼이 넓고 소재도 다양했다. 학교 도서관에는 한 질씩 다 있다는 '수학 뒤집기 시리즈'도 쓰셨네!

    아직은 쌀쌀한 청양의 깊숙한 시골길을 달려 도착한 산 아래 집은 정말 군더더기 없이 효율적이며 목적이 확실한 '직사각형' 그 자체였다. 앞마당과 현관 앞 데크도, 집 안의 책장과 책상, 가구들도 직사각형의 딱 떨어지는 느낌! 책을 집필하기 위한 효율적인 동선으로만 배치된 공간을 보며 장식 없는 무뚝뚝한 매력을 느꼈다. 이 집의 반전은 오히려 집주인이었다. 사각형 수학자 이미지와 다르게 특유의 서울 사투리로 둥글둥글 풍부한 원형의 화법을 유머러스하게 구사하셨다. 그러면서도 돌려 말하지 않고 전달하는 직설 화법이 날카롭지 않고 오히려 따듯하게 느껴졌다.

손수 커피를 내리고 은행을 전자레인지에 돌린 후 껍데기를 펜치로 능숙하게 쪼개어 속살을 건네주시는 선생님 모습이 마음씨 좋은 이웃집 아주머니 같았다. 거대한 설계 도면을 넘겨가며 집 지은 과정을 꼼꼼하게 설명할 때는 역시 수학자시구나 웃음이 나기도 했다. 사람을 만나면 긴장하고 말을 버벅 대는 나는 왜 사십 대 중반에 일찍 명예퇴직을 했냐는 질문에 "그러게요."라고만 대답했고, 초면인데 초대해 주셔서 감사하다는 바보 같은 인사를 하고 나왔다. 사실 나는 초대를 받아서 간 것도 아니었고 남 선생님은 사실 내가 누군지, 어쩌다 오게 되었는지도 모르셨을 텐데 말이다. 어쨌든 이 일을 계기로 나는 원형 사각형 남 선생님의 팬이 되었다.

선생님의 책을 검색해서 단행본으로 살 수 있는 책은 다 구입했다. 그러던 중, 최근 출간된 『무심이와 함께 하는 페르미 추정』을 접하고 반해 버렸다. 분명 수학책이었다. 그런데 왜 수학책을 읽고 긴장과 강박 대신 자유로움을 느꼈을까? 빠르게 판단하되 타당한 논리로 '어림셈'을 한 결과가 꼭 정답이 아니어도 괜찮다는 '페르미 추정'은 수학이고 과학이며 인문학이기도 했다. 어린이들을 위해 쉽게 이야기로 풀어 놓은 페르미 추정의 원리는 어른들의 고정관념을 흔들어 놓기에도 적격이었다. 답이 맞고 틀리다가 아니라 '문제 해결에 도움이 되는가? 과정이 논리적인가? 적시에 효과적으로 적용이 되는가?'의 문제라는 것, 그것이 위로가 되었다. 위로가 되는 수학책, 나에겐 인문학적인 책이었다.

직사각형 프레임 위에 원형의 이야기가 굴러다니는 페르미 추정의 개념은 사실 무거운 역사적 실험에서 시작되었다. 맨해튼 프로젝트라는 핵실험 현장에서 과학자 페르미가 핵폭발로 일어난 폭풍에 종이를 잘게 찢어 날렸고, 종이가 얼마나 날아갔는지 발걸음으로 거리를 잰 다음 폭발의 위력을 순식간에 대략적으로 계산해 낸 것이다. 이후 시카고의 피아노 조율사 수를 추정하거나 한 해 동안 버려지는 쓰레기의 양을 예측하는 것, 시위 현장에 모인 참가 인원을 추산하는 방식에 페르미 추정이 쓰이게 되었다. 접근―설정―모델화―계산―검증이 논리적으로 빠르게 이루어져야 하는 추정 과정은 문제에 직면했을 때 스스로 문제를 해결해 나가는 힘이 장착되어 있어야만 가능한 과정이다. 검증을 통해 자신의 논리도 점검해야 했다. 책에서는 '개는 평생 발바닥을 몇 번 핥을까?', '오늘 전교생이 먹은 밥알은 몇 알?', '자전거 타고 달까지 가려면 얼마나 걸릴까?' 등의 재미있고 흥미로운 문제를 제시한다.

내 문제를 꺼내어 본다. '소명을 가지고 인생 전반기에 몸담았던 교직 생활을 마무리하고 인생 중후반기를 살아갈 새로운 사명에 확신을 가지게 될 때까지 얼마의 기간이 걸릴까?' 접근―설정―모델화―계산―검증의 과정을 떠올리며 우선 나에 국한된 문제로 접근한다. 설정을 위해 인생

전반기에 소명을 가지게 된 이유와 과정, 기간을 추적해 본다. 나도 답을 확신할 수 없지만 지금 상황에서 빠르게 기간을 따져 보자면 대략 사 년 동안 꿈을 안고 준비했다고 설정한다. 모델화는 이십 대의 나보다 사십 대의 나는 더 성숙한 상태라고 가정하고 준비기간이 반으로 줄어든다는 모델을 만든다. 계산을 통해 사 년의 반인 이 년 정도 준비를 차근히 하면 인생 중후반기의 사명을 찾아 가치 있는 일을 하며 삶을 영위할 수 있지 않을까 추정한다. 그러면 검증은?

대략 추정한 어림셈이지만 근사치이기를 바란다. 나의 문제에 직면하여 빠르게 추정했고 나름의 논리를 펼쳤다. 사실 이 추정대로라면 지금 내가 하는 일이 나의 사명임을 받아들여 최선을 다해야 한다. 퇴직 후, 삼 년이 다 되어 가는 시점이기 때문이다. 작은 동네 중고 책방을 운영했고, 일인 교육연구소도 열어 보았다. 지금은 아이들을 가르치는 교육 공간을 운영하고 있다. 학교에서 국어 교사로 전반기를 살았다면 이제 학교 밖에서 읽고 쓰고 나누는 문화교육 기획자로 살아가고 있다고 생각한다. 이것이 나의 사명일까? 내가 추구하는 길이며 지속 가능한 일인가? 이 년이 근사치이기를, 하고 바랐지만 비논리적이었다면 적시에 모델을 수정해야 할 수도.

추정이 맞는지 틀리는지 결과도 물론 중요하지만 문제를 해결하는 과정이 중요하기에 고민이 많다. 인생 2막의 모험을 시작했고 배우고 성장하다 채웠다가 비웠다. 새로운 일에 계속 도전했고 바닥부터 하나하나 새롭게 다지고 있다. 작은 책방에서 수학자와의 만남 프로젝트를 진행해 보기도 했고 다양한 작가들과의 만남도 기획했다. 지역의 작은 책방, 도서관을 돌며 인생책, 사람책을 만나는 체험 프로젝트도 진행했다. 지금은 새로운 교육 방법도 시도하고 있다. 페르미 추정과 수학자, 책방과 교육을 연결하는 지점, 직사각형과 원형이 교차하는 어디쯤 내가 서 있음을 그리고 그 길엔 정답이 아닌 과정이 있을 뿐임을 또 한 번 가만히 추정해 본다.

한문은 왜 배워요?

김정민

김동돈, 『길에서 만난 한자』, 작은숲

새 학년이 되면 첫 수업으로 일 년간 진행될 한문 수업을 안내합니다. 미리 작성한 ppt 파일을 띄워 놓고 우리가 무엇을 배울 것인지, 평가는 어떻게 진행될 것인지, 한문과 한자의 차이점은 무엇인지 등을 설명합니다. 그런데 그때마다 항상 나오는 질문이 있습니다.

"선생님 한문은 왜 배워요?"

"그러게요, 우리에게는 전 세계가 부러워하는 훌륭한 한글이 있는데 왜 한문까지 배워야 할까요?"

한문을 왜 배워야 하는지 수긍이 안 되는 학생들도, 한문은 어렵고 재미없는 과목이라고 생각하는 학생들도 많습니다. 그런 학생들이 스스로 답을 찾았으면 하는 바람으로 해마다 하는 수행평가가 있습니다. '우리 주변에 활용되고 있는 한자어 찾기'입니다. 3월부터 6월까지 주변에서 만나는 한자어를 찾아 사진으로 촬영한 후 인쇄해서 제출하도록 합니다. 인쇄가 어려운 학생은 교사에게 메일로 보냅니다. 6월 마지막 주 수업 시간에 각자 촬영한 한자어의 인쇄물을 나누어주고 한자어를 이루고 있는 한자의 음과 뜻 찾기, 한자어 풀이하기, 한자어를 활용한 문장 만들기를 합니다. 그렇게 수행평가를 마치면 학생들은 그동안 보이지 않았던 한자어가 생각보다 우리 주변에 많다는 사실을 알게 되었다고 말합니다.

우리가 일상생활에 사용하고 있는 한자는 얼마나 되는지, 한글과 함께 한자를 사용하면 어떤 장점이 있는지 알게 되었으면, 했습니다. 또 정확한 뜻을 모르고 사용하는 한자어들을 생활 속에서 새롭게 발견하여 익히는 동안 한문 수업에 관한 학생들의 의문이 스스로 풀리기를 바랐던 거죠.

『길에서 만난 한자』 제목을 보고 학생들에게 기대하는 수행평가의 의도가 들어있겠거니 싶어 반가운 마음으로 책을 펼쳤습니다. 길을 나서는 것 자체가 정해진 틀을 벗어나는 것이라 여러 가지 생각이 자유롭게 피어나기에 길을 걷다 만나는 한자는 책에서 대하는 한자보다 더 반갑다고 해요. 저 또한 직업병인지 길에서 만나는 한자는 그냥 지나쳐지지 않습니다. 이 책은 그 반가운 한자를 촬영한 장소와 그에 대해 설명을 붙인 사진 자료가 풍부하게 들어 있습니다. 한자에서 비롯된 생각을 사람, 서화, 시, 역사, 시대, 사색 등 몇 개의 묶음으로 정리했고 생각의 줄기를 이루는 한자들에 대해 상세한 어원과 어휘 설명을 곁들여 놓았습니다.

저자 김동돈 선생님이 우리 동네에도 다녀가셨네요. 신관동 길가에 있는 노래연습장 '황진이'의 간판 사진이 책에 실려 있습니다. 간판 배경에 써 놓은 황진이의 시를 읽을 사람이 있을까? 생각하면서 그래도 굳이 써 놓은 걸 보니, 공주는 교육도시라 교육도시다운 면모가 길거리의 간판에서 묻어난다고 하셨습니다.

月下梧桐盡 월하오동진
霜中黃菊發 상중황국발
樓高天一尺 누고천일척
人醉酒千觴 인취주천상
流水和琴冷 유수화금냉
梅花入笛香 매화입적향
明朝相別後 명조상별후
情與碧波長 정여벽파장

낙엽 진 오동나무 달빛 아래 서 있고
황국은 서리 중에 피었네
아스라한 누각에서
마시고 또 마시노라
거문고 소리엔 찬 물 소리 엉기고
피리 소리엔 매화 향기 머무네

내일 아침 작별 후엔

그리는 정, 가 없으리

이 시는 황진이가 소세양과 헤어지며 지은 시예요. 소세양은 평소 여인에게 빠져 지내는 것을 경멸했어요. 황진이와 지내기 전에도 지인들에게 "그녀와 30일을 넘겨 지내면 사람이 아니다."라고 호언장담했지요. 그런데 마지막 날 이 시를 받고 이렇게 말했다고 해요. "사람이길 포기한다."

한문에 관심이 없는 독자들도 재밌게 읽을 수 있는 책인 것 같습니다.

목포 유달산에서는 '祖國의 未來 靑年의 責任'이라 써 놓은 문구를 만났습니다. 그 구절을 보고 영화 <황산벌>에서 김유신과 함께 출전한 김품일이 아들 관창에게 죽음을 강요하는 장면이 떠오르셨나 봅니다.

청년은 순수해요. 그러나 순수한 만큼 무모하며, 노회한 이들은 그 무모함을 이용하죠. 지금도 국지전 혹은 테러에서 많은 경우 청년들이 소모품으로 사용되는 것은 그들의 자발적인 지원이라기보다는 그들의 순수함을 이용한 노회한 이들의 교묘한 술수 때문이에요. 저는 이런 점에서 청년에게 애국심을 강요하거나 그럴듯한 명분으로 희생을 요구하는 것을 몹시 증오해요.

청년수당 지급을 놓고 설전을 벌이는 우리의 현실이 답답해요. 당연히 지급해야 할 돈을 놓고 왜 논쟁하는지 모르겠어요. 먹고 살길을 찾을 동안 그가 생계에 연연하지 말라고 지원해 주는 것은 너무도 당연한 것 아닌가요? 제 자식이 일자리를 찾지 못해 굶어 죽을 판인데 어느 부모가 가만히 있을 수 있단 말이에요. 모든 기성세대는 부모이고, 청년은 자식 아니던가요? 우리는 아직도 청년들에게 저 옛날 관창에게 강요했던 희생을 여전히 요구하고 있는 것은 아닌지 모르겠어요.

청년세대의 어려움에 공감하며 토해내는 울분입니다.

벌교에 갔다가 어느 음식점 앞에서 찍은 '오늘도 誠實'이라는 비석을 보고 대학에 나오는 성誠을 설명하며 음식점 주인의 입장을 헤아려 봅니다.

"마음으로 진실하게 구하면 비록 적중하지 못한다 해도 본래의 목표에서 그리 멀어지지 않는다. 자식을 길러 본 뒤에 시집가는 사람은 없다."
『대학』「제가치국」장에 나오는 한 대목입니다. 평범한 말이지만 비범한 뜻을 담고 있어요.
사진은 '오늘도 성실誠實'이라고 읽어요. 성실은 『대학』에 나온 성誠과 큰 차이가 없어요. 비석은 꼬막 정식을 파는 집 앞에 세워져 있는데, 처음엔 좀 이상하다고 생각했어요. 음식점과 성실이 무슨 상관이 있나 싶어서요. 하지만 생각을 달리하니 이해가 될 듯싶더군요. 음식점도 미래를 낙관하기 어려운 사업 중 하나죠. 이 음식점 주인은 그간의 어려움을 성실로 해결하지 않았나 싶어요. 하여 이 비석을 세워 놓고 앞으로도 문제가 생기면 성실로써 해결하겠다는 의지를 다지고 있는 것 아닌가 하는 생각이 든 거예요.

오늘도 성실, 이 음식점 주인에게 성실은 신의 지혜를 빌어오는 주문이 아닐까요?

작가는 길에서 마주한 한자를 그냥 지나치지 않고 재미있는 일화나 떠오르는 생각들을 다양한 방법으로 들려주면서 누구나 쉽게 한자를 접할 수 있게 이끌어 줍니다. 한자로 이루어진 작품의 내용뿐만 아니라, 작품과 연계해 세상을 읽어내는 선생님의 통찰이 하나의 단어가 얼마나 깊은 생각을 할 수 있게 하는지 알게 합니다.

어휘 하나라도 생각 없이 쓰지 않고 알고 쓰면 우리 삶에 가치를 더하고, 다양한 사람들을 살필 수 있는 여유와 더불어 살아갈 힘이 생기지 않을까요?

충청말 오디세이

박명순

이명재, 『속 터지는 충청말』, 작은숲

책을 읽는 시간, 내 안의 충청도식 감정들이 꿈틀꿈틀 신바람이 났다. 통쾌하고 시원했다. 무미건조하게 듣고 말하던 충청말들이 당당해지는 순간이다. 심해를 유영하는 니모, 말미잘, 바다거북, 산호를 눈앞에서 생생하게 바라보는 낯선 경험처럼 충청말이 신비롭게 다가온다. 책을 덮고 벅차오르는 감동에 적절한 어휘를 생각해 내려고 노트북 앞에 앉았지만, 좀체 떨리는 마음이 진정되지 않는다. 책을 읽는 일이 때로는 글을 쓰는 일보다 장엄하게 느껴지는 순간이 있다. 이 책이 그랬다. 글이 아닌 말의 사람살이를 생생하게 풀어 놓은 좋은 문장이 물 묻은 바가지에 다닥다닥 붙은 참깨 알갱이처럼 한 개씩 떼어 내기가 쉽지 않다.

문장으로 보면 유미주의자의 시처럼 함축적 감성을 자아내면서도 의미 구조가 적확하며 호소력 있는 전달력이 심장을 후벼 파듯 구체적이다. 모처럼 좋은 산문을 읽었을 때의 전율에 휩싸인 것은 이 때문이다. 산문정신의 진정성이란 동시대를 향한 비판과 미래의 희망이라는 양축을 담아 내는 것에 달려 있다고 볼 수 있다. 책을 읽어나가다 사라지는 충청말을 위해 죽은 목숨을 살려 내듯 쏟는 정성의 숨결이 느껴져서 애가 탔다. 저자도 안다. 세월은 흐르고 세상은 변한다는 것을. 그러함에도 사라질 위기에 처한 말에 쏟는 애정은 말이 곧 사람이고 생활이기 때문이다. 저자는 '지난날의 세상은 사투리를 버리도록 강요하였다.'라며 안타까워한다. 저자가 연구한 충청말 살리기는 잘못된 세상의 변화에 저항하는, 계란으로 바위 치기와 같은 것일지도 모른다. 결국은 이길 수 없는 싸움처럼 보이는 것이다. 하지만 무모해 보이는 작업을 수십 년 묵묵히 수행하면서 그 안에 담은 진정성이 책이 되어 증언한다. 이 책은 충청말을 위한 저자의 육십 평생의 증언이자, 기록이자, 생활 일기이다. 그 어떤 박사학위 논문보다 치열한 연구 결과이며 실천 사례이기도 하다. 시인의 감성을 꽃으로 피워 올리듯 문장의 형식은 정성이 배어 곡진하다.

돌아보면 우리는 너무 많은 것을 잊으며 살아간다. 그것이 소중한 것임을 생각하지 못하다가 먼 훗날 안타까워한다. 사투리도 그러하다. 학교에 다니며 우리는 어머니와 아버지, 할머니와 할아버지가 가르쳐 준 사투리를 버렸다. 아버지의 저범과 수깔을 밥상머리에서 치워 버렸다. 짠지와 싱

건지를 버리고 김장김치와 나박김치를 상에 올린다.

이명재 시인은 생의 전부를 바쳐서 충청말을 가꾸고 다듬고 씨를 뿌리는 사람이다. 『예산말사전 1, 2, 3』을 간행했고 자신을 충청말 연구가라 정의한다. 작가의 말을 소개한다.

충청도 말의 특징 가운데 하나는 상황을 지워 내는 절제와 함축이다. 그래서 말이 짧고 그래서 말뜻을 제 맘대로 재단해선 안 된다. 상대방의 의도에 맞춰 퍼즐을 맞춰갈 때 정확한 말뜻이 파악되고 그럴 때에 소통은 가능해진다. 때로는 의중을 파악하기 힘들 때도 있지만, 그런 만큼 상대를 이해하기 위한 노력과 배려가 따른다.
이러한 충청 어법은 공동의식과 연대 의식을 바탕으로 한다. 언어의 형식보다는 서로를 보듬는 공감의 의미가 중요하다. 이런 까닭에 충청의 언어는 상대에게 상처를 남기지 않는다. 나만을 생각하는 이기와 아집에서 벗어나 타인과 나를 함께 생각한다. 천천히 생각하고 보듬어 주는 역지사지의 눈빛에서 피어나는 격조, 그것이 충청도 말이 지닌 매력이다.

구구절절이 옳은 말이다. 이문구 선생의 소설처럼 구수하면서도 칼칼한 맛이 문장 구석구석 빼곡하다. '공동의식과 연대 의식, 타인과 나를 생각하며 역지사지의 눈빛에서 피어나는 격조.' 저자가 충청도 말의 매력이라 말하는 그것이 이 책에는 살아 있는 숨결로 녹아 있다. 문장이 곧 사람이고 그 사람의 격조가 심금을 울린다. 순박하게 살다가 뼈를 묻은 이 땅의 민초들이 갈고 닦아온 모국어에 깃든 애환이 가슴을 적신다. 책을 꼼꼼히 읽다 보면 충청 사투리를 살려 내야 한다는 저자의 말에 동의하지 않을 수 없다. 그 말은 단순한 말이 아니라 오체투지의 열정이자 평범한 사람이 평생을 바쳐 절차탁마한다면 구현할 수 있는 시대적 사명감과도 같은 것이다. 책 속에 번들번들 빛나는 땀방울만큼 독서 이후 나의 생활 전반을 몸으로 갈고 닦도록 격려해 주는 힘을 느낀다.

   이 책을 만나기 이전 나의 불분명한 의사 표현 때문에 상대방으로부터 모욕적인 언사를 받은 적이 가끔 있었고, 그때마다 나의 흐리멍덩한 성격을 자책하곤 했는데 이제는 아니다. 그때마다 당당하게 이 책을 소개한다. 꼭 읽어 보시라고. 작가에게는 언어의 깊이를 공부할 수 있어서 좋고, 다양한 언어에 깃든 풍성한 영혼을 공부할 수 있다고. 그리고 가장 중요한 건 언어에 대지와 바람과 민초들의 혼이 깃들어 있음을 온몸으로 느끼게 해 준다고 말한다. 충청어법을 구시히는 니를 이런 식으로 슬그머니 보여 주는 것이다.

   구국의 결단처럼 칼로 베듯 정확한 자기표현이 필요한 순간도 분명히 있다. 하지만 생활의 순간마다 네 편 내 편을 가르거나 카테고리를 정하여 안과 밖으로 구분하는 걸 좋아하는 건 어떤가? 부적절한 분명함이 서로를 피곤하게 할 수도 있지 않은가? 어떤 사람들은 음식을 결정한다든지, 취향의 선호도를 표현하는데도 동일성의 틀을 요구하고 나처럼 이편도 저편도 아닌 사람을 외계인 취급하기에 급급한 경우가 있다. 우물쭈물하는 그

밑바탕에 상처를 주고 싶지 않은 마음이 있음을 알아 달라는 마음으로 넌지시 『속 터지는 충청말』을 끄집어낸다. 그때마다 "개 혀?(개고기 먹어?)" 한마디로 한바탕 웃음과 공감 마당이 펼쳐지곤 한다.

  이 책은 결코 충청말이라는 한정된 이야기가 아니다. 인류가 만들어 낸 언어라는 마술, 그 신비함을 속속들이 파헤친 지혜와 사랑과 웅숭깊은 '정'의 원류가 무엇인지 '말'과 '삶'의 관계를 탐색하는, 인간적인 매우 인간적인 충청말의 고현학이자 오디세이라 하겠다.

사랑이 없으면 아무 일도 못 한다

최은숙

김형수, 『문익환 평전』, 다산책방

이 평전은 좀 다르다. 책을 읽기 시작할 때부터 마지막 장을 덮고 난 후까지 한 인물의 침묵, 면민, 연민, 순수, 열정, 슬픔을 내 것이 되게 한다. 이 두꺼운 책을 손에서 떼지 못한 것은 고뇌하고 절망하고 분노하고 고무되고 기뻐하고 희망에 차는 문익환 목사를 바로 옆에서 보는 것 같았기 때문이다. 그가 있던 모든 현장에 함께 있었던 것만 같다. 이제 이해가 된다. 문익환이 어떤 사람이었는지, 북간도에 공동체를 만들어 나라를 일으킬 인재를 기르겠다는 뜻을 품고 두만강을 넘은 조부모와 명동촌을 이끌어간 부모, 북간도의 행복했던 어린 시절, 명동 학교와 은진 학교, 윤동주, 송몽규와 같은 친구들, 뜨거웠던 교사들, 그리고 하나의 애국 결사체처럼 움직였다는 가족이 그의 세계에 어떤 영향을 끼쳤는지. 엄청난 비판과 오해를 무릅쓰고 방북을 감행했던 그 시기에 세계는 어떻게 움직이고 있었는지, 지구상에 하나 남은 분단국가 상태를 필사적으로 지키려는 세력들은 얼마나 집요하며 얼마나 잔혹한지를.

훗날, 세상에 모습을 드러낼 때까지 한 영혼이 천천히, 오래도록 걸어온 깊은 맥락을 비로소 알겠다. 네 번째 투옥 중에 받은 민통련 재판에서 아들 문성근 씨가 채록한 문익환 목사의 진술은 이 책에서 18페이지에 달한다. 민주구국 사건의 내용과 유신의 비민주성을 밝힌 성명 사건, 생산수단의 공유화 정책에 대해서, 자본주의의 한계를 돌파하고자 하는 세계적인 추세와 관련하여 민족이 살길은 무엇이며 민주화와 민족 통일은 왜 필수 불가결인가에 대해서.

학생 시절에 활자로 만난 세계사와 한국사, 전후문학은 오래전에 빛이 바랜 장면 같아 내 삶이 그 연장선 위에 있다는 것을 실감할 수 없었는데 문익환 평전을 읽는 동안에는 지나간 나의 시간을 몇 번이나 뒤적였는지 모르겠다. 민주화 운동과 대학생들의 분신이 이어지던 1985년에 나는 대학에 입학했다. 민주화운동유가족협의회가 창립되던 해, 대학생 분신을 선동하고 배후 조종했다는 혐의를 쓰고 자진 출두하는 문 목사를 대학생들이 목말을 태워 경찰에 인도했다는 그해는 대학교 2학년이었다. 대학교 4학년 때는 그의 방북으로 학교가 떠들썩했다. 굵직굵직한 일들이 숨 가쁘게 일어나는 1980년대를 대학생으로 지내면서도 마치 달나라에 가 있는 것처럼 마음과 눈에 선명하게 들어오는 일이 없었다. 어디에서 무엇을 보고 듣고 생각하며 살았을까?

압록강 아래로 좁혀진 한반도를 또 조각내어 나눠 들고 그 안에서 기득권을 누리는 '분단 관리세력'의 교육을 받으며 자란 세대는 가르쳐 주지 않는 것들을 스스로 찾아 배워야 한다. 그렇지 않으면 왜곡되고 축소된 인식을 붙들고 그들의 식탁 아래 떨어지는 부스러기나 주워 모으면서 보잘것없이 살아갈 수밖에 없다는 것을 깨닫는다. 평전의 뒤에 붙은 김형수 작가의 후일담에 이런 글이 있다.

얼마나 많은 영혼들이, 나도 살았던 그 역사 속을 굽이쳤던가.
그날들, 그 거리들을 아직 통과해 버리지 않은 어린아이로 다시 태어나고 싶어 하는 것은 얼마나 과욕한 마음인가.

작가와는 조금 다른 의미에서 그게 그대로 내 심정이다. 누군가가 온몸으로 걸어간 길을 한참이나 지난 과거로 만나는 일은 사괴감을 준다. 내사 그랬다. 깊숙이 참여하지 않고 언저리에서 자그마한 목표를 가지고 자그마한 일들을 하며 그만그만하게 사느라 내가 사는 땅의 20세기를 '부감'할 수 없었다. 얼마나 많은 영혼들이, 나도 살았던 그 역사 속을 굽이쳤던가. '그날들, 그 거리들을 아직 통과해 버리지 않은' 시간을 현재형으로 다시 살 수 있다면 최소한 광야에서 외치는 선지자의 목소리를 외롭게 하는 데 일조하진 않을 텐데.

김형수 작가는 문익환의 생을 가리켜 어느 동화책 같은 목회자 한 사람이 20세기라는 무자비한 괴물과 벌인, 처절하다고 말해도 좋을 만큼의 악전고투였다고 했다. 우리나라의 현대사를 뒤흔들고 감옥을 수시로 드나들었으며 세상을 떴을 땐 최상층부터 최하층까지, 그리고 온 나라의 젊은 이들이 사랑을 고백하며 상여의 앞뒤에 매달렸던 그는 거인이 분명하지만, 그럼에도 악전고투하는 투사의 형상이 떠오르지 않는 이유는 사람을 적으로 삼지 않았기 때문일 것이다. 재판을 받을 때조차도 자신의 형량을 줄이는 데 관심이 없었다. 대화의 창구이자 사법부와 정부를 도울 수 있는 기회가 그가 생각하는 재판이었다.

작가는 문익환의 위대성을 '정치적 결단의 순간'이 아니라 '지난한 연민의 과정' 속에서 찾았다. 사람이 누릴 수 있는 권력과 부유함이 몇 년을 갈 수 있는지 생각해 본다. 80년, 100년? 필연 사라지고 말 육신의 부귀영화가 그토록 수많은 이들을 죽이고 고통을 주면서 나라를 조각낼 정도로 대단한 것일까? 군부 정권의 대통령들이 죽을 때마다 생각했다. 그렇게 살다 죽어서 좋은가? 문익환은 증오하지 않았다. 눈앞의 이득에 매달려 자신들이 무슨 짓을 하고 있는지 알지 못하는 그들을 딱하게 여겼다. 내 생각엔 연민의 지난함이야말로 사랑의 본질이다. 슬픔에 잠긴 사람들, 막다른 골목에 몰린 사람들, 소외된 사람들은 그를 아버지처럼 생각했다. 자기들이 부르면 반드시 온다는 것을 알았다. 대학 시절, 동아리방의 숱한 학습과 토론을 거치고도 끝내 문맹의 상태로 졸업하고 만 것은 그와 같은 진정성과 감동의 실체를 만나려는 적극성이 없이 책만 읽었기 때문인 것 같다. 『문익환 평전』을 읽고 나니 낯이 뜨겁지만, 우리나라 지도가 다시 그려진다는 고백을 하지 않을 수 없다. 내 인식의 초라함을 괴로워하면서 그의 「방북재판 상고이유서」 일부를 옮겨 적어 본다.

제가 태어난 곳은 두만강 저쪽 북간도입니다. 고구려와 발해의 넋이 가는 곳곳에 스며 있는 곳입니다. 우리의 이 강토를 못난 조상들 때문에 잃어버리고 중국 사람들에게 푸대접을 받으면서 신라의 삼국통일에 분루를 삼키면서 자랐습니다. 우리의 국경을 압록강·두만강으로 끌어내린 김부식을 원망하면서 살았습니다. 국경을 또다시 휴전선으로 끌어내리고 이것을 조국이라고 생각하고 국토수호에 열을 올리는 것을 저는 이해할 수 없는 사람입니다.

문익환 목사를 신뢰하는 이유는 신학자로서, 교육자로서, 목회자로서, 피붙이 같은 벗들을 떠나보낸 사람으로서, 조국에 대한 미애를 가진 사도서, 전태일의 죽음과 수많은 청년의 분신을 목도해야 했던 지식인으로서 '어떻게 살 것인가'를 끝없이 물었기 때문이고 스스로 납득할 수 있는 완전한 답이 내려지기까지 치열하게 궁구한 사람이기 때문이다. 윤동주, 송몽규, 장준하와 같은 인물들에 비하여 문익환 목사가 조용하고 소극적인 삶을 깨고 나오는 시간은 매우 길었다. 상식적인 세상이었다면 그는 공동성서 번역을 하며 영적인 스승으로 살았을 것이다. 이후 그의 행적은 그렇게 할 수밖에 없는, 그렇게 하는 것 말곤 다른 길이 없는 절실함에 근거한다. 그에게는 탁월한 지도력도 전략과 전술도 없었다. 어떠한 의도가 조금도 없는, 구체적인 사랑의 힘으로 젊은이들을 귀하게 여겼고 분신으로 숯덩이가 된 육신을 끌어안고 울었다.

『문익환 평전』에 가득한 것들을 다 옮길 수가 없다. 그는 겨우 100년 묵은 민족, 국가, 국경에 대한 지식을 매우 불합리하다고 생각했다. 민중에게는 "국경으로서의 대지가 아니라 삶의 터전으로서의 대지"가 있을 뿐이라는 인식의 소유자였다. 통일을 정치 경제 군사적 문제로만 보지 않았다. 남한과 북한으로 나뉜 이 사람들이 몇천 년 실존의 문화를 함께 누린 이들이라는 점이 중요했다. 분단은 자연과 생명의 질서에 어긋나는 것이다. 이러한 관점을 짚어내 보여 준 작가에게 감사한다. 그의 틀이 없는 크기와 시대와의 불화, 비애와 좌절, 그러나 모두 사랑으로 귀결되었던 그의 생애를 향한 작가의 존경과 뜨거운 사랑을 느낀다. 특히 작가의 다음과 같은 말에 동의한다.

일제의 '강압적 근대'가 한반도 민중에게 가한 폭력의 핵심은 생명의 서사를 정상 가동할 수 있게 만드는 존재의 근거지를 파괴한 점이었다. 민족의 구성원들이 남, 북, 해외로 뿔뿔이 갈리면서 내면에 남겨 둔 생채기는 두고두고 우리의 정신적 운명이 되었다. 일제가 물러간 후에도 극복되지 않았다. 박정희의 '조국 근대화'로 상징되는 남쪽 사회의 '압축적 근대'는 절대빈곤을 벗어나기 위해 오직 앞만 보고 달렸던 뿌리 뽑힌 사람들의 슬픈 여로였다. 그 길에서 지친 나그네들이 아무리 근거지를 찾으려 해도 그것은 분단의 횡포와 복구의 실패로 인한 영혼의 상처만 도지게 했다. 문익환의 통일운동은 이 같은 과정이 민족을 '죽임'의 생태로 내몰기 때문에 시작된 것이었다. 그렇다면 결국 그의 통일운동은 한 민족의 집단 감정을 치유하는 생명운동으로서의 제전에 속한다.

작가는 문익환의 연보를 살피면서 연보란, 그것이 역사인 한 피상적이고 하찮으며 또 지극히 일상적이라고 치부되는 개인적 체험의 떨림을 보존하지 않는다고 했다. 한 목숨이 의지했던 것, 그가 매 순간 보고 듣고 느끼며 사랑했지만 말하지 않았던 모든 것을 관槨처럼 딱딱한 토막 단어의 어둠 속에 담아 버리는 일이라고. 우리는 김형수 작가의 평전에서 그 떨림과 말로 다 하지 않은 사랑을 읽을 수 있을 것이다. 사랑이 아니면 어떻게 그렇게 살 수 있었겠는가? 어떻게 동화 같은 천진함과 영혼의 맑음을 훼손시키지 않을 수 있었겠는가?

"사랑을 가셔라! 사랑은 시지지 않는다!"

657페이지에 이르는 『문익환 평전』의 마지막 문장이다. 책을 읽기 전엔 무심히 보았던 그 말이 책장을 덮을 때는 붙박여 있는 글자가 아니라 살아 있는 목소리가 되어 있었다.

문익환의 역사에서 빼놓을 수 없는 아내 박용길 장로의 서사를 남겨 둔 작가의 마음을 신뢰한다. 누군가 쓸 박용길 장로의 평전을 위해 작가로서 쓰고 싶었을 재미있고 귀한 이야기들을 욕심내지 않은 거다. 참 좋은 책을 읽어서 기쁘다. 책에 자주 나오는 표현대로 20세기와 21세기를 뒤늦게라도 부감해 볼 수 있어서 머리가 개운하다. 문익환 목사의 정신을 이룬 『히브리 민중사』와 그의 형제이자 동지였던 문동환 교수의 자서전, 그리고 조카 문영미 씨가 쓴 『기린갑이와 고만례의 꿈』도 읽어 보려 한다.

저자 소개

독서 그리고 나

경험해 보지 못한 소재의 책을 골라 읽는 즐거움

가영주

1989년 9월 교직에 첫발을 내디뎠습니다. 태안중학교를 시작으로 9개의 학교를 옮겨가며 아이들에게 영어를 가르쳤습니다. 2023년 우성 중학교를 마지막으로 34년간의 교사 생활을 마치고 명예퇴직을 했습니다. 퇴임 후 어디서 살 것인가? 어떤 삶을 살 것인가에 대한 고민이 이어졌고 결국 시골 태생인 남편과 나는 남편이 나고 자란 고향 동네에 시골집을 하나 사서 리모델링했습니다. 집을 새로 고치면서 한 공간을 북 카페로 만들었습니다. 이곳은 우리 가족의 휴식 공간이자 서재이고 지인들의 모임 장소이기도 합니다. 음식도 나누고 악기도 연주하며 함께하는 공간으로 사용하고 있습니다. 봄이면 지인들과 냉이를 캐고 달래, 취나물, 고사리, 엄나무 순, 가시오가피 순, 두릅, 미나리로 봄나물 잔치를 합니다. 겨울이면 함

저자소개 | 독서 그리고 나

께 만두를 빚어 파티를 하지요. 다 시골이기에 가능한 일입니다.

　퇴직 후 마음 맞는 은퇴한 선생님들과 우쿨렐레 동아리를 만들었습니다. 일주일에 한 번씩 모여 연주하며 노래합니다. 소외된 이웃들에게 재능 기부를 하기도 하지요. 동아리에서 배운 우쿨렐레로 〈간서치〉 책 모임이 있는 날은 작품에 어울리는 곡을 준비해서 함께 부릅니다. 한 곡의 노래가 별것 아닌 것 같지만 마음의 긴장을 풀어 주고 딱딱했던 마음을 말랑하게 해 줍니다. 책과 노래와 우쿨렐레는 제 삶의 활력소가 되고 있습니다.

　〈간서치〉와의 인연은 10여 년 전으로 거슬러 올라갑니다. 동료 선생님의 소개로 가게 된 몽골 여행에서 우연히 〈간서치〉 선생님들을 만나게 되었습니다. 덜컹거리는 지프를 타고 진정한 오프 로드 여행을 경험하는 힘든 여정이었지만 서로 마음이 잘 맞아서 여행하는 내내 수다와 웃음이 떠나지 않았습니다. 그 인연으로 〈간서치〉 멤버가 되었고 독서 모임을 진행하는 사회까지 맡게 되어 아무리 바빠도 책을 꼭 읽고 가야 하는 숙명을 안게 되었습니다. 기꺼이 감당하는 일이지요.

　함께 읽고 나누기는 저에게 많은 선물을 주었습니다. 혼자 읽을 때와 달리 책 내용이 더욱 깊이 있고 풍성하게 다가왔고 특히 모임 안에 시인, 소설가, 평론가 회원들이 있어서 보다 생생한 책 모임이 가능했습니다. 직접 작가들을 모시고 나눴던 저자와의 대화 시간은 참 인상 깊었습니다. 학교에서는 연구부장으로서 모임에서 읽은 책들을 전문적 학습 공동체 활동에 소개하고 나누곤 했는데 이는 함께 읽기의 또 다른 의미와 보람을 느끼게 해 주었습니다.

저는 때로 책을 읽을 때 밑줄 긋기 노트를 활용합니다. 학교에 있는 동안 독서 지도 연수에 참여한 적이 있었는데 그곳에서 '도서관 친구들' 대표이며 30여 년간 학생들의 독서 지도를 해오신 여희숙 선생님을 만났습니다. 그때 선생님이 제작한 밑줄긋기 노트인 『보물 상자』(샨티)를 알게 되었는데 '1년을 쓰고 50년을 간직할 독서 노트'라는 제목을 단 『보물 상자』는 고급 양장본으로 다독 선배들의 귀한 독서 경험과 노트 활용 노하우가 잘 정리되어 있었습니다. 이것을 읽는 것만으로도 독서 의욕이 뿜뿜 솟아납니다. 물론 『보물 상자』가 아닌 일반 노트를 활용해도 상관없습니다. 밑줄 긋기 독서법은 우선 책을 읽으면서 감동적이거나 인상적인 문장들에 밑줄을 칩니다. 완독 후에는 밑줄 그은 부분만 다시 한번 읽어 보고 적어 두고 싶은 문장을 선별해 노트에 정리합니다. 감상평도 몇 줄 살짝 써 넣습니다. 담임을 맡아서 아이들과 밑줄 긋기 노트를 활용한 독서를 실험해 보았습니다. 독후감 쓰는 것이 어려워 책 읽기가 싫다는 아이들도 이것은 부담 없고 좋다고 긍정적인 평을 해 주었습니다. 다이어리 꾸미듯 노트를 채워 가면서 설레는 학생들도 있었습니다. 밑줄 긋기 노트를 활용하여 독서토론을 진행해 보니 각자의 노트를 읽는 것 만으로도 책 나누기의 효과가 컸습니다.

사람다워지는 길은 성찰이라 믿습니다. 성찰하는 사람만이 변화하고 성장할 수 있기 때문입니다. 성찰과 성장의 동력 중 하나가 독서라고 생각합니다. 특히 함께 읽기와 나누기는 동반성장의 토대가 됩니다. 〈간서치〉와 더불어 함께 성장하는 평생 독자$^{\text{Life-long Reader}}$가 되기를 꿈꿉니다.

때로 경험해 보지 못한 소재의 책을 골라 읽을 때가 있는데 생각지 못한 귀한 통찰과 이해, 감동을 얻는 경우가 많았습니다. 그런 기준으로 읽었던 책 몇 권을 소개해 보겠습니다.

함께 읽어 보고 싶은 책

▎**조한진희, 『아파도 미안하지 않습니다』, 동녘**
  건강 스펙과 질병 낙인의 사회에서 아픈 몸에 대한 성찰과 질문

▎**나재필, 『나의 막노동 일지』, 아를**
  조기 퇴직 후 재취업을 위해 좌충우돌하고 막노동판에서 고군분투하는 베이비 부머의 이야기

▎**한승태, 『고기로 태어나서』, 시대의 창**
  우리가 알아야 할 불편한 진실 - 닭, 돼지, 개 농장에서 쓴 노동 에세이

배움이고 실천인 독서를 통해
내가 만나는 아이들을 더 따스하게 품고 싶다

김기영

꿈도 많고 고민도 많고 내향적이던 소녀는 야간 자습을 끝내고 버스를 타러 가는 길에 친구들과 나누는 속 깊은 이야기들을 좋아했다. 어느 날, 친구가 그랬다. 너는 특수교육과에 가서 장애아이들을 가르치는 특수 선생님이 될 거라고. 국어교육과, 사회교육과 이런 전공들 속에서 무엇을 택할지 고민하던 내게 특수교육과는 낯선 학과였다. 그런데 갑자기 가슴이 뛰기 시작했다. 중학교 영어 시간에 읽은 설리번 선생과 헬렌 켈러의 이야기가 항상 마음속에 큰 자리를 차지하고 있었기 때문이다. 그래서 아이들을 가르치는 선생님이 되고 싶었는데, 정말 헬렌 켈러와 같은 아이들을 가르치는 학과가 있다니, 그때부터 내 꿈은 특수 선생님이 되는 거였다.

1998년 천안의 한 특수학교에서 발달장애 아이들을 가르치기 시작했다. 처음 맡은 중학교 2학년 교실에는 스물여섯이 되도록 이름 한 자 쓰지 못하는 총각 학생도 있었고, 이것저것 가리지 않고 먹어 대는 남학생도 있어서 청소 세제까지 꼭꼭 숨겨야 했다. 나는 그런 아이들이 그냥 참 예뻤다. 방학을 하는데 다섯 명의 아이들이 얼마나 보고 싶은지 목을 빼고 개학을 기다렸던 시절이었다. 그렇게 시작한 교직 생활도 훌쩍 이십여 년이 지났다. 반 아이의 갑작스러운 죽음으로 삶의 커다란 멍에를 짊어졌던 시간도 있었고, 옆 반 선생님의 사고사로 먼지 같은 인생의 허망함을 느낀 시간도 있었다. 삶의 위기에서 주저앉고 싶을 때마다 나를 위로하고, 그 자리에 머물 수 있도록 지켜 준 건 책이었다. 적막한 자취방에서 하루의 피로와 외로움은 손에 쥔 작은 시집이 위로했고, 이상과 현실의 괴리에서 흔들리는 마음은 두툼한 에세이와 소설에서 길을 찾을 수 있었다.

청양으로 발령받고 특별할 게 없는 시골 학교의 일상에 무료함을 느낄 무렵, 한 선생님의 권유로 독서 모임에 발을 디디게 되었다. 책을 읽은 뒤 조용히 생각을 정리할 시간이 없이 또 다른 책으로 옮겨가던 습관이 독서 모임을 통해 바뀌었다. 책에 대한 이해와 감동이 확장되고, 차근차근 소화되어 나만의 인식의 지평을 넓힐 수 있었다. 같은 책을 읽고 다른 이의 생각과 감동을 여러 빛깔로 만날 수 있다는 것, 편향적인 독서에서 벗어나 다양한 분야의 다양한 작가들을 골고루 만나볼 수 있는 것도 큰 매력이었다. 남들의 잣대로 나를 보던 못난 버릇에서 벗어나 나의 고유한 인격과 가치를 발견할 수도 있었다.

나이 마흔셋, 조금은 늦은 나이에 엄마가 되었다. 아이와 엄마는 같이 성장한다고 했던가? 아이를 키우면서 자연스레 발달과 육아에 관한 책들에 관심이 커졌다. 처음 육아서를 접할 때는 어떻게 좀 더 아이를 잘 키울 수 있을까 고민했다. '잘 키운다'는 말에는 똑똑한 아이로 키우고 싶다는 엄마의 욕심이 들어 있었다. 그러나 발달과 관련된 책을 읽을수록 육아든, 교육이든 아이의 몸과 마음의 온전한 성장에 초점을 맞추어야 한다는 쪽으로 생각의 방향이 바뀌어 갔다. 어린아이를 대상으로 흔히 이루어지는 선행학습과 지식 교육이 얼마나 아이들의 몸과 마음을 상하게 하고 있는지도 되돌아보게 되었다. 아이들 각자 타고난 기질대로, 아이들에게 내재한 발달의 순서대로 성장하도록 이해하고 돕는 게 어른의 몫이라는 걸 배운다. 어린 시절에 잘 먹고, 잘 자고, 잘 놀 수 있도록 돕는 일, 그게 어른의 몫이다. 그래서 책을 읽다 반성이 될 때가 많다. 나의 교실에서 내가 아이의 기질을 얼마나 이해하고 교육했는지, 발달 단계에 따른 특성에 맞는 교육이었는지, 되돌아보면 부끄럽고 후회될 때가 많다. 좀더 일찍 깨달았다면 이이들에게 따뜻하고 온화한, 좋은 어른의 본보기가 될 수 있었을 텐데. 책은 배움이고 실천이다. 늦게나마 알게 되었으니 내가 만나는 아이들을 더 잘 이해하고, 더 따스하게 품고 싶다.

함께 읽어 보고 싶은 책

▌ 라히마 볼드윈 댄시, 『당신은 당신 아이의 첫 번째 선생님입니다.』, 정인
   아이와 부모가 함께 성장하고 행복해지는 비결!

▌ 김현경, 『아이의 건강한 리듬 생활』, 무지개다리너머
   머리와 가슴의 조화로운 성장

마음 상태에 따라 마음 가는 대로 읽으며
소소하게 반복되는 무심한 날들을 충만하게

길영순

|

금산에서 태어나 스무 살, 대학 시절부터 공주에서 살고 있습니다. 일곱 살에 입학한 이래 회갑이 된 지금까지 줄곧 학교에 다니고 있네요. 아직 4년이 남이 있는데 정년까지 가 보려 합니다. 1987년에 충남 공주 정안중학교로 발령받아 26년간 수학 교사로 열정을 다했습니다. 11년 전, 진로 교사로 전과하여 진로교육과 혁신학교를 주로 맡아왔습니다. 관리자가 되어 더 잘해 보고자 2025년 현재 소도시 중학교에 교감으로 근무하고 있습니다만 혁신학교는 더디 천천히 함께 가고 있습니다.

책을 읽을 수도, 글을 쓸 수도 없는, 뭐 하나에 집중할 수도 없는 암울한 시국에 제주항공 여객기 사고까지 발생했습니다. 참사를 들여다보며 다시 저의 어려운 시절이 떠올랐습니다. 사고가 막 났을 무렵, '삼가 고인의 명복을 빈다'라는 카톡이 올라오면 '어떻게 해야 고인의 명복을 빌 수 있는 건가요? 아직 확인도 하지 않았는데 어찌 그리 빨리 고인이라 할 수 있나요?'하는 생각이 들었습니다. 다행히 시간이 좀더 흐르면서 '고인'이라는 말보다 '희생자분들'이라는 표현을 쓰기 시작하더군요. 불의의 사고나 참사에서는 이 표현이 그나마 유족들의 마음을 덜 아프게 하겠어요.

희생자분들이 가엾고 애통합니다. 남겨진 분들은 그 세월을 또 어찌 보내야 할까요, 단장의 슬픔을 어찌 견뎌내야 할까요. 병원 다니며 상담도 받고 약을 먹고 불면의 밤도 견뎌내고 우울함에서도 벗어나야지요. 슬픔이 목까지 차오르면 나가서 걷기도 하고 목 놓아 통곡도 해요. 그래도 안 되면 글로도 쏟아 내고 종교에 기대어 기도도 하고요. 그러면 조금 나아져요. 그럼 청소하고 빨래를 하고 밥도 지어 먹지요. 그러다 나의 마음을 돌볼 여유가 생기면 책도 들어오기 시작해요.

유족분들을 보면 가만히 안아 주세요. 위로가 많이 되었어요. 그리고 밥도 사 주세요. 정식으로 상 차려서 먹지 못합니다. 그럴 때 밥 같이 먹어주면 정말 고맙더라고요. 제가 쓴 독후 에세이는 눈사태 사고로 남편을 보내고 2년 차에 쓴 글입니다. 그래서 읽기가 편하지 않습니다. 그러나 남겨진 사람들이 어떻게 단장의 슬픔을 견뎌 내고 있는지를, 특히 이번 여객기 사고로 남겨진 사람들에게 좀 더 따스한 눈빛으로 마음을 내어준다는 생각으로 읽어주시면 고맙겠습니다.

책을 고르는 기준은 지금 나의 마음 상태인 것 같아요. 위로가 필요할 때 『위안이 된다는 것』, 『내게 남겨진 것들』, 『이처럼 사소한 것들』 등을 읽었어요. 최근의 흐름에 따라 읽기도 하지요. 노벨문학상을 받은 한강의 책들을 다시 읽기도 하고요. 질문을 생각하고 써나간다는 작가의 말이 큰 깨달음을 주었어요. 앞으로의 삶은 영화 〈퍼펙트 데이즈〉의 히라야마처럼 음악을 듣고 책을 읽고 차를 마시며 산책을 하고 주일엔 성당에 가서 기도하고 오는, 소소하게 반복되는 무심한 날들을 충만하게 보내며 살아가고 싶습니다.

함께 읽어 보고 싶은 책

▌ 안셀름 그륀, 『위안이 된다는 것』, 가톨릭출판사
　위로, 위안, 온기, 나를 살아가게 하는 힘

▌ 패트릭 브링리, 『나는 메트로폴리탄 미술관의 경비원입니다』, 웅진지식하우스
　남겨진 자의 삶, 고독이 건네는 위로, 애도의 끝, 가장 단순한 일의 고요함

쓴 책

▌ 공저, 『공주수필문학』, 문화의 힘

마음이 가는 문장에 꼬리표를 붙이거나
옮겨 적으며 끌리는 대로 읽는 즐거움

김분희

새순이 꽃처럼 피어나던 어린 시절과 봄인 것을 모르고 봄을 살았던 스물 언저리까지가 나의 첫봄이었다. 1989년 9월 강원도 홍천 양덕상업고등학교 새내기 선생이 되어, 순정한 학생들을 만났고 발령 동기 선생과 사랑하고 결혼하여 세 아이의 엄마가 되었다. 해마다 학교에서 봄 같은 아이들을 만나며 35년 간 교사로서 두 번째 봄을 지냈다. 아이들 덕분에 청춘으로, 자주 봄의 마음으로 살아온 시간이 참 고맙다. 선생으로 살았던 시간을 마무리하고, 이제 예순 살 어른이 되어 내게 다가오는 세 번째 새봄을 기다린다. 다시 처음이라 설레고, 내게 주어진 일을 마치고 난 다음이라 느껴지는 홀가분함도 있다.

책에 대한 첫 기억은 우리 집 큰방 어딘가에 있다가 어느 날 눈에 뜨인

초록색 표지 『알프스 소녀 하이디』이다. 초등학생이었는데 몇 학년이었는지는 모르겠다. 학교에 다녀와서 책을 놀이 삼아 여러 날 읽었던 것 같다. 그때의 고즈넉함과 마루를 비추던 햇살을 떠올리면 지금도 마음이 충만해진다. 한낮의 시골 동네는 참 조용했다. 어른들이 들일 나가고 아이들도 일손을 도우러 따라간 뒤, 빈 골목의 기척 없는 심심함을 즐겼다. 웬만해서는 자식들에게 들일을 시키지 않는 부모님의 헤아림을 짐작하고, 엄마의 분주함을 조금이라도 덜어 드리기 위해 저녁밥을 지어 놓고, 책을 보며 식구들을 기다리는 시간이 좋았다.

 우연히 '하이디'를 내 기억의 첫 책으로 만난 것처럼 생활 중에 눈에 띄는 책들을 주로 읽게 된다. 중고등학교 시절에는 교과서 외에 다른 책은, 드문드문 읽어서 구체적 기억은 뚜렷하게 없지만, 도서관에서 자주 서성였던 것 같다. 유행하는 시집을 사서 읽고 외우기도 했다. 대학교 때는 얼떨결에 사들인 창비 영인본이 자취방에 있었다. 선생이 되어 책이 늘 가까이 있기는 하였으나 많이 읽지는 못했다. 아직도 독서량이 많지 않고 글쓰기도 게을러 문장은 짧고 어휘는 부족하다. 〈간서치〉에서 한 달에 한 권 읽고 만나 이야기 나누는 것이 꾸준한 책 읽기에 도움이 된다. 책 모임을 같이하는 선생님들에게 배우며 나의 부족함을 채워 나가는 귀한 시간이다. 술술 넘어가는 책도 있고 읽기가 까다로운 책도 있어서 재미를 잃을 때도 있다. 어려운 내용은 대충 읽으며 넘어가고 이해할 수 있는 부분을 반가워하며 끝까지 읽으려고 한다. 모르는 것을 찾아가며 읽다가는 읽기를 중간에 포기할 수도 있을 것 같아서다. 마음이 가는 문장에는 꼬리표를 붙여 두었다가 다시 읽어 본다. 깊게 다가오는 문장은 노트에 옮겨 적는다. 책이 좋으면 같은 작가의 다른 책을 찾아 읽고, 책에 소개되는 책을 메모해 두었다가 사서 읽기도 한다.

 가족들이 집에 들여 놓은 책을 읽기도 한다. 2021년부터 가족 독서 모임을 하고 있다. 발제 순서대로 책을 정하면 두 달 동안 읽고 서로 이야기를 나눈다. 아이들이 성장하고 나서는 시간을 함께 보내기 어려운데, 같은 책을 읽고 마주 앉아 이야기할 수 있어 즐겁다. 솔직하고 편안하게 이야기가 오가는 시간이 정겹고 소중하다. 2월의 책은 박명순 선생님의 『영화는 얼굴이다』(등)로 정하여 읽는 중이다.

함께 읽어 보고 싶은 책

▎목성균, 『누비처네』, 연암서가
  가장 수필다운 수필

게으르게 읽고 있지만 늘 책과 함께하는 인생

김영희

|

책을 읽지 않고 살아갈 때는 부스러질 것 같고 몇 줄을 읽더라도 읽어야 부스러지지 않고 부스러졌더라도 다시 모아지는 그런 느낌이 있어요.

2006년 EBS 『문학산책』 인터뷰 중에서, 한승

공주 웅진동 살던 1960년대엔, 교과서 외에는 주변에 책이라고는 없었다. 가끔 어느 집에서 만화를 빌려오면 온 동네가 돌려가면서 읽는 게 전부였다. 그마저도 아버지는 우리가 만화책 읽는 걸 싫어해서 한번은 남의 집 만화책을 오줌독에 처박아 버리기까지 했다.

초등학교 5학년 때 대전 삼성동 단칸방으로 이사를 했다. 그리고 6학년 때, 엄마가 계몽사에서 나온 소년소녀 세계문학이라는 전집을 사줬다. 그

건 신세계였다. 그때부터 중고등학교 생활기록부 취미란은 항상 '독서'였다. 그 당시 읽은 『알프스의 소녀 하이디』의 영향으로 나이 예순이 넘어서 스위스 하이디마을을 다녀왔다.

책 사 읽을 형편은 안 되었던 내게 고등학교 때 반 친구네 형부가 하는 책방은 개인 도서관이나 마찬가지였다. '돈이 필요 없던 시절'이었지만 책을 못 사 보는 것은 좀 아쉬웠다. 야간 고등학교를 다니다 보니 낮에 시간이 있었던 우리는 자주 그 책방에서 시간을 보냈다. 그 친구는 주인(친구 형부)이 없을 때 책을 몰래 빌려주기도 했다.

책을 놓지 않아서일까? 스물일곱 살에 대학교 국문과를 가고, 서른세 살에 국어교사가 된다. 마흔 살에 경제적 여유가 조금 생기면서 세상 밖으로 눈을 돌려 여행도 다니기 시작하고, 사십 대 후반에는 독서 모임 〈간서치〉에도 들어가게 된다.

그 모임에서 읽은 많은 책 중에는 읽었지만 다 읽지 못한 책도 있다. 소종민의 『어제의 책·오늘의 책』이다. 보통 책을 읽으면 그 책 속에 언급된 책이나 관련된 내용들은 다 찾아봐야 직성이 풀리는 성격이지만 이 책은 그럴 경지를 훌쩍 뛰어넘는다. 지금도 이 책을 생각하면 카잘스의 묵직한 첼로 음이 가슴을 누른다.

지금은 아주 게으르게 책을 읽고 있지만, 내 인생은 책과 함께하고 있다. 그래서 살고 있다.

함께 읽어 보고 싶은 책

▌**제임스 조이스, 『율리시스』, 문학동네**
　소설, 의식의 흐름 기법의 정석

▌**소종민, 『문학의 극한』, 청색종이**
　문학에 관심이 있다면 꼭 읽어야 할 문학 비평서

저자소개 | 독서 그리고 나

독후감을 나누고 저자를 직접 만나면서 변화한 나의 삶

김정민

공주중학교에서 밝고 에너지 넘치는 남자 중학생들과 행복한 삶을 누리고 있는 한문 교사 김정민입니다. 2007년 신규교사의 걱정과 불안을 한가득 안고 꼬불꼬불한 칠갑산 고개를 넘어 도착한 청양중학교. 그 첫 학교가 내 인생의 가장 큰 선물이었음을 나중에야 알았습니다. 북한에서도 무서워한다는 남자 중학생은 어디에도 없고, 반짝반짝 빛나는 눈으로 선생님에게 집중하는 너무도 사랑스러운 아이들과, 반갑게 맞아 주며 무엇이든 도움을 주려고 하는 선생님들이 거기에 있었습니다. 겸손한 태도로 자신들의 일을 깔끔하게 해 내며 학생들을 존중하는 모습을 날마다 눈앞에서 보면서 '이 단체는 뭐지? 따라가기 어려운 능력자들뿐이잖아' 하는 생각이 들었습니다. 선배 교사들에게 존경심이 생겼습니다. 항상 진심으로 학생들을 대하는 모습, 오랜 경력이 있음에도 매번 시간과 정성을 들여 수업을 준비하는 선생님들의 자세에서 교사로서의 가치관을 세울 수 있었습니다.

매주 월요일이면 학교 도서실에 모여 고전을 공부했습니다. 성현의 가르침뿐만 아니라 각자 다른 삶의 방식을 가진 사람들을 바라보는 다양한 관점을 나누며 내가 성장하고 있다는 것을 느꼈습니다. 그 도반들이 이끈 독서 모임은 내 삶을 풍성하게 변화시켰습니다.

신임교사이다 보니 전공지식이 부족하다 느끼던 시절이라 대부분 전공 서적과 교육 관련 서적만 읽는 나의 모습을 발견하며 편협한 독서에서 폭넓은 독서로 확장하고 싶다는 생각이 강하던 때였습니다. 고전을 공부하며 닮고 싶었던 선생님이 독서 모임을 하고 있는데 같이 하면 좋겠다고 권유하셨습니다. '내가 따라갈 수 있을까?' 하는 두려움도 있었고, 쑥스럽기도 했지만 홀리듯 빠져들어 다양한 책을 읽게 되었습니다. 함께 읽을 한 권의 책을 선택하기 위해 회원들이 추천하는 책과 여러 권의 책을 미리 읽고 우리 모임에 적당한 책을 선정하는 과정을 보면서 이런 모임을 할 수 있다는 것에 감사함이 저절로 생겼습니다.

『건축, 음악처럼 듣고 미술처럼 보다』(효형출판)를 읽고 초청한 저자 서현 교수님은 지금도 잊히지 않습니다. 청양 시골 학교 교사들의 독서 모임에 선뜻 오셔서 긴 시간 재미있는 이야기를 들려 주셨습니다. 흰 눈이 펑펑 내리던 겨울에 찾아간 전북 고창의 '책이 있는 풍경'. 설경과 책에 둘러싸여 1박 2일, 따뜻한 방바닥에 뒹굴며 여유롭게 뒤적이던 책들. 『제가

『살고 싶은 집은』(서해문집)을 읽고 찾아간 '잔서완석루'. 저자 송승훈 선생님과 이일훈 건축가의 정성이 담긴 집, 집만큼 더 멋진 집주인을 만나 건축과 독서에 관해 이야기를 나눌 때는 감동과 부러움이 동시에 생겼습니다. 〈간서치〉는 읽기에서 멈추지 않고, 독후감을 나누는 과정에서 다양한 관점을 배울 수 있을 뿐만 아니라, 저자를 초빙해 궁금한 점을 직접 질의할 수 있는 모임이라서 특별했습니다. 남들보다 늦게 교직에 입문했지만 〈간서치〉를 만나 나의 삶은 풍성하게 변화했고, 편협하고 고집스러운 생각의 틀을 빠르게 깰 수 있었습니다.

저의 독서 방법은 소심하게 밑줄 긋기입니다. 책을 읽다가 마음에 와닿는 문장이나 중요한 문장이라 생각되어 눈에 띄는 문장은 연필로 밑줄 치며 읽습니다. 다 읽은 후 밑줄 친 문장을 다시 읽으며 노트에 옮겨 적습니다. 책을 고를 때는 머리글과 내가 처한 상황이 많은 영향을 주는 것 같습니다. 오십 대가 되어서인지 글머리에 있는 '바꿔야 할 것은 미래가 아니라 과거다. 과거와 미래를 바꾸는 것은 현재 나의 마음이다.'라는 문장을 보고 읽게 된 『오십에 읽는 주역周易』은 '하늘이 나에게 바라는 것은 무엇일까?' 생각하게 했습니다.

함께 읽어 보고 싶은 책

▌ 유은실, 『순례주택』, 비룡소
　행복해지기 위해 인생을 살아가는 사람들
▌ 린 틸먼, 『어머니를 돌보다』, 돌베개
　노화, 병듦, 돌봄, 죽음 그리고 양가 감정에 대하여

쓰면서 독서가 될까?
음, 되던데요.

김현정

2000년 9월, 충남 공주북중학교에 국어 교사로 부임했습니다. 공주는 제가 태어나고 자란 곳인데 직장까지 고향을 떠날 수 없었습니다. 공주는 저녁 9시만 되어도 거리에 사람들이 사라지고, 어디로 가든 30분이면 다 갈 수 있고, 10년이 지나면 강산도 변한다는 말과도 거리가 있는 곳입니다. (건물을 지으려 땅을 파면 유물이 우르르 나와 짓기 어렵다.) 프랜차이즈 음식점보다 로컬 맛집이 훨씬 많고요. 그래서인지 고향을 떠나지 못한 답답함보다는 따뜻한 쓸쓸함을 지닌 공주를 좋아하는 마음이 더 큽니다. 직접 짠 빨간 목도리를 졸업식 날 선물로 주는 학생이 있는 동네, 거기에서 사는 저는 행복한 교사입니다.

국어 교사라면 책도 읽고 글도 좀 쓰겠지라고 남들이 생각할까 봐 저는 늘 걱정입니다. 어렸을 때는 문학책보다 과학과 관련한 백과사전이나 신문 기사를 보는 걸 더 좋아했고, 받아쓰기에서도 100점을 받은 적은 거의 없었습니다. 글쓰기는 영 자신이 없습니다. 내가 작가처럼 시인처럼 쓸 수 있다면 아이들에게 정말 잘 가르쳐 줄 수 있을 텐데. 그렇지 못한 것이 못내 아쉽고 아이들에게 면이 안 설 때도 있었습니다. 지도서에 나오는 이론을 반복할 뿐 누군가의 마음을 움직이는 글을 쓰게 하는 것이 무엇인지 몰라 불안했습니다. 학생들에게 글쓰기를 지도할 때마다 작가라면 아이들을 어떻게 가르칠까? 수없이 스스로 질문했습니다. 자신이 없었기 때문입니다. 그런데 꿈꾸던 일이 실제가 되었습니다. 2022년에 우리 학교 학생들이 시인에게 시를 직접 배울 기회가 생겼고 저도 그 수업에 참여하며 시인과 협동 수업을 진행하는 행운을 얻었습니다. 수업 시간이 그렇게 기대되고 두근거렸던 적이 몇 번이나 될까? 그렇게 시 쓰기 활동이 시작되었고 시를 어려워하던 아이들은 시를 읽는 아이들이 되었습니다. 국어를 가르치는 분들은 알 거예요. 아이들은 시를 좋아하지 않습니다. 그런데 작가가 되어 시를 쓰며 아이들이 시를 좋아하기 시작하고 시의 두려움에서 벗어나는 걸 보았습니다. 독서는 글을 읽는 것에서 시작할 수도 있지만 쓰면서도 시작할 수 있다는 깨달음은 저에게 큰 충격이었습니다. 또 걱정됩니다. "이제 글쓰기 수업에 자신 있나요?"하고 물을까 봐서요. 전혀 아닙니다. 노력하는 사람과 재능있는 사람의 간극을 실감하게 됩니다. 학생 시 쓰기 교육뿐만 아니라 학생 시 쓰기 수업 활동을 어떻게 진행해야 하는지도 세세히 이끌어 주신 최은숙 선생님은 아주 잘하고 있다고 지금처럼만

하면 된다고 칭찬과 격려를 끊임없이 해 주시지만 부족하다는 걸 압니다. 특히 학생들이 시를 쓰면 피드백을 해 주시는데, 교수법이 보석 같아 훔치고 싶은데 도둑질이 잘 안되더군요. 그래서 용기 내 본 것이 독서 모임입니다. 함께 읽고 서로를 공유하다 보면 닮지 않을까? 세상을 보는 눈, 작고 변변찮은 것에서 허름하지만 아름다움을 찾는 마음, 나를 버리고 아이들을 그대로 받아들이는 열린 자세를 말입니다.

제가 가장 좋아하는 독서 방법은 아이들을 키우면서 달라졌습니다. 아이들을 재우기 위해 양옆에 애들을 끼고 누우면 어느 날 잠은 안 오는데 아무것도 할 수가 없으니 시간이 아깝고 무료했습니다. 그때부터 오디오북을 듣기 시작했는데 그 시간이 무척 행복했습니다. 이제 얼른 자지 않고 엄마를 애태우던 아이들은 다 컸지만, 아직도 오디오북은 저와 출퇴근을 같이 합니다. 좋았던 부분은 책으로 찾아 다시 읽어 보는데 듣는 맛과 읽는 맛의 미묘한 차이가 참 재미집니다. 바깥세상으로부터 오는 힘듦이 아직도 내가 옳다는 생각에 수많은 것들에 대한 편견의 결과는 아닐까 생각하며 넉넉하게 수용하고 다른 차원의 시각으로 바라볼 수 있기를 바라는 마음으로 오늘도 책을 읽습니다.

함께 읽어 보고 싶은 책 ─────────────

▎2022 공주북중학교 학생시집, 『날아라 솜털우산』, 심지
　나도 할 수 있었어. 그다음의 용기

▎조경규, 『오무라이스 잼잼』, 송송책방
　같이 보는 사람과 함께 입맛 다시는 책

마당이 있는 집에서 글을 쓰고 싶다는 꿈
이루었지만 정작 마당을 즐길 시간이 없다

남호영

I

안으로 파고드는 나의 성격은 막내라는 위치에서 비롯된 면이 크다. 나를 제외한 여섯 명의 가족은 시도 때도 없이 막내를 불렀다. 심부름시키려고 부르고, 뭐하냐며 부르고, 심심해서 부르는 가족을 피할만한 곳은 마땅치 않았다. 시멘트 옥상이 만만한 계절은 짧았고, 결국 찾아낸 비밀 아지트는 책상 밑이었다. 책 한 권 들고 책상 밑에 들어가 부르는 소리를 못 들은 척 나만의 세계로 빠져드는 일은 언니 오빠들이 대학에 가고 군대에 가면서 집에 머무는 시간이 짧아질 때까지 꽤 오래갔다.

그렇다고 읽을 책이 풍족했던 건 아니다. 당시 대부분의 집이 그랬듯이 집에 있는 책은 몇 권 안 됐다. 언니 오빠들이 남겨준 책이 좀 있었고, 이모네 집에서 빌려온 책도 좀 있었을 뿐, 학교에서 나눠주던 윤독 독서책도 삽 삶이 읽었고 매일 오후에 배달되는 신문은 목을 빼고 기다리는 활자였다.

주로 문학작품에 한정되었던 독서의 결이 달라진 건 고등학생 때로 기억한다. 어떻게 내 손에 들어왔는지 기억나지 않는 전파과학사의 문고판 책은 신세계였다. 그러나 기초지식도 없이 읽어댄 문고판 책들은 어설픈 번역도 한몫하면서 읽어도 이해할 수 없는 신세계도 경험하게 했다. 깜빡이는 커서의 중압감을 이겨내고 삼십 년 넘게 계속 글을 쓰고 있는 건 당시의 경험이 반면교사가 된 건 아닌가 싶다. 독자가 이해하는 책을 쓰고 싶다는 욕구를 아주 깊게, 단단하게 내면에 다져 넣는 계기.

마당 있는 집에서 글을 쓰며 살고 싶다는 바람은 청양에 귀촌하면서 이루어졌다. 쓰는 시간이 너무 길어 읽을 시간, 마당을 즐길 시간이 별로 없는 게 문제다. 책을 깊게 읽었던 기억은 마치 돌아갈 수 없는 유년 시절처럼 애틋하다. 같은 부서의 선생님 두 분과 함께 한 줄 한 줄 강독하며 『말과 사물』을 읽은 기억. 5년 만에 읽어내고 나자 인간이 어떻게 사물에 질서를 부여해 왔는지 고고학처럼 밝혀 낸 푸코의 글을 읽기 전파는 세상이 달라 보였다. 앞으로 몇 권의 책을 더 읽을 수 있을까? 자연으로 돌아가기 전에 무얼 더 알고 싶은가? 쏟아져나오는 책의 홍수 속에서 인간의 유한성은 어쩔 수 없이 선택을 강요한다. 그래서 나는 오늘도 우물쭈물한다.

함께 읽어 보고 싶은 책

▎미셸 푸코, 『말과 사물』, 민음사
　르네상스, 고전주의 시대, 근대로 구분하여 서양 지식의 지형도를 분석

▎프리드리히 니체, 『차라투스트라는 이렇게 말했다』, 민음사
　기존 가치관과 통념에서 벗어나 스스로 생각하고 성찰하기

책을 읽는다는 것은
고통이기도 하고 환희이기도 하다

박명순

I

충남 조치원 신흥동 건어물 가게 팔 남매의 맏딸로 태어나 종촌 싯골 복숭아 과수원집에서 청소년기를 보냈다. 대학 시절 연극반 〈황토〉 활동으로 무기정학을 몇 차례 받은 후 충남 연기군의 금호중학교에서 늦깎이 교사로 출발했다. 유구중학교, 공주중학교 등을 거쳐 천안여중에서 퇴임했다. 독서 모임 〈뿌리 깊은 나무〉를 이끌었고, 학급문집 「거울과 유리창」을 10여 년 동안 발간했다. 공주대학교, 순천향대학교에서 국어교육학, 현대소설 등을 강의했으며 현재 충남작가회의 등 문학회 회원으로 활동하고 있다.

나의 생애에서 책을 빼면 남는 것이 무엇일까, 그런 극단적인 생각에 빠질 정도로 책 읽기의 비중이 큰 삶을 살았다. 국어 교사로 근무하면서 여성으로서의 정체성과, 어떻게 살아야 하는가를 화두로 삶은 늘 회오리바람으로 다가왔다. '책 속에 길이 있다'는 말은 나에게는 비유로 받아들여지지 않고, 큰길, 샛길, 거대담론, 미세담론 등의 현실로 다가온다. 물론 우리가 흠모하는 것들, 예컨대 사랑이나 정의, 진실, 아름다움 그런 것들의 정수가 책에 담겨 있음도 현실이다. 하지만 중요한 것은 책 속에 나의 숨결과 맥박을 불어 넣어 그 안에 깃든 혼을 내 안으로 끌어당기는 일이다. 냉철하게 말하자면 책 자체는 생명체가 아니라 종잇조각일 뿐이다. 책 속에서 사람(등장인물, 저자)을 만나고 그와 대화하면서 생각을 키우고 고민을 해결할 때 비로소 책은 생명체가 된다.

긴 세월 책을 읽으며 감동과 통섭의 순간을 풍요롭게 만났다. 그 책들을 이 자리에서 호명하기는 어렵다. 다만 평소에 묻고 또 물으면서 풀어야 했던 나의 간절함이 어느 순간 책 속에서 화답의 메시지로 다가왔음을 말하고 싶다. 평범한 메시지일지라도 나에게는 위기와 절망의 순간에서 빛을 발하는 계시가 되기도 한다. 학창 시절 방황의 벼랑 끝에서 내가 만난 메시지는 단순하게 표현하자면 '사람은 분석하거나 이해하는 대상이 아니다. 오직 사랑하기 위한 대상이다.' 이런 내용이었다. 지금 생각해 보면 해방신학 계통의 책 속에서 만난 문장이다.

대학교 4학년, 친구 자취방에는 사방의 벽에 책이 가득했다. 우리가 3박 4일간 읽은 책의 주제는 불평등과 억압의 현실을 타개하기 위한 지식인의 실천이었다. 어렴풋이 느꼈던 현실 문제의 부조리를 논리적이고 근본적인 이론으로 정리를 할 수 있어서 이전과 확실히 다른 의식의 고양을 느낄 수 있었다. 그때, 못다 읽은 책이 있어 빌려 달라는 말에 친구는 단호

하게 안 된다고 했다. 지금이라면 이해할 수 있겠지만 그때는 혼란스러웠고 인간에 대한 회의가 깊어졌다. 우리가 함께 했던 책 읽기의 의미는 무엇이었나? 그때 비로소 책을 읽어 아는 것과 깨달아 실천하는 삶의 괴리감에 대하여 눈을 떴다. 그래서 책을 함께 읽는다는 건 고통이기도 하고 환희이기도 하다. 함께 책을 읽고, 뜻을 모아도 각자의 삶이 있고 고독이 있는 것이다. 함께할 수 있는 것과 없는 것을 구분할 수 있는 힘을 키워야 한다. 이건 각자의 몫이다.

김민웅의 『동화독법』, 이 한 권의 책으로 학생, 학부모, 교사 세 개의 독서 모임을 동시에 진행했던 기억이 생생하다. 이 책에는 시대와 상황에 따른 다양한 해석이 담겨 있다. 효과적인 독서법에 관한 이야기를 흔하게 접할 수 있는 동화를 통하여 나눌 수 있어서 좋았다.

젊은 시절에는 방황을 정리하거나 고민을 해결해 주는 책을 찾아 읽었지만, 앞으로는 새로운 방황을 찾아 책을 읽으려고 한다.

함께 읽어 보고 싶은 책

▎한수영, 『조의 두 번째 지도』, 실천문학사
　누군가의 죽음이 우리 모두와 연관되는 지점을 지도 읽기를 통해 흥미롭게 전개

▎강병철, 『토메이토와 포테이토』, 작은숲
　감시와 폭력의 시대를 살았던 1970년대 학교 현장의 양상을 풍자

쓴 책

▎논문 『채만식 소설의 페미니즘』

▎에세이 『아버지나무는 물이 흐른다』, 천년의 시작

▎『영화는 여행이다』, 삶창

▎평론집 『슬픔의 힘』, 봉구네 책방

▎『애도의 언어 소생의 힘』, 삶창

▎『거울과 유리창』, 도서출판 등

▎『영화는 얼굴이다』, 도서출판 등

일상에 빠져 방향을 잃을 때
나를 기다려주는 독서 모임

박영순

녹차로 유명한 전라남도 보성군의 작은 시골 마을에서 중학교까지 다녔다. 사방이 산으로 둘러싸여 있는 동네에 살았다. 도회지에 나가 볼 기회가 많지 않았기에 우리 마을 밖의 다른 사람들의 삶이 늘 궁금했다. 초등학교 6학년 때 학교에서 떨어진 곳으로 소풍을 갔다. 도회지와 가까운 산이었다. 그 산 정상에서 지나가는 기차를 처음 보았다. 그 희열과 기쁨은 이루 말할 수가 없었다. 그 기쁨을 부끄러움 없이 솔직하게 글로 써서 교장 선생님으로부터 칭찬과 함께 상을 받았다. 진실하고 솔직한 것이 얼마나 소중한가를 깨닫게 해 준 첫 경험이었다.

고등학교는 인근 순천의 큰 인문계 고등학교로 가게 되었다. 명문으로 이름 나 있던 고등학교 생활은 아주 힘들었다. 공부하는 것은 어렵지 않았는데 숨길 것 없이 내 모습 그대로 살았던 시골 학교 시절과는 확연히 달랐다. 나를 드러내기가 어려웠고 내 목소리를 낼 수가 없었다. 몇몇 목소리 크고 힘 있어 보이는 아이들이 일방적으로 만들어 가는 학급 분위기가 정말이지 싫었다. 이때의 경험 덕분에 대학에서 사회 과목을 공부하면서 배운 공정과 정의를 몸으로 이해하게 되었고 더불어 함께하는 사회를 강하게 소망하게 되었다.

현직에 있을 때, 조용하고 목소리는 작지만 성실하고 정직한 생활 태도를 가진 아이들이 눈에 들어왔다. 자기 생각을 쉽게 내어놓지 못하는 아이들에게 다가가서 마음의 소리를 듣고 공감해 주며 그 아이들 마음속에 온기를 전해 주고 싶었다. 작은 소리도 존중해 주고 싶었다. 퇴직 이후에도 끝도 없는 공부를 계속하고 있다. 우연히 알게 된 지인들과 6년째 하고 있는 NVC(비폭력 대화) 연습 모임은 내 취향 저격이다. 평가하거나 판단하지 않고 관찰한 내용을 말하며 생각이 아닌 자신의 느낌을 표현하고 느낌의 원인인 욕구를 찾아 솔직하게 말하면 공감으로 늘어주는 것이 NVC(비폭력 대화)의 기본 틀이다. 우리의 말하기 습관을 바꾸는 것이 쉽지 않기 때문에 부단한 연습이 필요한 일이다. 연습을 위해 내 마음속을 깊게 관찰하였고 그 과정에서 『아버지의 해방일지』(창비)를 읽으며 돌아가신 지 오랜 아버지를 만나 화해하게 된 내용을 글로 써 보았다.

3년 전, 중학교 사회 교사로서 보낸 34년의 삶을 명예퇴직으로 마무리하고 이후의 삶을 어떻게 살 것인가, 고민을 하던 중에 평생학습에 대해 알게 되어 업무를 돕는 일을 하게 되었다. 각 지자체마다 앞다투어 실시하는 평생학습 분야의 업무는 학습할 수 있는 장소와 강사를 발굴하여 배우기를 원하는 학습자와 연결해 주고 학습자가 꾸준히 배움을 이어갈 수 있도록 돕는 일이다. 학교에 근무할 때 오랫동안 맡아 왔던 방과후 업무와 성격이 비슷했다. 많은 돈을 써야 하고 처리해야 할 일거리가 많아 기피하는 업무인데 나는 좋았다. 일과가 끝난 후 학생들이 원하는 수업을 외부 강사를 모셔 와 학교에서 배울 수 있도록 하는 일은 학교의 한계를 늘 아쉬워했던 내게는 신나고 보람 있는 일이었다. 내가 사는 지방의 작은 도시에서 이루어지는 평생학습은 마을로 들어가 학습자를 찾고 그들의 수요에 맞게 강사를 초빙하여 마을회관에서 수업을 진행하는 형태로까지 발전하였다. 이동이 자유롭지 못한 학습자를 찾아가는 수업이 된 것이다. 마을 학습자의 대부분은 배움의 기회를 얻지 못했던 어르신들이다. 배움에 대한 두려움이 있는 분들도 있지만 배움에 진심인 분들이 꽤 많다.『할머니 탐구 생활』(샨티)을 읽으며 그림 그리기에 빠진 행복한 할머니들의 이야기도 글로 써 보았다.

    퇴직 이후의 내 삶을 위해 용기를 낸 선택의 또 하나가 〈간서치〉에 들어가는 것이었다. 전부터 주변 선생님들을 통해 알고는 있었지만, 바쁜 일상을 핑계로 미루어 두었다가 퇴직과 동시에 회원이 되었다. 독서 모임 활동은 얼마 전 제주도에서 걸었던 올레길의 안내 리본 같은 역할을 해 주었다. 올레길을 열심히 걷다가 딴생각을 하는 순간 길을 잃었다. 그러면 뒤로 돌아가 내가 보았던 마지막 리본을 다시 찾아 그 자리에 서서 찬찬히 살펴보면 가야 할 방향을 알려 주는 리본을 발견할 수 있었다. 바쁜 일상에 빠져 엉뚱한 방향으로 갈 때, 한 달에 한 번 있는 〈간서치〉 독서 모임은 저만큼 서서 기다려 준다. 덕분에 나는 길을 조금 덜 헤맬 것이다.

함께 읽어 보고 싶은 책

▌김주환, 『내면 소통』, 인플루엔셜
　삶의 변화를 원하는 사람들의 마음 근력 훈련법

▌마셜 B. 로젠버그, 『비폭력 대화』, 한국NVC출판사
　일상에서 쓰는 평화와 공감의 언어

한 작가의 책을 찾아 읽는 즐거움

송숙영

I

　이제 졸업이다. 예순넷이 되어 정년, 56년을 학교에 있었다. 학생으로 16년, 선생으로 40년. 학생일 때보다 선생일 때 더 많이 배웠지 싶다. 종업식이 있는 이번 주는 '숙영쌤의 마지막 수업'을 한다. 국어 교사로 40년을 지내며 늘 '무엇'을 가르칠까를 고민하며 교과서 밖을 기웃거렸다. 마지막 수업을 마쳐 가는 지금, 홀가분하다.

　독서 이야기를 할 때 부러운 사람이 있다. 소소한 깨달음을 얻은 내가 신나서 이야기를 하면 그건 헤밍웨이의 『노인과 바다』에 나오는 어쩌고저쩌고하는 사람이다. 입을 헤 벌리고 부러운 눈으로 보곤 한다. 난 도대체 뭘 하느라 고전도, 세계 문학전집도 모르고 살았는지. 그래서 있는 척하려고 한동안 문장들을 외우고 다녔던 적도 있다. 노력하니 조금 더 잘 외워지기는 했지만 나에게 독서는 큰비 온 뒤 산길의 솔잎 물결처럼 흔적으로 남았다 사라지는 일이다. 나이 먹어 읽기에 재미를 들여 그런가 한다.

정년을 맞아 책을 정리하고 있다. 누군가에게 보내고 버리면서 두고두고 읽을 책, 소장할 책만 남겼다. 나는 작가 위주로 책을 본다. 이문구의 『관촌수필』(문학과지성사)이 좋으면 이문구의 작품을 계속 찾아 읽고, 최성현의 『힘들 때 펴보라던 편지』(불광출판사)가 좋으면 그의 작품만 쭈욱 찾아 읽는다. 송기원의 『안으로의 여행』(문이당)이 좋아 한동안 송기원에 빠져 있기도 했다.

책 정리를 하며 딱 세 분의 책만 남기기로 했다. 먼저, 앤소니 드 멜로. 『깨어나십시오』(분도출판사)를 읽고 눈이 번쩍 떠져 이 작가의 책을 여남은 권 샀다. 진정한 사랑이 욕망으로부터 인간을 어떻게 구원할 수 있는지 알게 되어 인생책이 되었다. 다 읽고 소중하게 모셔 두었는데 아들 친구가 신학교에 간다기에 모두 선물하고 다시 사서 갖고 있다. 다음은 이현주. 『무위당 장일순의 노자 이야기』(삼인)를 학교에서 선생님들과 매주 한 장씩 2년에 걸쳐 읽었다. 장일순 선생과 이현주 목사가 나눈 대담을 정리한 책인데, 모든 존재는 영적으로 연결되어 있다고 믿게 되었고, 함께 노자를 읽은 직장 동료가 친구가 되었다. 독서 모임에서 이현주 목사를 만나면서 이분 글을 더 자주 읽게 되었는데, 사 모으기만 하고 아직 읽지 못한 책도 있지만 꽂아 두는 것만으로도 든든하다. 『이현주 목사의 꿈 일기』(샨티)를 읽으면 나도 꿈 일기를 쓴다. 잊어 버린 것 같은 꿈이 쓰기 시작하면 줄줄 기억이 달려 나온다. 그리고 마지막 작가는 김형수, 인간이 얼마나 아름다운 존재인가를 깨닫게 해주는 작가이자 신동엽 문학관 관장이다. 그가 쓴 『김남주 평전』(다산책방)을 읽었다. '공동선이 지워져 가는 이 미천해 보이는 지상에 김남주라는 영혼이 다녀간 사실을 증언하자는 것'이 책을 쓴 이유라고 말한 작가를 독서 모임에서 만났다. 평전 출간 이후 숱하게 김남주에 대해 말했을 것임에도 여러 차례 눈을 붉히는 김형수 작가는 '아, 내가 너무 쉽게 책을 읽었구나.'하는 부끄러운 깨달음을 주었다. 절판되어 중고 서점에서 구한 『나의 트로트 시대』는 인간이 얼마나 아름다운 존재인지 아름다워지려면 어디로 돌아가야 하는지를 생각하게 한다. 신동엽 문학관 근처에 살고 있다는 게 큰 축복이다. 가끔 들러 문학관 그늘에서 노닥거릴 생각이다. 음악, 미술, 문학, 체육이 있는 이제부터의 삶이 기대된다.

함께 읽어 보고 싶은 책

- 안소니 드 멜로, 『깨어나십시오』, 분도출판사
  진짜 행복과 사랑을 만나기를 바란다면
- 김형수, 『김남주 평전』, 다산책방
  언제 인간이 존엄한 존재가 되는지, 진정한 자유가 무엇인지 궁금하다면

엮은 책

- 한국식품마이스터고등학교 학생 시집, 『비홍산들 이야기 10』, 유선애드플랜
- 한국식품마이스터고등학교 학생 시집, 『비홍산들 이야기 11』, 유선애드플랜

책 속의 길을 따라

원미연

한 장면이 떠오른다. 충남 아산의 작은 시골 마을, 돌담에 기댄 허름한 대문을 열고 커다란 가방을 든 남자가 마당으로 들어섰다. 비가 오는 소리 요란한 함석지붕의 넓은 창고가 있던 고향집. 창고 천장에 매달아 준 그네를 타고 있던 나에게 아버지는 그 남자의 가방에서 나온 두 권의 책을 건네주셨다. 한 권은 기억이 없지만, 톨스토이의 일생을 그림으로 그린 동화책 한 권은 평생 마음에 남았다. 톨스토이라는 낯선 이름도 아내와 많은 아이들과 부유했던 가정을 버리고 떠돌다 어느 기차역 앞에서 쓰러지는 그의 삶이 이해할 수 없었음에도 뭔가 슬픈 충격으로 다가왔다. 일곱 살 무렵, 책을 통해 처음으로 먼 곳에 대한 호기심이 생겼다.

저자소개 | 독서 그리고 나

초등학교 5학년 때 아버지 직장을 따라 대전으로 전학을 왔다. 면 단위 시골 학교의 도서관에서 초록색 표지에 검은 글씨만 가득한 위인전만 읽던 촌뜨기 소녀에게 출입구 유리문 가득 진열된 화려한 표지의 만화책들은 신세계였다. 오십 원짜리 동전이 생길 때마다 아버지 몰래 학교 앞 만화 가게를 드나들었다. 돈이 없는 날은 유리문에 바짝 붙어 만화책 제목을 훑어보며 침을 꿀꺽 삼켰다. 어느 휴일에 아버지는 오토바이 뒤에 나와 동생을 태우고 대전시립도서관의 어린이 열람실에 데리고 가셨다. 일제 강점기 때 지은 웅장한 석조 건축물과 그 안에 진열되어 있는 책들에 어린 나는 매료되었다. 시립도서관이 대흥동에서 다른 곳으로 옮겨가기 전까지 주말마다 도서관에서 책 읽는 재미에 빠졌다. 원하지 않는 실업계 고등학교에 진학한 후 적성에 맞지 않는 상업과목 시간에는 책상 밑에 소설책을 두고 읽었다. 학교 도서실의 세계명작전집을 매주 몇 권씩 빌리면서 도서대출증에 책의 목록을 채우는 즐거움으로 여고시절을 보냈다. 『좁은 문』의 알리샤와 제롬의 슬픈 사랑의 결말과 『폭풍의 언덕』, 『제인에어』의 주인공에 감정이입을 하며 잠 못 이루던 밤이 많았으나 세계 명작도 사춘기 소녀만큼의 수준으로 이해했으니 안 읽은 거나 마찬가지다.

친구들보다 4년 늦게 대학에 입학하면서 고전 독서회에 가입하여 사회과학 서적을 접했다. 독서 모임의 지도교수인 사회학과 교수님이 추천해주신 김준태 시집 『참깨를 털면서』(창비)를 처음 읽던 순간을 잊지 못한다. 문학을 가르치는 선생님과 몇몇이 함께 공부하면서 백석과 이용악과

루카치를 알게 되었다. 혼자도 읽기를 좋아했지만, 독서회 활동을 하면서 다양한 종류의 책들을 읽게 되었고, 독서토론을 통해 책에서보다 배우는 것이 더 많을 때도 있었다. 대학 때 매주 책을 읽고 함께 토론하던 독서회 회원들은 졸업 후에도 거의 10여 년간 매달 한 번씩 만나 책 읽는 모임을 계속했다. 그리고 중학교 국어 선생으로 삼십여 년을 보내는 동안에도 학교 내의 독서 모임을 통해 교사로 살아가는 어려움을 나누고 점점 더 힘들어지는 아이들과의 소통의 길을 모색하며 지난한 교직 생활을 헤쳐나왔다. 몇 년 전 공주에 발령이 나면서부터 친구들이 있는 〈간서치〉에 자연스럽게 합류했다.

글을 쓰다 보니 내 생은 책을 읽으며 방향을 잡고 그 길을 따라온 것이었다는 생각이 든다. 오에 겐자부로가 『읽는 인간』(위즈덤 하우스)에서 '나만이 지닌 책의 네트워크가 있다'라고 했는데, 생각해 보면 나는 두 갈래의 책읽기를 해 왔다. 하나는 문학을 따라가는 길이고, 다른 한쪽은 동서양의 다양한 고전을 읽으며 삶의 방향을 잡아 온 것이다. 사십이 되던 무렵에 다석 유영모의 책을 읽고 어떻게 살아야 할지 답을 얻은 느낌이었다. 귀농학교에 등록하고 시골에 흙집을 지었다. 유영모의 책은 이십 대에 관심을 가지고 읽었던 함석헌의 책에서 연결된 것이고, 그것들이 노자와 장자로, 장일순 선생과 이현주 목사님으로 이끄는 고리가 되었다.

최근에 버지니아 울프의 『자기만의 방』을 원서를 번역해 가며 꼼꼼하게 읽는 모임에 참여해서 넉 달에 걸쳐 한 권을 끝냈다. 나의 에세이 중 한 편은 그녀의 글을 읽고 내가 느낀 절망과 위로와 희망에 관한 것이다. 올해는 일 년간 한 달에 한 권씩 버지니아 울프의 소설을 읽고 간단한 글을 쓰는 모임에 참가 신청을 해 놓았다. 늘 소원해 오던 읽기와 쓰기에 몰두해 볼 생각에 새해 벽두부터 한 해가 기대되고 설렌다.

함께 읽어 보고 싶은 책

▎오에 겐자부로, 『읽는 인간』, 위즈덤하우스
　읽는 만큼 성장한 노 작가의 책 읽기 여정

▎조재도, 『쉽고 친절한 글쓰기』, 작은숲
　글쓰기 초보자에게 유용한 쉽고 자세한 실전 노하우

쓴 책

▎공저, 『괜찮다, 괜찮다, 괜찮다: 대한민국 희망수업 4교시』, 작은숲

책과는 거리가 멀던 나, 한 달 한 권 읽기로 세상 보는 눈을 넓혀 가는 이장입니다

이강원

"화봉 1구 주민 여러분께 알립니다. 금년도 여성 농민 특별 건강검진에 대한 안내를 잘 들으시고 착오 없이 신청해 주시길 부탁드립니다."

멘트를 써 놓고 몇 번씩 연습해도 막상 방송을 할라치면 말이 너듬어시고 어색하다. 지금껏 살아오면서 내가 이런 방송을 하게 될 줄은 전혀 예상하지 못했다. 퇴임 2년 전에 고향 동네로 귀촌하고 올해 우리 동네 이장으로 뽑힌 것이다. 직장 생활을 하느라 오랫동안 고향을 떠나 있었고 동네 주민들과는 별 관련 없이 지내왔는데 귀촌한 지 얼마 안 되어 이장을 맡는다는 것이 적잖이 부담되었다. 아내를 비롯하여 한마을에 사는 형님, 형수님 모두 내가 젊고 마을에 변화를 가져올 수 있는 자질이 있으니 한번 해 보라고 격려해 주었다. 마을 분들의 적극적인 추천과 가족들의 격려로 결국 이장직을 수락하게 되었다. 봉사직에 가까운 직책이지만 이왕 맡기로 한 이상 동네 분들과 상의하면서 우리 마을을 좀더 발전시킬 수 있는 길을 모색하고 있다.

1988년 원이중학교를 시작으로 2021년에 청양중학교에서 퇴임하기까지 33년이라는 긴 세월을 과학 교사로 근무했다. 코로나 시기에 별 준비 없이 퇴임하게 되면서 앞으로의 일에 대해 불안과 고민이 아주 없지는 않았다. 은퇴 후 평생 교사로 살았던 삶을 마무리하고 어떤 삶을 살아야 좀 더 의미 있고 보람 있을 것인지에 관한 생각이 자연스레 이어졌다. 퇴임하고 매이지 않은 자유로운 시간 속에 우연히 고전 공부 모임을 하게 되었고 독서 모임 〈간서치〉 활동도 계속해 나갔다. 귀촌하면서 얻게 된 밭에 작물을 재배하면서 비료, 농약 쓰지 않은 밭이 어떻게 유기물이 풍부한 땅으로 되살아나는지도 지켜 볼 수 있었다. 친환경 로컬 매장의 이사장도 맡게 되었다. 거의 6개월을 경영이 어려워진 매장을 살리는 데 주력하며 보냈다. 아직도 구조적으로 어려운 면은 있지만 환경을 위해서나 미래 세대를 위해서나 로컬 푸드 매장 같은 사회적 기업이 꼭 필요하다는 깨달음을 얻은 시간이다.

생각해 보면 어려서부터 자연을 벗 삼아 살아왔기에 산행을 좋아하고 흙과 더불어 농사짓는 일을 편안하게 여겨왔다. 사실 책과는 거리가 먼 나였지만 책 모임 〈간서치〉를 만나면서 억지로라도 한 달에 한 권 책을 읽고 이야기하며 세상을 보는 눈을 넓혀 가고 있다.

『마실 가는 길』(솔)의 저자 류지남 시인 역시 자기 고향으로 돌아와 시골 생활을 하면서 자연에 대해, 마을에 대해, 농업에 대해, 농민에 대해 애정이 어린 눈길을 보내며 깊은 통찰을 보여 주는 시집을 냈다. 같은 입장인 나에게 그의 시는 감동과 공감을 주었다.

신경과 전문의 이근후 박사의 삶도 나에게 영감을 준다. 아흔이 가까운 나이에도 배움을 게을리하지 않고 젊은 사람 못지않게 열정적이며 가부장적 권위 의식이 전혀 없는 그분을 보면서 나도 저렇게 나이들고 싶다는 소망이 생겼다. 나이듦을 핑계로 소망을 쉽게 버리지 않는 것, 열정을 갖고 사는 것, 자기 관리를 철저히 하는 것, 그리고 항상 온유하고 수용적인 사람이 되려고 노력하는 것. 그것이 내 남은 인생의 과제이다.

멋있게 나이들고 싶다면 이 책도 읽어 보세요.

함께 읽어 보고 싶은 책
▌이근후, 『나는 죽을 때까지 재미있게 살고 싶다』, 갤리온
　멋지게 나이 들고 싶은 사람들을 위한 인생 기술

무리에서 떨어져 나와 길을 헤매는
외로운 밤에 책모임을 만났습니다

이화나

2002년에 천안북중학교로 첫 발령을 받았습니다. 당시 한 학년에 16반씩 있었던 큰 학교였던 터라 국어 선생님만 일곱 분이었던 걸로 기억합니다. 그 학교에서 지금의 〈간서치〉 선생님 두 분을 선배 국어 교사로 만나는 행운을 얻었습니다. 그 인연이 이십여 년이 흐른 지금 다시 이어지다니 놀라울 뿐입니다. 그 귀한 인연의 주인공은 최은숙 선생님과 원미연 선생님입니다.

도서 업무를 맡아서 학교 도서실을 관리하고 있을 때, 국어 선생님들뿐 아니라 여러 과목의 선생님들이 책을 보러 도서실에 자주 놀러 오셨습니다. 영어 선생님 한 분은 저보고 종종 '도서관 관장님'이라고 부르며 학교에서 아주 중요한 역할을 하고 있다고 강조하셨는데 그때의 기억이 잊히지 않습니다. 천안북중 교사 책모임이 도서실에서 열렸고, 은숙 선생님, 미연 선생님을 비롯한 책모임 선생님들의 이야기를 가까운 곳에서 들을 수 있었습니다. 제가 책모임에 함께한 시간은 일 년 정도였지만 '책과 사람'의 향기가 진하게 남는 경험을 했습니다.

그 후 '도서관과 책'은 계속 저를 따라다녔습니다. 국어 교사를 하면서 도서실 업무는 당연히 맡는 일이 되었고 아이들의 독서 교육, 독서 동아리 활동이 가장 큰 관심사가 되었습니다. 개인적으로도 아이들에게 책을 가까이 접하게 하고 싶어 도서관 가까운 아파트를 찾아 이사를 할 정도였습니다. 그러다가 대학원에서 문헌정보학 공부도 시작하면서 인생 후반부는 학교 밖에서 '도서관과 책'에 관련된 새로운 일을 해 보고 싶다는 생각이 들었습니다.

2022년 노성중학교를 마지막으로 사십 대에 이른 명예퇴직을 했고, 지금은 돈키호테처럼 좌충우돌하는 삶을 살고 있습니다. 문헌정보학 박사 공부는 수료만 했고, 아직 공부한 것을 크게 써먹지는 못하고 있습니다. 작년에는 문화 기획자라는 거창한 꿈을 안고 작은 책방을 8개월 정도 열었습니다. 휘몰아치듯 문화 행사를 기획하고는 용오름처럼 힘껏 솟아오르는 강렬한 경험 후에 장렬히 문을 닫았습니다. 지금은 소소하게 학교 밖에서 일곱 살부터 고등학생까지 책 읽기, 글쓰기를 가르치는 색다른 국어 교실을 운영하고 있습니다. 안락한 독서 아지트리딩 누크, reading nook를 표방

하며 빈백에 기대어 책도 읽고 소파에서 잠시 눈도 붙일 수 있는 학교 밖의 또다른 교육 공간을 만들어 가는 과정이라 오늘도 또 이렇게 저렇게 새로운 시도를 하고 있습니다.

무리에서 떨어져나와 길을 헤매는 외로운 밤에 다시 책모임을 만났습니다. 독서 모임 〈간서치〉에 들어갈 때 교사 신분이 아니었기 때문에 고민도 되었습니다. 그러나 현직이든 전직이든 상관없이 삶의 경험을 나누며 각자의 자리에서 책과 사람 이야기를 하는 따뜻한 선생님들 덕분에 조금씩 제 목소리를 들려 드릴 용기를 얻었습니다. '책과 사람'의 힘은 정말 강력합니다. 공주의 작은 책방 '안톤체홉'에서 뜨끈한 팥칼국수 한 숟가락에 총각김치를 척 얹어 입에 넣고 새콤한 동치미 국물로 입가심을 한 다음 구수한 돼지감자차 향을 맡으며 안톤 체호프『상자 속의 사나이』(문학동네)의 라틴어 교사 벨리코프가 바로 나라며 웃고 성찰했던 그 시간은 잊히지 않을 겁니다.

그러고 보니 '책과 사람'이 향기와 맛으로 다가옵니다. 감각의 세계를 섬세하게 표현하는 소설가, 윤이주 선생님과의 인연도 〈간서치〉 덕분입니다. 안톤체홉 책방 문 앞에 붙은 안내를 보고 참가한 소설 쓰기 모임에서 윤이주 선생님과 소설을 뜯어 읽으며 단어의 향기를 맡고 문장을 맛보았습니다. '생각하기보다는 느껴 보라', '쓰는 몸으로 변해야 한다'라는 쓰기 철학을 새겼습니다. 언젠가는 저도 제 작품을 쓸 수 있을까요? 그런 날이 온다면 그건 〈간서치〉와 윤이주 선생님 덕분일 겁니다. 제게 책은 구수한 차향입니다. 책 모임은 팥칼국수 맛입니다.

저는 그림책을 추천합니다. 어른도 아이도 좋아하는 그림책은 잠자고 있던 감각을 톡톡 건드립니다.

함께 읽어 보고 싶은 책

▌ 이수지, 『여름이 온다』, 비룡소
　음악과 그림과 춤과 한여름의 아이들

▌ 에드 비어, 『나도 사자야!』, 주니어RHK
　시 쓰는 사자도 사자야

쓴 책

▌ 공저, 『중학생활백서』, 창비

▌ 공저, 『대전시 평생학습 빅데이터 구축 및 활용방안』, 대전평생학습진흥원

엮은 책

▌ 그러면국어책방, 『책, 쉼, 꿈_여름 북캉스 열 편의 이야기』, 부크크

▌ 그러면국어책방(북체프 1기), 『내 꿈은 성우』, 부크크

저자소개 | 독서 그리고 나

퍼머컬처를 꿈꾸며
농사 책에 푹 빠져 사는 즐거움

이훈환

2007년 지금 살고 있는 집을 짓고 시골로 이사를 하였다. 시골로 이사 와서 내가 먹는 먹거리는 직접 농사를 지어 보자는 마음으로 집 주변의 농사를 짓지 않는 땅을 빌렸다. 농사를 짓다 보면 먹고 남는 농산물이 있게 된다. 그것을 주변 지인들과 나누는 꾸러미를 시작하게 되었다. 꾸러미를 하다 보니 좋은 농산물을 공급해야 하고, 그러다 보니 더 많은 농사를 지어야 했다. 낮에는 출근하고 아침, 저녁, 주말에는 농사에 매이는 생활이 되풀이되었다.

2017년 2월, 32년간 과학 교사로 근무했던 학교를 떠났다. 퇴직하고 마을 가까이에 땅을 조금 마련했다. 동네 분이 농사짓다가 32년 동안 방치해 놓은 밭이었다. 돌을 골라내고 퇴비를 넣고 농사지을 땅으로 만들려니 여간 노력이 많이 드는 것이 아니었다.

그러던 중 청양 성당에서 친환경 농사에 관심이 있는 신자들이 모여 〈흙이랑〉이라는 생태농업 생산자 협동조합을 만들었는데 아내가 대표가 되어 함께 참여하게 되었다. 청양에서 목공에 관심이 있는 몇몇이 모여 〈청목동〉이라는 목공 동아리도 만들었는데 목공협동조합 〈나무랑〉의 토대가 되었다. 〈나무랑 협동조합〉 활동을 하면서 작은집 짓기도 배우고 있다. 퇴직을 하고 유기농을 하다 보니 공부가 필요하다는 생각이 들었다. '유기농업기능사'(농림축산식품부) 자격증을 따고 공부를 좀 더 진행해 '도시농업관리사'(농림축산식품부) 자격증도 따게 되었다. 목공에 관심이 있어 '목재교육전문가'(산림청) 자격증도 취득했다.

〈흙이랑〉의 구성원으로 참여한 청양의 신활력플러스사업은 이리저리 변하다가 결국 '칠갑산생태교육센터'라는 사회적협동조합으로 결성되었고 나도 조합원이 되었다. 칠갑산생태교육센터가 운영되기 위해서는 '지역환경교육센터'로 지정받는 것이 필요했다. 그러기 위해 당시에는 환경교육사 자격증 있는 조합원이 두 명이 필요하였다. 조합 대표가 '환경교육사 2급'이었고, 한 명이 더 필요한 상황이었다. 조합원 중에서 2급 교육을 받을 수 있는 자격이 되는 사람은 나밖에 없었다. 결국 6개월 정도 교육을 받고 '환경교육사 2급'(환경부)을 취득했다.

2~3년 전부터 칠갑산생태교육센터의 활동으로 각종 환경교육을 하고 있다. 시골의 칠팔십 대 노인들과 같이 우리가 자손들에게 좋은 환경을 물려주기 위해 할 수 있는 것이 무엇인가를 고민하고 환경에 대한 인식을

넓혀 간다. 환경교육의 한 방법으로 퍼머컬처 텃밭 농사를 같이 공부하고 있다. 퍼머컬처는 말 그대로 지속 가능한 농업, 영속 농업이다. 기존의 농사 방법은 토양에 자원을 투입하고 소출을 내는 방식이다. 퍼머컬처는 자연에서 스스로 양분을 공급받을 수 있는 방식으로 토양을 만드는 것이다. 내가 가장 성공하고 싶은 것이 퍼머컬쳐 방식이고 마을 사람들과 함께 하고 싶은 것이기도 하다. 퍼머컬처는 빌 몰리슨$^{Bill\ Mollison}$과 데이비드 홈그렌$^{David\ Holmgren}$에 의해 호주에서 시작됐다. 우리나라도 여기저기에서 많이 시도하고 있지만 실제 견학해 보면 아직 맘에 와닿지 않는다. 우리 농장도 점차 퍼머컬처 방식으로 바꾸어 나가고 있다.

요즘은 환경이나 농사에 관련된 책들을 주로 읽게 된다. 환경에 대한 방향성을 강하게 안내하는 책으로『녹색평론』을 주로 읽고 있다. 청양에 '녹색평론독자모임' 이 있다. 자연과 하나인 삶을 추구하며 책을 읽고 각자의 생각을 나누는 모임이다.

함께 읽어 보고 싶은 책
▎녹색평론 편집부,『녹색평론』, 녹색평론사

느릿느릿 꼼꼼하게, 곱씹으며 읽는 즐거움

정현숙

1991년, 대전 회덕중학교에서 시작하여 2021년까지 대전과 세종의 일곱 학교에서 국어 수업으로 아이들과 함께하였습니다. 수업으로 엮어 가는 다양한 독서 활동을 통해 '스스로 생각하고 표현하며 성장하는' 아이들의 모습을 발견하는 일이 몹시도 즐거웠습니다. 책 읽는 즐거움을 알게 해 주는 수업을 하고 싶어 끊임없이 배우려 하였고, 배운 것을 실천하려 궁리에 궁리를 거듭하면서 교사로 살아가는 기쁨을 듬뿍 누렸습니다. 2022년 2월 퇴직하였습니다.

저는 책을 곱씹으며 읽습니다. 꼼꼼히 읽는 편인데다, 옆길로 잘 샙니다. 책 읽는 도중 옆길로 새는 즐거움 때문에 느릿느릿 책을 읽게 되었다는 걸 알게 되었습니다. 책 내용에 등장하는 어떤 사물이나 현상, 혹은 사

저자소개 | 독서 그리고 나

회, 문화, 역사, 예술, 심리, 자연적 요소 등 한 권의 책이 품고 있는 다양한 갈피들을 오롯이 탐색하며 읽느라 그런 것 같습니다. 하나의 텍스트와 섬세하게 호흡하면서 읽다 보니 한 권의 책을 오래 품고 있는 편입니다.

돌아보니 그렇게 천천히 깊게 읽는 즐거움은 제 삶의 자양분이었어요. 내 속도에 맞게 책을 읽고 나면 하고 싶은 것들이 많이 생겨납니다. 취향을 담은 소소한 일로부터 때론 긴 여행을, 고민이 많았던 직업적 실천, 혹은 결국 다다른 사회적 행동과 같은 경험 속에서 헤엄치느라 한동안 책 읽기와는 멀어지곤 합니다. 방대한 독서력을 지닌 분들을 만나면 무한한 존경심을 갖게 되지만, 그것을 선망하진 않는 것 같습니다. 제게는 어차피 그림의 떡이니까요. 그저 그런 분들의 혜안을 곁에서 누리는 것으로 충분합니다.

곱씹으며 읽기의 친구로 필사와 낭독이 있는데, 특히 '함께 하는 낭독'은 혼자 하는 묵독이나 낭독과 다른 행복을 주는 것 같아요. 마음이 통하는 친구와 번갈아 가며 두툼한 책 한 권을 낭독으로 완독한 기분은 특별했어요. 최근 함께 읽은 책은 헨리 데이비드 소로의 『월든』이었습니다. 주 2회 정도 일정한 요일을 정해 놓고 읽고 싶은 만큼 서로 번갈아 가면서 낭독했습니다. 코로나로부터 자유롭지 못한 시기에 줌으로 회의나 연수를 하게 되는 경우가 많았는데, 다정한 친구와 일상다반사처럼 전화 통화하듯이 책 읽기를 하면 어떨까 하여 시작했습니다. 더딘 속도는 아무런 장애가 되지 않았고 오히려 느릿한 낭독의 힘을 알게 되었습니다. 흔히 함께 읽기는 힘이 세다고 하지요? 함께 낭독하기는 힘이 더 센 것 같습니다. 그렇게 가슴 속으로 내려와 앉은 문장들을 천천히 옮겨 적는 것을 좋아합니다. 오래된 습관이어서 이삿짐을 정리하는 날이면 과거 어느 시절의 수첩들이 나와요. 시절마다 품고 있던 삶에 대한 질문과 그 대답이 될 만한 문장들을 만났을 때 필사한 흔적들입니다.

얼마 전 시력에 문제가 생겨 책 읽기가 힘들어지겠구나 걱정한 적이 있습니다. 어차피 독서를 많이 하는 편이 아니니 그런 염려에 피식 웃음이 나기도 했지만, 평생 친구를 잃을 것 같은 생각에 작은 기도를 하게 되었습니다. 부디 오래오래 책을 읽을 수 있게 해 주세요. 천천히 조금씩 읽겠습니다. 내 독서법은 운명이었던 것 같습니다. 아마도.

함께 읽어 보고 싶은 책 ─────────────────

▌ 한강, 『작별하지 않는다』, 문학동네
  과거와 현재, 죽은 자와 산 자의 연대
▌ 클레어 키건, 『이처럼 사소한 것들』, 다산책방
  진실을 바라보는 눈, 그리고 실천

마음이 흔들릴 때 책꽂이 앞을 서성이며
읽었던 책을 꺼내드는 즐거움

최경실

저에게도 싱그런 새내기 교사 시절이 있었네요. 1990년 추사 김정희 선생님의 고택 근처에 있는 시골 초등학교에서 교사 생활을 시작했습니다. 말이 교사지 몸에는 대학생 물이 가득한 청년이었죠. 책상에 앉아서 하는 공부보다 아이들과 마을로, 산으로 쏘다니며 놀면서 배우는 것이 더 많다고 여겼습니다. 교사의 교육 방식에 제약이 많던 시기였는데, 다행히 그 학교 교장 선생님은 이런 저를 지지해 주시는 분이셔서 마음껏 교육활동을 펼칠 수 있었어요. 어느 봄날에 아이들과 나물 캐러 가려고 바구니를 들고 나가는데 교장 선생님이 부르시더라구요. 현관을 막 벗어나던 발걸음을 돌려 뛰어갔더니, 한 손을 입으로 가리고 조용히 저만 듣게 말씀하시더라구요. "골목 대장 같어." 아이들과 함께 있으면 친구처럼 보이던 때였나 봅니다. 매일 아이들 일기에 답글을 달아 주고, 학급신문과 문집을 만들면서 살던 시간이 얼마나 행복했는지 교장이 된 지금도 교실에 들어가 아이들과 시를 쓰고 있습니다. 얼마 전에는 제가 있는 영인초등학교 학생들의 시집『진짜 한 대 때리고 싶다』도 출간했습니다.

저에게 책은 마음의 근육을 키우는 트레이너입니다. 생각이 달라서 갈등을 겪는 사람을 만났을 때나 이해받지 못해 쓸쓸한 마음이 들 때 심리학이나 인간관계를 탐구한 책을 찾아 읽습니다. 체해서 소화제를 찾으려 약장을 뒤지는 사람처럼, 마음이 흔들릴 때 책꽂이 앞을 서성이며 읽었던 책을 다시 꺼냅니다. 같은 책을 반복해서 읽기를 좋아합니다. 마음을 움직이는 문장도 사나흘 지나면 다 잊어 버리는 탓에 다시 읽기를 합니다. 내가 밑줄 그은 문장을 낯설어할 때도 있습니다. 되풀이해서 읽다 보니, 다른 성격을 가진 사람들과 함께 살아가는 힘은 있는 그대로를 긍정하라는 데에서 시작된다는 것을 확인하게 됩니다. 자주 잊어 버리고 사소한 일에 분통을 터뜨리지만, 언젠가 '그럴 수 있지. 그러니까 삶이 멋진 거야.' 하고 웃을 수 있게 되길 바랍니다.

저는 살면서 어떤 순간에 필요한 주제를 찾아 한동안 집중하는 독서를 합니다. 작년에는 음식과 관련된 책에 빠져 지냈습니다. 먹고 사는 일이 단순히 허기를 메우고 몸에 영양분을 공급하는 것이 아니라 그것을 넘어서는 세계가 있을 것이라고 여겼기 때문입니다. 셰프 박찬일, 소설가 김훈, 맛칼럼리스트 황교익, 철학자 알랭 드 보통 등 많은 작가의 글을 읽으면서 심층적인 음식의 세계를 사유할 수 있었습니다. 덕분에 평생 필연적으로 먹어야 하는 존재인 우리에게 재미있는 놀이터가 될 부엌을 만들고 싶은 꿈이 생겼습니다. 그 부엌에서 벗들과 책을 읽고 토론을 하고 음식을 나눠 먹을 생각입니다.

저는 책보다 좋아하는 사람들이 있습니다. 한 분은 〈창작과비평〉을 읽는 독자 모임에서 만났던 김경식 선생님입니다. 현대차그룹에서 홍보팀장으로 일하다가 현대제철 대회협력 실장을 시작으로 정책조정실장, 기획본부장을 지낸 분입니다. 이분이 생각한 것을 추진하지 못한 것을 본 적이 없습니다. 일할 때는 주변의 생각을 경청하여 모아 자료를 만들어 멋지게 해 내십니다. 제가 태어나 만난 사람 중에 기획, 추진, 홍보 분야의 최고 실력자입니다. 삶으로 보여 준 일이 책이 되었을 때, 보물을 발견한 느낌이 듭니다. 어렵게 얻은 삶의 기록을 선물 받은 것 같아요. 또 한 분은 최은숙 선생님입니다. 선생님은 저에게 늘 벗이라고 하지만, 제 글과 삶의 스승입니다. 자상하고 따듯하면서 섬세한 문장으로 마음의 지평을 넓혀 줍니다. 마음이 심란하고 고단할 때, 머리맡에 두고 몇 개씩 그의 산문을 읽는 것이 제 삶의 위로이자 즐거움입니다.

함께 읽어 보고 싶은 책

▎김경식, 『김경식의 홍보 오디세이』, 투데이펍
　홍보의 힘을 실천으로 보여준 사람을 만나보자

▎침우숙, 『웃으면서 기다리자』, 삶창
　연대를 구하되 고독을 두려워하지 않는 삶의 지혜와 마음의 지평

쓴 책

▎공저, 『학교 퍼실리테이션이 온다』, 에듀니티, 『푸른 연금술사』, 디자인 21

▎공저, 『괜찮다, 괜찮다, 괜찮다: 대한민국 희망수업 4교시』, 작은숲

엮은 책

▎『진짜 한 대 때리고 싶다』, 유선애드플랜

읽기를 온전하게 해 주는 글쓰기

최은숙

I

1993년 충남 서산중학교에 국어 교사로 부임했습니다. 2월 마지막 날, 용달차에 이불을 싣고 눈발이 날리는 칠갑산 고개를 넘어 낯선 고장 서산을 찾아갔는데 집을 구하기 어려워 같은 학교 선생님의 자취방에서 자고 출근했던 생각이 납니다. 펄펄한 중학교 남학생들을 가르치는 일은 인생 최초의 역경이었습니다. 교사 노조와 학습 모임을 불온시하던 때, 온갖 핍박 속에서 평교사 모임이 만들어지지 않았다면, 동료들과 하루가 멀다고 만나 생활지도와 교수·학습에 관해 의견을 나누고 교단 일기를 돌려쓰고 산으로, 바다로 쏘다니며 놀지 않았다면, 저는 불행한 신규 교사 시절을 보냈을 것 같습니다. 주어진 세상을 개선하며 그 안에서 주인으로 살아가는 힘을 얻기 위해서는 함께 하는 공부만큼 좋은 방법이 없다는 것을 그때 알았습니다. 공부는 마음을 다해 진실하게 하는 것이었습니다. 그래야 재미도 있고 함께 하는 동료들에게 존경심과 깊은 사랑이 샘솟아 그 마음을 동력으로 성장하는 것이었습니다.

2006년 청양에서 독서 모임을 시작했을 때 그 시간이 제 안에서 작동하는 것을 느꼈습니다. 저에게 독서는 시간을 투자하는 공부입니다. 모르는 개념은 찾아 배우고, 동의되지 않거나 이해되지 않는 부분엔 스티커를 붙여 놓습니다. 기억하고 싶은 내용은 메모합니다. 어떤 책이 어렵다고 생각되면, 아직 성장판이 닫히지 않았다는 뜻으로 받아들입니다. 천천히 읽고 다시 읽고 독서 모임에서 이야기를 나누는 동안 머리가 시원해지고 마지막 라벨 스티커가 떼어집니다. 읽기를 완전하게 해 주는 것은 쓰기라고 생각합니다. 2024년 2월 충남 공주의 우성중학교에서 퇴임하기까지 31년간 교사로서 저의 관심과 노력은 대부분 읽기와 쓰기에 집중되어 있었습니다. 상호 보완적 활동인 그 두 가지가 저와 학생들의 일상에 습관이 된다면 살아가는 동안 판단하고 선택해야 하는 수많은 순간마다 바른 기준을 세울 수 있을 것이라고 생각했습니다. 학생들의 글을 읽고 이야기를 나누고 학생들이 쓴 시가 시집이 되어 나오는 모든 과정이 즐거웠습니다.

퇴직하고 1년간 저의 독서에 새로운 기쁨이 추가되었습니다. 외국 단편소설 읽기를 시작했어요. 공주에 사는 몇몇 친구들과 함께하는 독서입니다. 저는 메시지가 분명하고 구조가 간결한 서사 구조를 가진 책에 익숙해 있습니다. 의식의 흐름을 따라가는 현대소설의 독법을 새롭게 경험하면서 상자 속에 있는 또 하나의 상자를 열 듯, 문 뒤편에 있는 또 다른 문을 열듯 생각을 거듭하게 하고 뒤집게 하는 소설 읽기의 매력을 만나고 있습니다. 길잡이 해주는 소설가 친구가 제게 이제 안 해 보던 일을 하고 안 써 본 글을 맘대로 아무렇게나 쓰면서 막 살아 보라고 합니다. 맞습니다. 어린 학생들의 본이 되어야 하는 자리에서 교사들은 생각과 행동의 틀을 늘 반듯하게 가지려고 노력합니다. 학생들을 너무 앞질러도, 뒤처져도 안 되고 언제나 곁에서, 반걸음만 앞에 서서 걸어야 합니다. 그러한 시간이 저에게 끼친 영향을 소설가의 매눈이 읽어 내고 있겠지요. 이제 조금 더 자유롭고 조금 더 풍부한 빛깔을 저의 영혼에 덧입히고 싶습니다. 저는 안톤 체호프의 「구스베리」를 읽고 에세이를 썼는데요, 안톤 체호프 외에도 친구들과 함께 읽는 외국 단편소설이 잘 모르는 외국을 여행하는 느낌을 줍니다. 소설을 읽는 가장 큰 재미가 뭐냐고 물으니, 친구의 말이 '뻔하지 않고, 어떻게 진행될지 보이지 않'는 것이라고 합니다. 그 재미를 저도 알게 되었습니다.

함께 읽어 보고 싶은 책

▎'선생님들과 전교생이 함께 쓴' 2023 우성중학교 시집, 『난 참 잘했다』, 작은숲
　평범한 일상을 빛내는 특별한 눈

▎안톤 체호프, 『상자 속의 사나이』, 문학동네
　우리는 모두 기괴한 '상자 인간'이다.

쓴 책

▎『세상에서 네가 제일 멋있다고 말해주자』, 문학동네

▎『성깔 있는 나무들』, 살림터

▎『내 인생의 첫 고전 : 노자』, 작은숲

▎시집, 『지금이 딱이야』, 창비교육

엮은 책

▎공주여중 청소년 마을지기 동아리, 『다 같이 돌자 동네 한 바퀴』, 작은숲

▎『반갑습니다! 청춘 공주』, 공주대학교 공주학 연구원

▎『착한 사람에게만 보이는 시』, 작은숲

▎『닮았네 닮았어』, 작은숲

▎『한창 예쁠 나이』, 작은숲

추구하는 삶을 살고 있는 저자를
내 삶에 잇대어 닮아가고자

황영순

|

29년 6개월간 중등학교에서 수학을 가르쳤다. 충분한 시간이었다. 2014년 8월 31일, 느리게 살기와 자급자족하는 삶을 위해 교직을 떠났다. 명예 퇴직하자마자 천주교 청양성당에 협동조합 〈흙이랑〉(땅을 살리는 사람들의 모임)이 만들어졌다. 작은 역할이라고 생각하고 대표를 맡았는데 현장 교사 시절보다 더 바쁜 지금의 삶으로 이어지고 말았다. 사실 협동조합의 정확한 뜻도 제대로 모르고 준비도 안 된 상태에서 너무 쉽게 맡아 버린 일이었다. 아홉 가족이 시작한 협동조합인데 해가 갈수록 소위 '사업'이란 것을 해야 하는 중압감이 생겼다. 조합원들의 유기농 농산물 꾸러미 사업도 하고 천주교 대전교구 신자들과 먹거리 공동체로 김장하기 사업도 했다. 그러나 유기농 농산물을 수확하고 공급을 지속한다는

것은 쉬운 일이 아니었다. 결국 꾸러미 사업도 김장 사업도 포기했다. 협동조합 〈흙이랑〉을 더 잘해 보려고 2021년 청양에서 시작한 농촌 신활력플러스 사업에 참여했다. 나는 여전히 대표라는 직함을 가지고 있었다(대표 변경에 따르는 법무사 수수료도 감당이 어려워 실제 대표는 바뀌었어도 이름은 그대로 두었다). 결국 〈흙이랑〉의 회원들은 농촌신활력사업에서 각자의 관심 있는 분야로 흩어지게 되었고 나는 생태분과에 소속되어 사회적협동조합 칠갑산 생태교육센터의 실무 역할을 하게 되었다. 일에 마음을 다할수록 뜻하지 않게 더 큰 조직으로 흘러 들어가게 되는 것 같다. 지역의 요구와 시대의 흐름에 의해 2023년부터 청양군 환경교육센터란 기관을 운영하게 되었다. 지속적인 청양 지역 구축을 비전으로 삼아 지역 특성에 맞는 환경교육 프로그램을 개발하고 교육지도자를 양성하고 지역 주민들을 찾아가는 환경교육을 했다. 각종 지역 축제에 참여하여 환경교육 부스를 운영하고 지역의 생태적 삶을 꿈꾸는 단체들을 연결하여 함께하는 활동을 하고 있다.

   교사로서 사는 동안엔 학교, 동료 교사, 학부모와의 만남이 대부분이었다. 지금은 마을 사람들로부터 지역 사람들에 이르기까지 깊은 관계를 맺고 있다. 학교 공동체에서 지역 공동체로의 전환이랄까? 서로 다른 의견을 모아 함께 일을 이끌어가기가 쉽지만은 않다. 초창기라 일이 서툴러 헤매는 중이다. 아직 사람들의 손이 많이 필요한데, 고령화 지역의 한계에 부딪힌다. 나 역시 이제 일선에서 뛰기보다는 한 발 뒤에서 지원하는 후원자로 남고 싶다. 좀 더 안정적인 구조가 되면 곧 그러하리라 희망한다.

궁하면 뚫린다고, 농촌신활력사업을 고민할 때 우연히 '텃밭정원'이란 개념을 알게 되었고 오도 선생님을 만났다. 나는 텃밭정원에 소위 'feel'이 꽂혔다. 오도 선생님은 청양과 가까운 홍성의 홍동에 살고 있었다. 홍동으로 찾아가 2021년부터 오도 선생님과 『텃밭정원 가이드북』(그물코) 내용을 공부했다. 주로 먹거리를 수확했던 농사터를 여러 꽃과 채소가 어울려 공생하는 생태 텃밭정원으로 만들어 가는 내용이었다. 무농약 무제초제를 넘어 경작하지 않고 비닐 멀칭도 하지 않는 (그때까지 나의 농사는 유기농이긴 하나 경작과 비닐 멀칭을 했었다.) 더욱 진보한 자연 친화적 농사법이다. 그리하여 우리의 사업은 전환을 맞았다. 처음엔 조합원들의 역량 강화였다가 2022년부터는 지역 주민을 대상으로 '퍼머컬처 텃밭정원'이란 이름으로 교육을 하고 있다. 해마다 15명 이내, 10회 정도 과정으로 이론과 실습을 병행했고 1회 현장 견학도 진행했다. 교육생들은 식물에 대한 정확한 이해를 통해 제대로 된 농사법을 익히고 각자의 삶에서 실천하고자 했다.

책과 관련된 일로는 작은 도서관을 운영하고 있다. '산이와 물이 작은 도서관'이란 이름으로 2022년에 설립하여 환경과 정원 관련 특성화 도서관으로 만들어 가고 있다. 주로 교육생들이 책을 대출한다. '책과 정원을 잇다'란 주제로 2023년엔 오도, 『지킬의 정원으로 초대합니다』(그물코), 2024년엔 오도, 『벼의 일 년 : 한 알의 볍씨가 쌀이 되기까지』(그물코) 북 콘서트를 열었다. 지역 주민과 작가 오도가 만나는 자리였다. 어려워도 이러한 일을 하는 이유는 생태적 삶의 중요성을 알기 때문이다. 나의 모든 행위는 그와 연결되어 있다. 한 사람의 완벽한 실천보다 여러 사람이 함께 하는 서툰 실천이 더 의미가 있고 더 희망적이라는 생각이다.

요즘 나의 독서는 오도라는 한 저자에 매우 치중되어 있다. 내가 추구하고자 하는 삶을 살고 있는 저자를 가까이 들여다보고 깊이 알아가며 내 삶에 끌어 잇대어 닮아 가고자 한다.

함께 읽어 보고 싶은 책

▌오도와 풀무 전공부 제자들, 『벼의 일 년:한 알의 볍씨가 쌀이 되기까지』, 그물코
  누구나 밥을 먹지만 누구도 잘 알지 못했던 벼의 일 년